谨以此书献给我们共同的精神家园
　　——北京大学

博雅漫记

汪浩 翟跃文 主编

北京大学出版社
PEKING UNIVERSITY PRESS

图书在版编目(CIP)数据

博雅漫记：北京大学1986级入学30周年纪念文集/汪浩，翟跃文主编. —北京：北京大学出版社，2016.7
　ISBN 978-7-301-27282-4

　Ⅰ.①博…　Ⅱ.①汪…②翟…　Ⅲ.①北京大学—校友—纪念文集　Ⅳ.①K820.7-53

中国版本图书馆 CIP 数据核字(2016)第 161594 号

书　　　名	博雅漫记：北京大学1986级入学30周年纪念文集 Boyamanji: Beijingdaxue 1986 Ji Ruxue 30 Zhounian Jinian Wenji
著作责任者	汪　浩　翟跃文　主编
责任编辑	胡利国
标准书号	ISBN 978-7-301-27282-4
出版发行	北京大学出版社
地　　　址	北京市海淀区成府路205号　100871
网　　　址	http://www.pup.cn
新浪微博	@北京大学出版社　@未名社科-北大图书
电子信箱	ss@pup.pku.edu.cn
电　　　话	邮购部 62752015　发行部 62750672　编辑部 62753121
印　刷　者	北京大学印刷厂
经　销　者	新华书店 890 毫米×1240 毫米　A5　9.625 印张　239 千字 2016 年 7 月第 1 版　2016 年 7 月第 1 次印刷
定　　　价	48.00 元

未经许可，不得以任何方式复制或抄袭本书之部分或全部内容。
版权所有，侵权必究
举报电话：010-62752024　电子信箱：fd@pup.pku.edu.cn
图书如有印装质量问题，请与出版部联系，电话：010-62756370

主　编： 汪浩（达哥，物理）、翟跃文（中文）

编　委： 白东宁（中文）、刘怀宇（英语）、刘蔷（图书馆）、刘羽涛（英语）、王成朴（技物）、王琳（中文）、王琳（生物）

撰稿人：

白东宁	曹　楠	陈　向	邓伟权	董家桂
方晓蕊	胡剑平	胡　玮	贾德星	金英姬
林　霞	刘怀宇	刘念俊	刘青崇	刘　馨
刘旭东	刘羽涛	马艳红	朴艺花	綦正菊
秦　红	孙承洪	田　晖	涂克川	王孟群
王成朴	王丹凝	汪　浩	王明光	王　青
肖静伟	谢志东	邢金松	徐光照	杨　晨
杨　鸿	杨晓峰	叶　菲	叶　玲	袁澧涟
张靖楠	曾思欣	章燕燕	郑淑雯	周剑峰
周晓剑	周　阅			

前　言

楼满园。湖光塔影岛堤连。
鹤鸣春畅,朗润泽传,秀中关。
浩然,凭古木,步移景换气宇轩。
昔日皇家园林,博雅旖春伴幽燕。
槐柳傍莲,松柏参天,风水渊积海淀。
更红墙飞雪,朱门映春,百花争艳。
一朝国运相联。本固元培,可纳海容川。
思无羁,砥砺挫折,久战波澜。
抗外辱,草鞋万里,八千子弟,卧薪西南。
苦逢内乱,聚散师生,尝胆鲤鱼洲边。
终于风光好,一时才俊,指点江山。
记得同学挚友,论天下,激情慎明辨。
别来健如山鹰,慧存百度,四海本无限。
蓦回头,仍觉红楼暖。
忆燕园,旧景清淡。少年情,伴我凭阑。
惜白发,不为名利乱。
再三十年,丹阳血染,汗浸青衫。

——《戚氏·楼满园》

这首为纪念北京大学 1986 级同学入校三十年而填的词,表现了我们眼中燕园的美、北京大学的历史和坎坷,以及当时同学们少年意气、忧国忧民的精神。

燕园的美,一目了然,永驻心间。作为晚清戊戌变法的产物,北京大学肩负着国家兴亡的重任,她在某种程度上承担着振兴一个民族和国家的希望,这是世界上其他任何国家和民族的高校所不可能有的使命。新文化运动时期,北京大学校长蔡元培倡导的科学民主、思想自由、兼容并包的办学方针,成为北大精神的核心。

北京大学是新文化运动的摇篮,马克思主义在中国最早的传播基地,"五四"运动的策源地,中国共产党早期活动基地,也是科学民主的一个传播中心。无数爱国青年来这里寻找拯救中国的思想动力,在这里走上了救国救民的人生道路。北京大学也一直是民族忧患的晴雨表,没有任何其他一所著名大学曾经历过北大那样的挫折和坎坷。北京大学屡次被封,一百多年的历史上,还曾经历过几次沉重打击。其一,北洋军阀统治时期,张作霖曾经把北京大学合并到其他高校,经过广大师生的反复抗争才得以复校。其二,1937年日本侵华,北大被迫转移到云南,与清华、南开一起组成西南联大,西南联大师生不屈不挠,九年内培养了八千毕业生,成为中华文化生生不息的象征。其三,新中国成立后,由于"左倾"错误思潮泛滥,北大的师生受尽了苦难。"文化大革命"期间,北大许多教师被发配到血吸虫泛滥的江西南昌鲤鱼洲劳动改造,北京大学处于不进则退的状态。

但是几次浩劫没有熄灭北大精神。20世纪70年代,中国开启了改革开放的新纪元,北京大学再次浴火重生。80年代任北京大学校长的丁石孙,不仅继承了北大爱国进步、科学民主、思想自由、兼容并包的传统,而且还把过去的传统对人的尊重融合进来,也就是教育要尊重人,尊重人的个性,尊重人的成长和自由发展。丁校长身体力行,言行一致,诚信待人,为新一代北大人树立了一个做人的典范。丁校长这个办学方针绝不是赶时髦或权宜之计,而是北京大学走向成功的必由之路,也是北京大学跻身世界一流大学的前提。

北京大学1986级2112名本科学生就是在那个时候,从五湖四海汇集于未名湖畔,见证了北大的再次复兴。我们那一代学子,生在"文化大革命",成长在改革曙光初现的年代。我们从农村和城市走来,带着大地的希望,我们憧憬过世界,有过爱情和友谊,流过汗水和眼泪,经历过彷徨和失落。这本《博雅漫记》就是为了纪念同学们三十年前在北大共同度过的四年青春岁月而编写。

北京大学的伟大,首先是北大学生的父母和家庭的伟大。北大学生就像来自大地的种子,肩负着父母的艰辛和期望,饱含着中国城镇和乡间的文化底蕴,来到北大开始生根发芽。"大地的种子"这一章描写了四位同学来北大之前的家庭和社会环境:既有江南的恬静,又有东北的艰辛;既有长辈对学子人格的锻造,又有学子对家人由衷的眷恋和感激。

在同学的记忆里,北大是美景,是音乐,是国画;是圣地,是三角地,是图书馆;是自由,是欢乐,是友谊,是爱情;是讲座,是社团,是军训;是饥肠辘辘中的美食,是一无所有中的豪情万丈,是我们四年的青葱岁月……"忆燕园内外"这十二篇描写了当时北大校园内外和军训生活的生动片段。

精神的发展不止是在课堂上促成的,更是在生活的一点一滴中酿就的。当年对秩序的挑战,对权威的蔑视,所有这些离经叛道的行为,其实与培养个性和精神自由密切相关。"北大的精神包括对知识的尊重和追求,也包括对完整人格的尊重和追求,对理想生活的尊重和追求。一个爱知识的人,到哪里都会继续爱知识;一个人在人格得不到尊重的情况下,无论如何是做不了学术研究的。"北京大学是我们"心灵的家园",来自大地的种子,在这里找到了自由的阳光、土壤、风和水,然后发芽、开花、结果,正如九位同学记述的经历那样。

"愿我单调的眼神里,不再有人被期待。"如果说86级同学在毕业时没有迷惘和失落,那一定是假话,尤其是那一年,北大毕业生"从天之骄子变成了无人问津的滞销品",人生的磨砺才刚刚开始。好在大地的种子是优秀的,北大的训练也是有效的,母校的精神支持着我们,在"告别理想国"之后,我们坚持自己的原则,延展着自己的品格。

多年以后,我们每个人都各自找到了属于自己的北大精神。北大精神在爱的折射里最具光辉。其伟大也在于北大师长对学生的爱护和关心。受人爱戴的丁石孙校长绝不是孤单一个人,那一代北大教师里,从不乏伟大的人格。他们传授给学生的绝不仅是课堂上的知识,而是把对生活的体会用最实际、最感人的方式无私地给了学生。没有辜负师长的教导,86级同学也在把北大精神发扬光大。无论是后来教书育人,还是在考古现场;无论是对爱情的追求,还是对艺术的爱好;无论是友谊,还是道义。我们那代人在不断地延伸扩展着北大精神,这就是我们"精神的传承"。

没有批判,就没有北大精神。对北大的爱,也体现在同学们对北大不足之处的批判上。三十年来我们阅历已深,能够客观地比较现实的北大和梦想的北大,我们对北京大学既有赞美,也有逆耳忠言。比如说:"在民主的社会里,真正的自由是无法'法定'的,多数自由基于人与人之间的信任与默契。"再如:"自由不是无法无天、随心所欲或是御风而游、心驰神想等。自由包含着义务、责任、尊严、尊重、法治、平等和社会的公正。自由不再是一种个人的状态,自由其实是一种社会的公德。"

我们受教育的目的之一,是要达到一种更高的人生境界。在这个境界里,我们看世界的眼光富于博爱和修养。"在世界面前",我们的理性和感情都在追求自由。比如,同学在对"异域"的描绘中,通过对美学、伦理学、人生观的诠释,提出了文化是相对的;而人类的大同,不是按需分配的物质社会,而是全民审美的精神社会;希望开启一个理性与感性同时完全自由的时代。"大学的教育,是让大家打开思想和情感之门。"每个同学都各自扎实而骄傲地走过了这三十年的历程,才是对北京大学最好的颂歌。

三十年前,我们2112名同学走到了一起,成为走向世界的同路人。遗憾的是,不是所有的同学都走完了这三十年的路程。有多位同学不幸过早地离我们而去。在我们纪念86级本科生入校三十周年的同时,我们也为早逝的同学和亲友献上我们对他们的"生命的赞礼"。他们以各自不同的方式,赢得了他人的敬佩。最为难能可贵的是,在面临艰难痛苦抉择的时刻,在人生陷入黑暗谷底的时刻,他们心怀坦然,从容以对,如清风过世,不留纤尘。他们平凡生活中的点点滴滴,是值得我们珍藏的最宝贵的记忆。他们,是我们那代人的英才。

编这本书是一个艰难而又令人欣慰的过程。能得到同学们的支持成为主编,更是我的荣幸。原以为编这本散文集会比编一本诗集来得容易,毕竟只是四十多篇文章,不像是三百多首诗。但这个想法很快就显得不知深浅。我们这本文集的出发点是争取尽可能多的同学的参与,尽量呈现丰富多元的视角和论点,最大限度地尊重同学的个性和自由发挥。虽然中途有很多挑战,但结果证明这个出发点是正确的。四十九篇散文,都是大家有感而发的真情之作。最鼓舞人的是我们最后能编写出一种同心协力、精诚合作、弘扬北大精神的气概,这是对所有付出心血的作者和编辑的最好回报。

没有我们辛勤耕耘无私奉献的编委们,本书不会成书。每个编委都有自己的日常工作,但是他们自觉自愿地承担编辑重担,往往工作到深夜,不知疲倦。他们对同学的支持和爱心,我每天都能看见。

四十九个故事都是拳拳之心、肺腑之言，分享的是每个人生活中悟出的道理，是对母校教育的伟大见证，也是为母校走向更大辉煌而贡献的一些宝贵建议。

没有北大"湿瓷绘"的平台，许多作者也不会很快进入角色。北大湿瓷绘，不仅促成了本书姊妹篇《博雅诗笺》的出版，而且为本书的成功做了很大贡献。

叶菲为86级本科生入校三十年的聚会，花费了很多心血。她率先发起了为本书出版的众筹工作。感谢各个系的联系人和参加众筹支持本书出版的同学们。感谢英语系的何雪梅动员组织很多位同学写作投稿。感谢社会学系的田晖同学和生物学系的从容同学，为大家管理众筹款项事宜。还要感谢北大出版社的支持。正因为他们的支持，本书才得以顺利出版。

我希望我们这本书在带给大家美好回忆的同时，也能引起同学和读者们的思考，给我们的师弟师妹，以及其他的大学生乃至中学生以启迪。归根到底，教育不光是传授知识，而是培养完整的、有品格的人。北京大学的教育对我们的最大帮助是使我们永远对自己和世界真实，不再是某种个人、团体或思想的附庸，而是感悟了精神的魅力的自由人。三十年来我们对北京大学最深刻的印象是：

燕园好　学子莫绸缪

风入塔影白云瘦　燕织柳絮绿水柔

此间最自由

汪　浩

2016年4月20日于纽约

目 录

大地的种子 / 001

　　一个农家的梦想　舒　文　/ 003
　　记忆老家　徐光照　/ 020
　　老宅,挥之不去的乡愁　杨晓峰　/ 023
　　父亲真的真的很爱我　美　醋　/ 029

忆燕园内外 / 039

　　燕园的秋黄冬白　董家桂　/ 041
　　青春是一场风花雪月的欢与痛　金　意　/ 044
　　如果我能画一张地图　燕于飞　/ 048
　　北大舞蹈团的记忆　秦　红　/ 053
　　逝去的青春,逝去的楼　胡　玮　/ 056
　　吃货记忆中的北大食堂　肖静伟　/ 061
　　桥牌轶事　谢志东　/ 067
　　北大往事　林　霞　/ 070
　　军训往事之沉甸甸的山楂　孙承洪　/ 076
　　卫生队的小伙伴　胡剑平　/ 079
　　永远的晓方　剑　峰　/ 082

末春偶遇　张靖楠　/ 086

心灵的家园　/ 093

一无所有致青春　刀子馨　/ 095
歌,等在路旁　刘怀宇　/ 098
心灵约会　田　淡　/ 104
恰逢紫藤飘香　周　阅　/ 110
我的北大　白　白　/ 116
北大入学三十年回眸　曾思欣　/ 123
那时年少——大学入学 30 年回眸　贾德星　/ 128
四载燕园育匹夫　刘旭东　/ 141
穿过记忆　方晓蕊　/ 146

告别理想国　/ 151

难忘那内蒙古酱牛肉　周晓剑　/ 153
青春的远行　叶　子　/ 156
信阳驿　PHAY　/ 167

精神的传承　/ 171

2016 年初探望丁校长　叶　菲　/ 173
深深的心——感谢北大给我的一师一兄　千　黛　/ 178
怀念恩师王庆吉先生　刘青崇　/ 185
迟到族迟到的问候:每忆师恩泪如倾　无　痕　/ 189
我与明义士　曹　楠　/ 193
流金岁月　杨　晨　/ 200
人生点滴之北大篇　朴艺花　/ 204
昨夜星辰　达　哥　/ 211

中秋诗会记事　马小隐　/ 214

　　北大情怀·微信时代　涂克川　/ 219

　　从北大谈起　王成朴　/ 222

在世界面前　/ 233

　　给我一个虫洞,好带罗马回家　达　哥　/ 235

　　生命中不能承受之重——捷克与布拉格　子　明　/ 240

　　祖先的节日,子孙的节日　王丹凝　/ 256

　　硅谷的人和事　綦正菊　/ 263

　　异域·庄周之蝶　白　夜　/ 271

生命的赞礼　/ 283

　　纪念我的同学杨志云　刘念俊　/ 286

　　他只是去了远方——纪念曹钧同学　袁澧涟　/ 292

　　忆阿曾在宁轶事　谢志东　/ 294

　　纪念我们大崔　邢金松　/ 296

　　爱无止境　王　青　/ 299

大地的种子

一个农家的梦想

舒 文[*]

我所能奉献的唯有热血、辛劳、眼泪和汗水。
(*I have nothing to offer but blood, toil, tears and sweat.*)
——英国首相丘吉尔于第二次世界大战期间在国会的演讲

梦的形成

我站在我出生和长大的那条街上。旧房子早已不在,原址上建的是一座两层高的新红瓦房,比旧时的房子漂亮多了。可是那条街似乎比以前更有味儿了,因为有人家养着牛,另一家的大猪圈就在街上,还有一家在街上建了一个沤肥的方坑。几种臭味混在一起,走了好远还会闻到,更不用说那个脏。

往回走的时候,回头一望,惊见一位身穿一身大红的女人站在远处。红衣红裤,大约带一点花儿,但还是艳艳的红,而且从身材上看也是发胖的中年妇女了,并不具有一朵俏丽的花儿那样的美感——只是俗,当然,还有一种无知者无畏的不吝。先生笑着对我说:"你如果没念书,那可能就是你。不知做了谁家的小媳妇。"

---

[*] 舒文,女,本名郑淑雯,北京大学社会学系1986级学生。在北京做过三年的记者和编辑。后赴加拿大,从事IT行业。喜欢园艺、大自然、童心稚语;爱好读书、写作、远足。

有可能。我,就是从这个村子里走出来的,一个农民的女儿。

三四十年前,中国的农民,就是社会的底层啊!少有人去探讨中国的户籍制度有多么不公平,农民没有享受社会大部分资源和福利的权利。大家看到的是巨大的城乡差别,感觉到的是对农村人的歧视。即使在今天,一个农村出来的孩子,就算你混得很像模像样了,也会有一个标签跟着你:"凤凰男""凤凰女"。

我们从有记忆起就知道这种差别。

你如果那会儿问一个村民,关于中国社会阶级或阶层的划分,他可能连官方灌输的工农商学兵这一提法都说不出来。可是,他知道,这世界上的人分两种:城里人和农村人。这两个阶层是如此泾渭分明,就像黑与白、夜与昼。这两类人的生活方式、高低贵贱是如此壁垒森严,他们是没法通婚的。

更可怕的是,这种身份是"世袭"的。父辈风吹日晒,土里刨食,艰难地挣个温饱,儿孙辈也基本如此。

可是,几乎每个村民都有一个梦想,一个看得见、摸得着,在视力、智力和想象力可触及的范围内的梦想。那就是:成为一个城里人。这个梦想充满诱惑,除了因为它本身所蕴藏的种种好处之外,还因为它是能通过自身努力实现的。有一个可以通过公平竞争向社会上端流动的机会:考上大学。

对几乎不占有任何社会资源和特权的农民来说,这不啻黑夜里的一盏灯火,迷途路上的北斗星。只要你够好,那个万众瞩目的金苹果就属于你!

我爸爸更加入了一层他自己的梦想。爸爸是当地的能人,聪明、肯干、口才好,出身清贫。他一辈子的遗憾是:爱读书却没机会多读点书,没有更大的出息。

可是他的孩子们一定要读书!爸爸最爱说的一句古话就是:"万般皆下品,唯有读书高啊!"说的时候铿铿锵锵的,一字一顿。

他还明明白白地把我们的前景分析给我们看:"我们没有任何关系,无权无势,谁也指望不上。你们两个大男孩子,一天挣八九个工分,一年满打满算能挣下这么多钱。要攒很多年,娶个媳妇,盖个房子,落下的债得十年二十年地还。你,可能跟你叔学个木匠,可是那活儿容易吗?看你叔落下的一身腰腿病。你,一个小姑娘,顶多当个小学民办教师。"

我爸爸还有一句说了一千次的话:"只要你们能考上,我们就是砸锅卖铁,也要供你们念!"一般这后面总要跟着我们的调侃:"一个锅有多少铁,能卖出多少钱?"可是,这决心,是掷地有声的。

我两个哥哥上小学的时候,大学的招生已停了几年了。可是我的父母相信不会总是这样。大学恢复招生了,我父母欣欣然,目标更明确了:要把三个孩子送去上大学。从那时的立志到后来的实现,到把孩子供到毕业,这是二十多年的时光。

这二十多年是怎样的一个故事!里面的艰辛和痛苦、幸福和骄傲、忍耐和坚持、曲折和辉煌,有着史诗般的壮丽。

它也像管理学上的一个成功范例。我的父母,遵循了管理学上的每一条定律:远大的愿景,源源不断的支持,团队精神,积极向上的家庭文化……做成了一个非凡的改变了全家人人生轨迹的大项目。

榜样的力量

妈妈说爸爸是"闲不住",还说他是"干什么,像什么",很准确。爸爸七十多岁了,还种了十几亩地,有的地还是他自己开荒开出来的,外加房前屋后的菜园、花园和果树。他的心脏不好,有时天黑了还不回家吃饭,妈妈十分担心。邻居劝他不必如此辛苦干活了,有儿女养着哪。他会生气地说:"那你让我现在干什么?坐着等死吗?"

小时候的记忆里爸爸总是在干活。早晚是家里的自留地,上下午是队里的公家的地。他干活还下死力气,不知道偷懒。他最鄙视的人,也就是偷奸耍滑的人。有的人干队里的活吊儿郎当,但一回到家立刻精神焕发;有的人永远只使三分力。爸爸评论这种人,会说:"这样的人,这一辈子就完了。"

爸爸从1971年始做了五年的生产队长,管着全村八十来户三百来人的生计。一个队长,大事小情,可累着呢。他每天白天先要"派活儿",然后跟别人一样地干活儿,晚上还经常去开会,政治学习。村里的人晚上常来我家,说一些人事上的纠纷、诉求。

我爸爸忙外,我妈妈顾内,她的活儿一点儿也不少,那是家里的真正的"半边天"。除了照顾全家的一日三餐,还要喂养那些"张口兽"——猪和鸡。我们家一般同时养两头猪:一头当年杀掉,另一头小一点的留着下一年。妈妈总说:"一年怎么也要杀一头猪,大人孩子盼着的就是这头猪呢。"

我自己做了家庭主妇后,觉得妈妈很了不起:她怎么能够干出那么多活儿,而且那么少的休息。她总有好多缝缝补补的针线活儿。棉袄、棉裤、被子、褥子,都是先裁剪,再絮上棉花,然后一针一线缝起来。吃的黄酱,也是用自家大豆做的。要先把大豆泡起来,然后再拿到碾子上碾碎,再经若干工序。夏天时她还割蒿子或做破布条,晚上烧起来熏蚊子,因为没有余钱买蚊帐。

爸爸妈妈整天忙碌着,我们小孩也要帮忙,尤其是哥哥们。两个哥哥的主要任务是拔猪草和拾烧柴。喂猪青草,猪爱吃,又省粮。整个春夏季,两个哥哥每天放学回家,就推着两个轱辘的小推车去拔猪草了。猪爱吃一种叫絮草的草,细细长长的梗儿,贴着地面枝枝蔓蔓地延伸开去,比别的草要难拔,量也小。我的两个哥哥每天出去,都能推回一车的絮草回来。絮草还要晾晒,干了之后粉碎成糠预留给猪冬天吃。记得有一年,竟然装了几麻袋的糠。可想而知,他们的工作量有多大。

我们早年就是看着父母的勤劳和忙碌长大的,他们言传身教,我们自己也学会了勤劳。而勤劳的习惯是很容易转到学习和其他追求上的,甚至影响一生。为什么我们那么愿意接受父母的教育引导?我认为那是情感的力量,我父母天然的对孩子的爱与我们建立了很强的情感的纽带。

情感的纽带

我最先想说的,是我和我妈妈的母女情深。这种关系温暖着我的一生。还有,她的爱和关于做好女孩儿的教育,是怎样影响着我的学业。

一般都以为农村里重男轻女,也对也不尽然。通常的说法是:"女儿是妈妈的小棉袄",温暖贴心的意思。我妈妈更是无数次告诉我,我出生那天她和爸爸有多惊喜,本来以为又是一个儿子。爸爸和妈妈很有些"穷养男,富养女"的观念,对女儿珍爱宝贝着。每日每事,点点滴滴,关爱宠溺。有一天,我忽然发觉:没有一天我没有想到我的妈妈,是"不思量,自难忘"啊。

比如说冬天的早晨,我会想起我妈妈怎样给我暖棉袄的。妈妈每天起来做早饭,天冷时她会把我的棉袄拿到炕头热的地方展开,铺到热炕上,再盖上褥子。这样我起床时就能穿上暖乎乎的棉袄了。

我爸爸妈妈都是"有爱就要大声说出来"的那种人。我和我妈妈经常搂搂抱抱的。我妈妈会摩挲着我,端详着我,说一些别人听起来一定很肉麻的话。比如:"看你这小嘴,多好看!""你看我姑娘的大眼睛,水灵灵的!"有时她会评论别的姑娘的好,但话题只要转回来,妈妈就会说:"她当然没法跟你比。"就好像我是不同材料做的。

妈妈,还有爸爸的宠爱,像阳光,暖暖地普照着我的心;又像芳香,充溢着我的生活。我总是无忧无虑,快快乐乐。偶尔做梦,梦见妈妈没了,悲伤地从梦中哭醒,醒来还要抽噎半天。自然而然地,我就成为一个乖女儿,做父母期望我做的事:听话,好好学习。

我妈妈对我的娇惯,超出了常规。我很少跟我哥哥一样干地里的活儿。即便是家务活,我若不愿意干,就随我了。到后来,大哥都开始干涉了。他对妈妈说,如果我在家里不学会做饭做家务事,将来嫁到婆家要受气的。

可是,我妈相信她的女儿会有一个远大前程,不必现在就学着做铁姑娘。女儿的学习成绩,才是最最要紧的事儿。这个,妈妈时刻关注着、鼓励着,还担心着。妈妈觉得影响女孩子学习的最大的障碍是自信和分心于男孩子。

那会儿有个说法,说女孩子小的时候学习好,但一到中学就不行了,男孩子的优势就显出来了。又说,女孩子的数理化天生不如男孩子。妈妈很早就跟我提及这个,一再地说那都是毫无根据的,女孩子完全可以跟男孩子学得一样好,关键是不要分心。

我妈妈关于怎样算做一个好女人的观点,可以算得上非常保守和传统。现在看到"怎样做魅力女人"的一类文章,我就会想起小时候我所受的怎样做女人的教育。我可从来没被教导过怎样吸引人,有魅力。恰恰相反,我父母尤其是我妈妈要我做一个"正儿八经"的姑娘:很正的良家妇女的样子。女人美,招男人喜欢,是件让人羡慕的事情吗?那要看情况。要是她自己热烈回应,或主动兜揽,那是风流自贱。要是她目不斜视,淡然处之,那才是上品女人。当然了,极品女人呢?那就再加上:读书好,有才华,能干大事。

我给我妈妈的这种教育命名为"耻感教育",它让我对少女怀春有"羞耻感"。不知是妈妈的教育还是我的性格,我的确算是情窦晚开的类型,甚至浑浑噩噩的,别的女孩子很早就懂的事儿,我也不懂。对错且不论，它确实有实用价值。它保证了我心无旁骛，全力以赴集中精力学习。

在初三学习很紧张的那一年，每天中午吃完带的午饭，我就趴在课桌上午睡。男生们经常吵翻了天，我竟然酣睡如故。中午的小憩，使我在长长的下午里，学习非常有效率。有一天我妈妈用骄傲的口吻告诉我说，学校里的一个老师对爸爸说："你女儿就跟没心思似的，天天中午趴在那儿睡觉。"

我小时候和爸爸妈妈一起看过一本小人书《居里夫人》。我们都赞叹她的坚忍不拔。比如说，她没钱租好一点儿的房子，晚上冻得拿椅子压在被子上取暖，最后终于提炼出了镭。虽然我很小，但几乎能感觉到那种历尽艰辛后成功时带点苍凉的幸福和释然。

作为一个科学家，作为一位杰出女性的居里夫人，就成了我童年时的偶像。

家庭的温暖

有一天，我参观了一个东北地区的风俗展览，里面提及东北三宝之一"乌拉草"。我一下子想起了小时候爸爸是怎样用乌拉草给我们垫鞋的，一时感念。冬天时，我们的汗脚很容易把棉鞋底弄得湿湿的，爸爸就把草或"玉米窝儿"撕剪得细细碎碎的，做成一块一块的鞋垫状，每一两天给我们换一次。

这样的细节数不胜数。邻居说我妈妈："拿孩子真高贵"，意思是待孩子很金贵。这话也适用于我爸爸。他们一生的目标和事业就是家庭，给了孩子最多的关注和爱护。

爸爸对他自己的成就的总结，其中之一就是："没给老婆孩子吃什么好的，但也没让他们挨饿受冻。"爸爸整年整日地干活，妈妈就总忙着想着给我们做点儿好吃的，让我们高兴。努力的结果是，我们有了一个非常健康的身体，温馨的童年生活，好多快乐的日子。

记忆里有一幅画儿:妈妈站在院子里,发愁:做什么饭好呢?菠菜不爱吃,土豆天天吃烦了,还吃什么呢?

妈妈真的尽了她的全力,不肯糊弄,在有限的条件下让我们吃得高高兴兴的。好笑的是,当年我们吃的好多土菜,下里巴人的东西,现在竟然登上了大雅之堂,有的甚至变成高级饭店里的佳肴了。

比如说"蘸酱菜",我们家常吃。就是大酱蘸各种生的蔬菜,有大葱、小水萝卜、小白菜。有时是挖来的紫色的带点儿清香的苦菜,据说能"去火"。我们还用小白菜包玉米饼子蘸酱吃,更好。

孵小鸡时半孵化了的"坏蛋",妈妈会用灶火慢慢地焖烤着吃,又香又劲道。两个哥哥夏天去河里捉鱼摸虾。经妈妈一煮一烧,全家都爱,是很好的调剂。而吃的盛宴,就是每年杀猪和过年那几天。

我们知道"杀猪菜"已经成了东北名菜了。那会儿好像没有正式的名字,但那一天的隆重和意义,非身临其境者不能体会。渴望了一年的胃,终于可以开戒了。亲朋好友聚在一起,真正地大块吃肉,大碗喝酒,而且在未来的两三个月里,天天有肉吃,那种期待和憧憬,足以让你热爱生活,赞美生活!不夸张地说,一年里的快乐好像一大部分都寄托在这头猪上。

过年前的一两个月里,妈妈忙得要命。她还要做豆包儿,蒸高粱面、黄米面和白面的两色花卷,做肉冻、做豆腐,等等。做血肠时,暗红的血肠在炉子上咕嘟咕嘟地煮着,妈妈不时地拿针在上面扎个小眼,满屋子的香气热气。光看着,感受着,我心里已经喜气盈盈了!

小时候的过年,是记忆里最陶醉最无忧的时光。其内容,比圣诞节更丰富;其激动,堪比狂欢。年三十中午一桌子的酒菜,香得流油的年夜饺子,哥哥们的爆竹,我的新衣服,还有日日的玩耍。我和哥哥们都有同感,以后的岁月里,享受过多少的好东西,但很少体会到那时过年那样强烈的幸福了。

我们自然明白,这样的幸福,是爸爸妈妈辛苦努力得来的。虽然生活在农村,但爸爸妈妈把我们的生活经营得有声有色,一家子快快乐乐的。

有句英语名言:"人们可能忘记你说了什么,但不会忘记你给他们怎样的感觉。"我的父母给我们的感觉就是温暖,再温暖。在快乐的心境里我们也相信父母,愿意听从父母,取悦父母。学习,几乎从来不用父母操心。兄妹三个,也彼此帮助,一起向上。

牺牲和奉献

对我父母来说,让全家吃饱穿暖,没有太难;但要挣出额外的开支,难得很,因为挣钱的渠道太少了。我们小时候很羡慕那些挣工资的人,因为旱涝保收,不用靠天吃饭。我爸爸后来在乡政府做了一个职员,整个1974年到1981年,他的月工资一直是39元钱。从1981年到1985年,也不过涨到45元。

最早的记忆里,冬天的时候,有人来我家买猪肉。我出生那年,爸爸盖起了自己的房子,一个小家终于有个像样的小窝立足了,可是欠了三四百块钱的债。那是从生产队借的,要逐年从工钱里扣,结果五年间家里就没开过饷,就是说,爸爸干了五年的活儿,拿不回家里一分钱,只能靠自给自足或卖一点儿农产品。

真正的艰难,是从哥哥们上高中离家住校开始的。妈妈管钱,她会挺骄傲地说:"俺从来没有像有的人家把家里搞得一分钱也没有。"她说的一分钱,真的是字面意义上的。家里有一对瓷的小肥皂盒,里面放着一些硬币。有时候那就是家里全部的存钱。

工资是远远不够的,得寻找一切挣钱的机会。我上初中的时候,80年代初,市里要铺一条大管道引水入市,可以自愿报名挖2.5米深的坑道,4元钱一米,到深处挖到石头,增加到8元。爸爸妈妈就包了一段,20米。爸爸白天上班,傍晚下了班直奔那儿挖土。妈妈白天泡在那儿挖。我放学时去看过,吓了一跳,好高啊。那么深的坑,根本没法把土一次性扔到上面。得分两级往上搬运,用的是最简单的工具铁锹,一锹一锹地移土。妈妈很累,可也坚持着。有一次附近的一个陌生人看妈妈干得太辛苦,就说:"看你这样,能挖多少?"就主动过来帮妈妈干了一会儿。那次总共挣了两百多块。

就是那样的血汗钱,也并不是有机会挣的。哥哥们上大学的第二年,1983年暑假回家,爸妈犯了愁。秋天开学了,两个孩子每人总得拿上一两百块钱走吧?可是钱包已空空如也了。这时大哥开始想办法了。他在北方读书,发现那儿的水果都是从南方一带进来的,有差价可赚。

这是大哥第一次经商,也许就开始了他的经商之旅。

那时国内刚开始有长途贩运,基本还是边缘地带,被叫做"二道贩子",既被人歧视,法规也不明晰。大家偷偷地商量几天,毅然决定做一件从来没干过的事儿,后果再说。爸爸和大哥从南方买了一卡车的水果,贩运到北方,三四天后卖完了回家来。

妈妈日夜不安,她永远对行车有一种恐惧,这次又加上另外的各种担忧。好在顺利,赚了几百块钱,解了燃眉之急。这可是乡村的一件大事,人多嘴杂,都在传说我们发了大财。爸爸是请假的了,可是没有事先申请做这个,因为明摆着通不过。爸爸在大会上挨批评了,理由是"国家干部搞非法贩运"。现在听起来是多荒唐的理由。那年的"先进工作者"也评不上了。爸爸一向是要强的人,干起活来,别人挑不出毛病的。但这次自觉颜面无光,埋下了后来辞职的种子。

开源的渠道太少,只好节流了,家里的花费已被压到最低。还怎么省呢?有一些小故事,可见一二。

哥哥们读高中时,每两个月左右坐公共汽车回家一次。家里附近就有一站,车票钱是九毛。可是如果他们在前一站下车,可以省下四毛钱,两个人就是八毛钱。

为了省下这八毛钱,哥哥们每次都舍近求远,走上约半小时,10里地的路,穿过田野,夏天的时候还要蹚过一条河,提前一站下车回家,第二天再走上一程上车。他们从来没提出要搭家里附近的车。爸爸自己也总是送他们上车,一路聊着,没觉辛苦。

有一次,他们周末回家,帮忙干菜园子里的活儿,好像是拔萝卜,干完活,匆匆忙忙地,快来不及了,爸爸就提议今天从这儿上车吧,不去省那点钱了。两个哥哥几乎有点儿惊讶,爸爸捕捉到了孩子脸上的惊喜!爸爸后来感慨不已,为家里的困难,更为孩子的懂事。他决定从此以后,就让他们从家附近那儿上车了。

另一个省路费的办法是搭便车。那时,乡里有时有卡车去镇上。爸爸就带着哥哥们去等。有时要等上几个小时,人家才准备就绪,出发。

1981年,二哥也考上大学了。在拿到录取通知书的那天,他还在田地里帮忙干活,爸爸拿着信高兴地一路找到他。去学校报到的那天,爸爸和他等了半个上午,搭着乡里的卡车去镇上。半路上忽降大雨,铺天盖地,倾盆而下,车子并没有停。他们坐在车顶,蜷缩着,毫无遮拦,只好任由大雨浇了半个小时,全身湿透。

后来车停了,车顶的人躲到车底下躲雨。到了车站,二哥拿出随身带的衣服,换上了去坐火车。爸爸脱了衣服,拧干,晾了一会儿,又穿上,搭车回家。爸爸总是很惊讶,九月的凉天气,在那样的暴雨里暴浇那么久,穿了那么久的凉衣服,竟然没生病。

明摆着,无论怎么省,靠爸爸那点儿微薄的工资是绝对维持不下去的,还有我这个大学预备军在后面等着花钱呢。加上一点儿其他的原因,1985年,爸爸妈妈做出了一个重大决定——辞掉工作,卖掉房子,搬到城里打工去。

1985年,爸爸妈妈变卖了所有的家产,搬到了城里,其中的不舍是难以描述的。破家值万贯。每一件农具,每一样东西,都是一分一分攒起来的,但处置起来,基本收不回一分钱。养的鸡鸭猪狗全部处置掉。说起家里的狗,别人告诉我们它怎么一趟一趟地跑回老房子那儿找我们。我在高中住校,省去了全部的操劳,也不想听狗的故事的细节,避免伤感难过。相比人的求生的艰难、生活的挣扎,那点儿情感实在没有工夫考虑。

最后,只带着卖了房子的2700元钱,爸妈开始了无房无职业无居民证的城里生活。

倾力支持

爸爸最初的设想是去建筑工地找活干。他认识村里的包工头,说可以做财会,但没成。他年龄大了,做不了重活,就找到一个轻快一点儿的活儿——去工地值班守夜。

对我们来说,这有点儿心理上的落差。在当地,爸爸也算是个人物,现在有点沦落之感。但这是小事儿,重要的是生存。我们在最初的那几年,借住过好几家亲戚的房子。因为租房子,对我们几乎是天价。其中的窄小、局促和不便自不必说,也不能长久,最后还是得花钱租房子。即使租一间很破的居室,也要五六百块钱。妈妈说,每到交钱的日子,她常常夜不能眠,因为不能眼睁睁地坐吃山空啊。住在城里,每天都要花钱。而挣钱,太难了。

爸爸在工地上干了两个月,没有拿到一分钱。

我现在每看到有关拖欠农民工工资的新闻,心里就气愤,恨这个社会的不公、对弱者的欺凌,也对那些农民工充满同情和怜悯。

因为我深知其味。

那些打工的农民工们,都靠着与包工头的乡邻关系上的信任,而不是什么法规保障他们的收入,拖欠是常有的事儿。但有时,就变成拖着,拖着,没了下文。那些农民工只好打包回家,无奈一番,就这样。

爸妈只好另寻生路。刚到大城市,不会做买卖,不知怎么赚钱。他们卖过鸡蛋、蔬菜、鱼、海米等。在等待上大学的那一年夏天,我见证过谋生的焦虑和艰难。

爸爸一大早去市场,去郊区农民或批发的人的手里买下几大筐蔬菜,然后一整天坐在地摊儿上零卖。每斤赚几毛钱的微利。有时批发价太高,只好放弃。眼看着一整天毫无进项,只有花费,全家都不安。闲在家里不是滋味,可是忙碌一整天还赔钱,那是更糟糕的结果。

记得有一天我们买了几大筐的西红柿,推到公园门口去卖。一天下来我们赚了二十多块钱。我的脸被晒得红红的,可是很开心,那就是成绩非常好的一天啦!有时只挣几块钱,有时甚至不赚钱,带回一堆蔬菜回家。

这段经历对我们的一个影响是,我爸爸从此在市场上买菜绝不讲价还价,人家要多少他就给多少,也不去查看秤的高低。我更是这样。我们太知道这个感受了!对穷人来说,挣一角钱一元钱,不容易啊。

那些菜摊是摆在路边的,夏天暴晒,冬天寒风,没有一点的遮挡。还因为不是固定摊点,人一离开,你的位置就会被占了。为了争个地盘,小商贩们在市场上动手打架,时常发生。爸爸妈妈只好中午不回家吃饭,中午让别人看一会儿摊点,买一碗拉面充饥。早晨又急着赶早市,常常不吃饭。有时顾客多了,又没法吃饭。这样饥一顿饱一顿的,妈妈后来得了胃病。吃也难受,不吃也难受,直到几年后停止摆摊,才好了。

挣钱少而辛苦,这是最难的部分吗?不是的。最难受的是被欺负、被侮辱、被压榨,被不公平的感觉气愤着、无奈着,这是连回忆都不愿触及的部分。爸爸说,那些年受了好些窝囊气。他说的就是那些收税的和收管理费的市场人员。

对于小商小贩们,那些人就像催命的小鬼一样让他们讨厌无比,又惹不起、躲不掉。每天他们估算你的货物,命令你分别交少则几块多则十几块的税和管理费。不管你开张没有、利润多少,毫不客气,照收不误,马上交现金。这些小商贩们挣的都是蝇头小利,哪里情愿?先是恳求,再不就冲突、吵架。我见过那些管理人员大声喝叱,见过他们从小商贩们手里强行夺过秤或秤砣,见过小商贩赔着笑脸,或找人求情,或在办公室外面眼巴巴地等着,要求把秤还回来。

这些爸爸都经历过。有时甚至为的不是钱。有一天刚吹哨收摊,正好来了一位顾客,爸爸就卖了一份给他。一位市场管理人员恼怒了,强行抢秤,爸爸跟他厮打起来,对方抢走了秤砣。

有一回,爸爸跟一个人吵,说着说着爸爸哭了,说我女儿在北大读书,需要钱,你还非要收这么多。那个人内心歉疚,说我不知道是这样的,你怎么不早说?还说以后他不收那么多了。可见,人心都是肉长的。

还有一次,爸妈收购了一些货坐长途汽车回家,中途工商人员上车,逼着爸爸交税和管理费。这根本不合常规,应该是卖的时候才交的,纯属敲诈。爸爸据理力争,最后说出一个当官的熟人的名字,那些人才算了。

目睹父母怎样在社会底层讨生活,对我的人生、情感都留下了痕迹。我和我的两个哥哥,都深深感念父母的辛苦,努力挣钱尽快让父母摆脱这种生活。我们兄妹也因此深深地感恩他们对我们的伟大的付出！

倘若有对我的另一影响，那就是我对权力的疏离，和对底层劳动人民的同情。我想，我永远不会以一种居高临下的态度对待那些低于自己的人。但对高于自己的人，我反而有一种不肯低头甚至不肯妥协的清高。部分原因是本身的性格，但我也知道，部分也是因为这样的出身和经历。我对少数人权力的不受约束，亲眼所见，骨子里对它有一种冷冷的警惕。

这样艰难的求生，爸爸妈妈是不是把愁苦写在脸上，把诉苦当成家常便饭？不是的，尤其他们对我，总是尽力展示最乐观的一面。他们最不愿意的就是也让我受这份艰辛的折磨，无论是生活上的还是心理上的。而他们自己，总觉得亏欠孩子。

我第一学期寒假回家时，爸爸妈妈在火车站接我。我在人群中走出来，一个年轻的小姑娘，却穿了件所谓的"棉猴儿"那样的又土又旧的长棉袄，而周围的女孩子们，个个花枝招展的，对比鲜明。女儿太委屈了，又从不肯缠着父母要钱买衣服，这么懂事，更让他们爱怜。两人一商量，要给女儿买件漂亮的大衣。

我们一起去了商店，买了一件以他们的收入是蛮贵的带着裙摆的红色长大衣。我穿着这件大衣，大约有一种惊艳的效果吧，在四年的大学里，不知被赞美了多少次。

大学四年，是我最快乐的一段时光之一。在我谈论着各种理论思潮、弗洛伊德、萨特，学西方艺术、美学，偶尔看着话剧电影，见识名人的光临和演讲，批判着传统文化和中国的这个那个，我的父母，正坐在街头，在烈日下，在寒风中，一分一厘地挣着、数着，寄给我，叮嘱我不要省钱。

我还要提及妈妈付出的巨大汗水和辛劳。和爸爸不同，妈妈是一个内向、羞涩又传统的女人，她对抛头露面这一类事儿是绝不喜欢的。为了多挣一点儿钱，她克服着她的羞涩，也在市场上摆了一个摊儿卖海米。她不善吆喝,卖得少。有时一整天的时间,也就卖上几斤。可是,她也要起大早赶早市,待上几个小时,挣上哪怕十块八块。我一想起这些,就是妈妈坐在毫无遮拦的日头下,孤独地、忧郁地等着顾客的画面,心里很多的怜惜、感动,还有痛。这不是妈妈想要的生活啊,这不是我想看到的呀。

他们感觉苦吗?他们说不,因为有希望,因为他们有一个在北大读书的女儿,有两个正在读或读完大学或研究生的儿子。所有市场上的商贩们,只要爸爸认识的,都知道我们兄妹三个。爸爸妈妈觉得自己的辛苦特值得!

这三个孩子,这个在北大读书的女儿,是父母忍受一切劳苦甚至痛苦的动力,也是他们找到心理平衡的办法。爸爸妈妈觉得自己跟市场上别的小商小贩简单的求生存不同,他们做的是一项特值得的事业——培养三个大学生。辛苦里面,自有一种荣耀;牺牲背后,也有一些成就感。

功德圆满

我的两个哥哥都考取了很不错的大学,二哥 1985 年本科毕业,大哥 1988 年研究生毕业。我在 1986 年的夏天,以全县文科第一的成绩,拿到了北京大学的录取通知书。我的数学是满分——120 分。在我们并不偏远的县、乡、村里,考上北大,这就像放了一颗卫星。尤其有我两个哥哥之前的成绩,我这是宝塔封顶、大满贯、辉煌的结尾。溢美之词,羡慕之情,可以说是满耳满眼。

到 1990 年为止,我们每个人都毕业了且有了一份很好的工作——两个哥哥分别在大学或学院工作,我在报社。

从哥哥们上高中开始到我找到工作,爸爸总是不定期地跑邮局去寄钱给我们,整整 16 年!忽然间,他再也不需要跑邮局了。开始时,他简直有点儿不适应,慢慢地,才感觉那副担了多年的担子终于可以放下了,可以彻底松一口气了。至今,他愿意说的一句话就是:"这么多年供三个孩子读书,没有借债,没欠别人一分钱!"

这确实是一项了不起的成就。回首往事,我对父母那种极强的谋生的力量、没有退路的决心、竭尽全力的勤劳,由衷地敬佩而赞叹,这也是他们的梦想、我们的梦想得以实现的主要原因。

我们家是我们乡里的传奇。有多少人知道,传奇的背后是怎样的日复一日、年复一年的辛苦和年年岁岁、生生不息的爱!

(2016 年 1 月 31 日于渥太华)

记忆老家

徐光照*

（一）

老家是一个江南山区的小县城，城南面山，山下一条大溪，自东向西，依山而流。两岸人家沿河蜿蜒排开，县城就在河北边几平方公里的山谷中。溪从山里来，一路稻香两岸，村村相连。一条溪养育了这方水土，溪涨溪落延续着四季轮回。

江南多雨，春夏之交的梅雨季节尤其多雨。绵绵细雨，一下好几天，有时十来天，从早到晚，不停不歇。雨丝极细，散落成雾，分不清是雨还是雾，把远近的山川田野一并笼罩。雨雾里，一切仿佛都静止了，无边无际，无始无终；万物也失去了形状，消隐在淡蒙蒙的山水里。日子黏稠着，走得很慢。

但小孩子是闲不住的，下雨自然就有下雨时的玩法。小时候是泥地，一下雨地上就生出许多小水坑。孩子们最爱玩的就是放纸船。从作业本上撕下一张没用的纸，折叠成乌篷船、敞篷船或者机帆船，工序都是现成的，相互流传。如果用画本上撕下来的油光

---

* 徐光照，1990年毕业于北京大学物理学系，后分别获复旦大学物理学硕士和纽约大学化学博士学位，现定居纽约，从事金融工作。

纸折,就是上等坚船了。最高级的是用硬塑料制作的小快艇,船尾涂上一粒什么油,沾水溶解就产生动力,推着小船跑,很神气。

放船的时候三五成群,穿上雨鞋,挤在一把伞下,聚到操场中间,选一个水坑,将各自的纸船放出。雨多的时候,水坑连成片,船沿着细流从一个水坑流到另一个水坑,几番周折,就流到操场边的水沟里。水沟里的水更大更急,很快就流到深处,纸船便失去了控制。我们只能在上面跑着跟着,看着它们在水流中颠簸。这些船儿似乎承载了希望,都抖擞起精神,逐浪穿行,每越过一个浪头都会获得一片喝彩。也有不够结实的,被浪头打翻,打散,成了一团烂纸,翻滚两下,没入沟中,给它的主人留下一脸沮丧。

这时,一同去的英子看到了,就会从衣兜里拿出刚刚没舍得放掉的纸船,悄悄塞到他手中,看他一声惊呼,接过纸船,欢跳起来,奔回上游,小心翼翼地把新船放出。于是他们又一起兴高采烈起来,开始一段新的航程。

沟的尽头连着一条暗沟,一直通到大溪。纸船进入暗沟后,孩子们就开始往溪边奔跑,越过一片田畈,在暗沟的出口等着。纸船很少有能通过暗沟的,偶尔看到一团白色纸团,孩子们也会欢叫一番,目送它在大溪里浮沉远去。

(二)

然后我们就登上溪边的青石板,看渔船上的鸬鹚捕鱼。溪上好像总有这么一条渔船,船头蹲着一个老翁,戴着斗笠穿着蓑衣,嘴里吧嗒着旱烟袋。也不见他撒网,也不见他垂杆,他捕鱼就靠船尾站着的那三五只鸬鹚。鸬鹚是一种水鸟,大小和野鸭相仿,嘴长,习水性,善捕鱼,可驯养,但价格不菲,所以一般这样的小渔船上只能看到三五只。鸬鹚凭天性捕鱼,饿了才扎水。所以大半晌也看不到它们的动静,只昂着头,排成排,把长嘴对着天,一动不动,和船头的渔翁互不相干地待着,将这阴蒙蒙的天定格成一幅永久的画面。

突然间,就在我们快要失去耐心的时候,一个孩子惊呼一声,就见一只鸬鹚一个猛子扎进水里,留下一圈涟漪,就没了影子。孩子们屏住呼吸,盯住水面。少顷,就见它像个水泡一样浮上来,嘴里已经多了一条白晃晃的鱼。半条在嘴里,半条在外面扭动。一刹那我们雀跃莫名,齐声高呼。老翁则不紧不慢走过来,伸出一条长竹竿,等鸬鹚跳上杆,收回来,鸬鹚轻轻一跳,就上了船。老人将鸟嘴捏开,取出鱼放进鱼篓。鸬鹚的喉咙上扎了绳子,捕到的鱼它们咽不下,只牢牢含在嘴里。渔夫拿了它们的大鱼,奖给它们小鱼,但不会给吃饱。鸬鹚习惯了这样的交换,并不计较,吞了小鱼便转过身去,抖掉身上的水,走回队列,摆回它原来的姿势,也不理会我们在岸上的叫好喝彩,一切又恢复了平静。

(三)

雨渐渐地下急了。英子在伞下扯了扯他的衣角,轻声说:雨下大了,衣裳都湿了,风吹着凉,回家吧。他听后转身招呼一声,跳下青石板。一群孩子就在溪边的石头路上排成一队,往南门走。他们长长短短的身影和高高低低的说笑便成了这细雨山水里唯一的喧闹。走过浮桥头,转个弯,他们就进了南门,消失在城里了。

附记:英子是外地来的,是我们那里唯一说普通话的女孩,只同班了一年就搬走了。很多年后我向她们家邻居打听,邻居告诉我,英子随她家搬回去后没几年就因白血病去世了。

(2016年1月1日)

老宅,挥之不去的乡愁

杨晓峰[*]

我家的老宅,坐落在江苏启东一个偏僻的乡村。二十多年前,外公外婆相继离世,老宅再也无人料理,渐渐衰落,到处杂草丛生,墙塌壁倒,变得十分荒芜。但每逢清明扫墓或到乡下走亲戚,我总忍不住去看上一眼,走上一圈。驻足在荒凉的园子前,悲从心涌,在我泪眼朦胧中,一草一木,一砖一瓦,串起我悠悠的乡愁,模糊的往事变得异常清晰……

据说,我出生的那年,外公专门为我修了一条路,意在前途发达,未可量也!那年,正值那场史无前例的运动,作为小学校长的母亲义无反顾地忙着应付各项中心工作。于是,在外公外婆的怀抱里,我开始了难忘的童年。

随着时光的流逝,我开始用好奇的目光打量着生活的环境。老宅是典型的庄园式的,房子的北侧是一条约三四丈宽的河塘,西侧有一条贯通南北的小河。后来,外公在宅子的东侧和南侧也挖了一条小沟与西、北两侧的河沟相连。这样,一个长方形的水带给

---

[*] 杨晓峰,字东极,号五采先生,笔名风萧萧。北京大学中文系1990年毕业,文学学士。供职于江苏省南通市政府机关,美国国际科学研究院终身客座教授、南通大学兼职研究员、南通市经济学会理事、南通市作家协会会员。善结友,或诗或文,亦球亦游;好茶好牌,能歌能酒,淡泊名利,天上人间。

宅子镶上了一圈淡绿色的边。正对着南门的是一座小木桥,旁边栽了两棵柳树,依依低垂,随风飘摆,似在有礼貌地迎接前来拜访或串门的人们。老宅古朴但不失新意,凝重但不失活泼。

外公喜欢养花种树,他把宅院打扮得像个花园。春天来临,沿沟的桃树、梨树、李树、苹果树、樱桃树竞相绽放花朵,白的宛如流云浮空,红的恰似彩霞满天,还有粉的、淡黄的,争奇斗艳,五彩缤纷。一些不知名的小花也纷纷开放,绿油油的蔬菜长势喜人,且条理井然,更点缀了宅园的风光。四边河沟里的各种鱼儿也舒展起来了,特别是那些红鲤鱼,在清水里上下翻动,仿佛一幅极有情趣的立体透明画卷。一群鸭子悠然来回于碧水之上,垂柳之下,不能不使人想起"白毛浮绿水,红掌拨清波"的诗句来。河塘的北侧是一片苍翠的竹林,郁郁葱葱,鲜嫩欲滴。竹林是我们的最好去处,尤其是夏天,既可以避暑,又可以游戏,还可以爬杆等。据说,我孩提时就是步履蹒跚,走一步抓一根竹子,很快学会了走路。

两岁后,外婆怀里的我已闲不住了,在外公的帮助下,我"发明"了一种叫"打水"的游戏。大人每天上农田前,外公先给我盛上满满两大盆的水,我自己再搬出大大小小的瓶子,又拿出医院挂水的皮带子,把水从一个盆子放到另一个盆子里,再从盆子流到瓶子里,一个人忙得不亦乐乎。这样不吵不闹,一晃就是一天半天的。外公高兴地说:"从小就爱动脑筋,以后一定有出息的。"

外婆是典型的农村妇女,勤劳善良,任劳任怨。尽管裹着小脚,但干活可谓里里外外一把好手。外婆不识字,但心如明镜,质朴的话语中透着中肯的道理。农忙时,外婆也会把我带到田头。这下可好,我顿时觉得这天这地好大好大。那清新的风,空气中飘荡着的麦子成熟的芳香,翩翩飞翔的蝴蝶和蜻蜓,躲在浓荫下执着呼唤的蝉儿,农田里欢蹦乱跳的蟾蜍,无不引起我极大的兴趣。这时候,我才发现外面的世界是那样的精彩,而大人们"哎呀呜哇咯——"的拉长音劳动号子,更使我觉得有趣。于是,我开心得满地里乱跑打滚,有时也模仿大人的样子,手拿着麦秆用清脆的童音高喊着"哎呀呜哇咯——!"引得大人们笑得前仆后仰。这样,一天下来弄得浑身是泥,小脸也被太阳晒得黝黑黝黑的。但战利品总少不了,检查一下口袋,两只小兜兜里好几只蟾蜍正眨巴着眼睛,对你笑呢。当然,调皮是小孩的天性,往往无意中会犯些错误。一次,我偷偷溜到河边看大人们捕鱼,一不小心滑入河中。等到外婆闻讯赶来时,我已被人救起。一见到外婆,惊魂未定的我不禁大哭起来,原本以为外婆一定会抱起我好好安慰安慰的,没想到她迎面就是一个巴掌,打得我目瞪口呆!多少年以后才明白外婆的良苦用心,水火无情啊,这样的错误哪能再犯呀!

　　小孩子最开心的时候是过年,穿上新衣服在伙伴面前显摆了又显摆,拿着压岁钱在手里掂了又掂。外公是生产队里公认的长者,他自己生活过得很俭朴,但给小字辈的压岁钱向来是很慷慨的,有时一次要给十来块钱,这在 20 世纪六七十年代可是一笔不小的数字啊。过年放鞭炮、贴春联着实令人感到热闹,但给我留下印象最深的还是蒸年糕。听大人讲,蒸糕时最忌讳的是大声喧哗,这会让年糕不熟。所以每当蒸糕的时候,我总是屏住呼吸,默默地看着外婆把大块大块的木柴塞进灶膛,外公慢慢把米粉放在蒸笼里,心里默念着快点熟吧,快点熟吧。灶膛里的火越烧越旺,烘得人暖洋洋的,屋里的蒸气越来越重,像下了一场大雾似的。好不容易闻到香味了,只听得外公大喊一声"起蒸——!"接着,他猛地把几十斤重的笼子端起来,倒扣在桌子上,裹着布一阵地猛揉猛捶猛打,年糕便蒸成了。这时候,大家才围拢过来,用白线拉下一块块年糕尽情品尝。等了很久的我,一下子抓起一大块直往嘴里塞,吓得外婆连声说:"别噎着,慢点吃!"

　　春节的高潮是闹元宵。正月十五晚上,农村的家家户户都要上坟祭祖。一些调皮的孩子便堆起干草点火一烧了之,到处烈焰腾空,映红了一张张幸福的笑脸。夜幕下,片片火光,遥相呼应,颇有点"野火烧不尽,春风吹又生"的味道。而乡村的小路上,我和小伙伴们一人拉着一盏兔子灯,大喊大叫摆开了一字长蛇阵。现在想想,若是把当时的情景拍摄下来,一定比西方流行的烛光游行还要有趣。斯人斯景,至今历历在目。

我的少年时期,学校的"中心工作"特多,诸如积肥、捉虫、抓麻雀、刮蟾蜍浆、回收废钢铁等,都是有指标的,那自然少不了外公外婆帮忙。而活动搞得最多的则是文艺演出,"学大寨""学小靳庄"要宣传;"破四旧,立四新"要宣传;"批林批孔"也要宣传。我是学校的文艺骨干,自然很活跃。每当这个时候,外公外婆总是我的第一个观众,他们也经常帮我出谋划策。有一次为演活"翻身农民",他们让我穿上外公的棉袄,着外婆的小脚鞋,头上盘毛巾,腰间扎根蓝绸带,手里拿一杆旱烟枪。走路时再学着老人的样子,一驮一蹲的,活脱一个"小老头"。妈妈下班后,看到这个模样也笑得合不拢嘴。

在我的印象中,外公始终是和蔼可亲的,尽管他脾气暴躁,但对我很少动怒。外公早年闯荡上海"十里洋场",见多识广,无数个神话、传说、故事,在他的脑海中汇集成流。无论在皓月当空,"织布娘娘"欢唱如诉的仲夏之夜,还是在数九严寒,捧着手炉懒散地沐浴着冬日阳光的正午,甚至在田头路边,只要他在,气氛就变得分外生动。左邻右舍的大人孩子都喜欢听他讲故事,一旦激动起来,他还又唱又跳的,令人捧腹。而大人们咧着嘴,脸上洋溢着的各种表情,尤使我觉得好玩。等到大人们很满足地走了,我便拉着外公的手问:"后来呢?"小孩子听故事最喜欢问的是"后来呢?"——这几乎成为必然。

外公是个很坚强的人,然而有一次他却哭了。事情是这样的:外公爱动脑筋,他在宅院里种了几十种花木果树,把老宅点缀得生机盎然,我们小孩子就在这些树下游戏玩耍,生活怡然自乐。不料,"割资本主义尾巴"那阵,上面下了指示,所有的果树一律砍掉。这下可把外公激怒了,他气得跳上跳下地骂娘,举着斧头说谁砍就跟谁拼命,大家都不敢动手,领头的只是反复说明这是上级的指示。过了许久许久,外公停止了咆哮,只见他拿着斧头,一步一步地向一棵长满了半生不熟的果子的梨树走去。无数个日日夜夜,外公曾在这棵从外地嫁接过来的枝盛叶茂的梨树上倾注了多少心血啊,如今他要亲手把它砍掉,这是一种怎样的心情,又是一个何等悲壮的场面!全场鸦雀无声,大家屏住呼吸,目光都集中在外公那微微佝偻的身躯上。外公缓缓地、缓缓地举起了斧子,像是在下着最大的决心。这时,人群中传来轻轻的呜咽声,外公的手抖动了一下,停在半空中足足有一支烟的工夫。突然,像晴空响过一个炸雷,外公大喊着:"我叫你长!我叫你长!"猛地举起了斧头左劈右砍。一时间,成片的树枝纷纷落地,那些青青的小梨子,在地上蹦跳起来。当外公精疲力竭地瘫坐在树下时,那棵原先长势喜人的大梨树已是一片狼藉。这个时候,人们才缓过神来,一哄而上,把剩下的几棵果树也一扫而光。外公呆呆地一动也不动地坐着,眼睛里闪着晶莹的泪花,口里喃喃自语:"本是个丰收年,本是个丰收年啊!"以后的几天,很少听到外公的笑声,也听不到他动人的故事。沉重的氛围在我幼小的心灵里写下了一个大大的问号:这到底是怎么回事?

就这样,在外公外婆的身边,我度过了难忘的十三年。后来,由于要到县城去求学,我不得不挥泪离开老宅。临别时,外婆饱含忧伤地不断问道:"难道一定要走吗?难道真的要走吗?!"外公则反复地说门前那条路是专门为我造的,"前途发达,未可量也!"我怀里揣着长辈们的深情厚爱,步履分外沉重。我想,路边那些"甘作新泥只为路"的青青小草,不正是长辈们默默奉献的写照吗?二十多年过去了,从大学毕业到踏上工作岗位,多少往事如过眼烟云,唯独故乡的老宅却是那样的铭心刻骨,那里有我挚爱的亲人,那里有我温暖的记忆,那里有我挥之不去的浓浓乡愁……

(2003年1月14日初稿,2016年1月14日定稿)

父亲真的真的很爱我

美 醋[*]

父亲把世间最珍贵的一份爱给了我。在我50岁,北大入学30周年的日子里,必须写篇文章纪念他。他在等。

切实感悟到父亲对我有多好,是在他走后。时间越长,年龄越大,感受越强烈。没人像他一样真心认为我举世无双了。只有在他的镜头里,我才那么年轻、快活、任性、温和、天高云淡、风清月朗。看到别家有个老爸爸,哪怕是流着哈喇子,我也心生艳羡,要是父亲活着,看到今天的我,该多么好。

父亲做任何事都认真。在吃饭这件天大的事上,更不凑合。他的小碗干炸一绝,未见其碗,已闻酱香。大学时周末回家,父亲的美食是我的盼望。印象最深的一次,一进家门,就见逼仄的厨房里,已摆满不下十种面码。炸酱面具备,只欠我这一阵风的扫荡。返校时,父亲除了给我带些吃的,每次还要神秘兮兮地塞我一把零花钱,一个劲儿地问够不够,即使不要,也非再找补几张。父亲穷大手,摘完星星摘月亮,那副甘心情愿、一定让我成全了他的样子,

---

[*] 美醋,本名刘羽涛,女,北京大学1986级英语系学生,1990年本科毕业,进入北京理工大学英语系执教。1994年赴美留学,获美国加州州立大学教育学硕士学位,随后在洛杉矶《侨报》担任记者、采访部主任。2004年回京进入电影频道国际部。

多少年过去，想起来就在眼前，在今天。我欠父亲无数个郑重的感谢，粗楞冰冷的情感，是在近些年一点点回归，变细变暖的。爱是本能，更是一门功课。对亲人、朋友的爱和赞美，需说出口。只是等我想表达，愿意表达，会表达了，父亲已经不在。

20世纪80年代初甚至更早，在一个英语节目里，出现了"热狗"这个稀罕物。隐约有消息说"热狗"来中国了！"热狗"引起了我的密切关注，不理解一只狗能热到哪里去。我的好奇进入父亲的耳朵，他便听出追星的紧迫。父亲很上心，好不容易等到星期天，一大早便兴致勃勃地带着我，展开地毯式的全城大搜索。西单、东单、王府井百货大楼，沿中轴线，由东到西，从南到北，大半天走了大半个北京。"热狗"遍寻不着，且音讯全无，我的热情渐冷，父亲虽有些疲惫，脚步失去了最初的昂扬，斗志却丝毫未减。直到临近傍晚时分，父女二人终于发现了一个小面包搂着一根小红肠。巨大的落差，令我当场失望。父亲的眼神里，却闪现出告捷的亮光。是的，他找到了小面包裹着小红肠。在与外界隔绝了很久的那个年代，一位父亲看到女儿跟着电视节目认真学英语，他认为就有必要弄清楚这洋玩意儿的来头。二十多年后，当我带儿子在纽约街头吃着热狗，父亲领我穿梭京城的一幕重现。狗不重要，也无关热凉，透过它，我看见了父母的爱。没有比我们父女、母子间的两代亲情，再高出一度的温暖街景了。

父亲对我极其用心，但绝不是一味地望女成凤，他只希望我自强，有个安身立命的本事。他还希望我即使身为女子，也不要过分专注外表，把时间和精力全花在穿衣打扮上，特别是年轻时，应当志存高远。我上中学，父亲常对我说的一句话是：把心思放到学习上，等上了大学再打扮不迟。等上了大学，他又换成，上班后再打扮不晚。亲爱的爸爸，按照您的战略部署，等我八十岁了打扮最保险，那谁还看咱呢？不过，话是这么说，我的新衣服多半是他带着挑选的。父亲常说的另一句话是：取法乎上，仅得其中，取法乎中，仅得其下。我深深理解父亲，他对我的期望，多半因为他本人有着小半辈子的憋屈。爷爷的历史问题压得他抬不起头，政治上受歧视，抱负难施展，生活负担重。父亲当然希望后代活得比他舒展、顺畅。

父亲期盼我好，并通过言传身教做出榜样。1963年，他大学毕业，分配到石景山区的一所中学做语文老师。学校在北京的大西边，家住北京最东。无论春夏秋冬，6点甚至更早离开家门去上班，换乘三次公共汽车，人贴人、挤上去就下不来。到了晚上，再原路返回。一周六天，天天如此。这段往返距离如今不算什么，但在当年，却相当于每天飞一趟香港。恢复高考后，父亲一直担任重点中学两个班的高中语文教学和班主任、教研组长的工作，很长一段时间，坚持和毕业班的学生一同住校，带领学生早锻炼、晚自习，直到80年代中期停薪留职下海。父亲心系学生，但把我排在第一。他曾对我妈说过，咱们起早贪黑地帮助人家的孩子考上好大学，就算积德吧，希望将来闺女有个好报。父亲能吃苦，肯拼搏，重情义，有才华，待人真诚。无论在岸上还是行于商海之中，一路披荆斩棘，筚路蓝缕，从不退缩，是我心目中的不二偶像。

父亲多才多艺，热爱生活，养花养鸟样样在行。育花花娇艳，养鸟鸟欢歌。他常去北京木偶厂学做木偶，带着刚上小学的我参观过，还把木偶剧介绍给他的学生们。捏泥人、刻剪纸、糊风筝、做灯笼，在《讽刺与幽默》《北京晚报》等各种报纸杂志上发表漫画作品，没有他不喜欢的，每样做起来必定像模像样。父亲随身带着小本，上面记录着偶尔冒出的灵感火花。年三十晚上，其他小孩顶多买一个灯笼应景，只有我，打着父亲手工精心糊制的小金鱼纸灯笼，得意地走在队伍前面，不厌其烦地唱着同一句歌谣："点灯笼玩儿哎，哄小孩哎，一个灯笼两手钱哎。"大人、孩子在方圆两里地内漫游,无比欢乐地迎接新年。细弱飘忽的红烛,昏暗轻暖的路灯,只有天空、大地与我。那是怎样的幸福甜蜜、神气活现,地球的胡同里已经容不下了!如果插上俩翅膀,我能够从地面直奔天上。多少年后,我儿子一岁生日,父亲为属鸡的小外孙剪了一张彩色大公鸡的剪纸。父亲对女儿的爱,从未言说,却力透剪纸,高高飘扬在胡同上空,凝聚在摇曳的红火灯笼里。

我喜欢阅读杂书的习惯得益于父亲。从学龄前爱看小人书和连环画,到上中学捧读《收获》《十月》《小说月报》《读书》《人物》《文史知识》《文汇周刊》《大众摄影》等,这些全部是父亲常年订阅或在书摊购买的。每到周六晚,他总要抱回崭新的一摞给我。小学起,父亲每周末检查我的周记。父亲的字漂亮工整,用硬卡片为我抄写了厚厚一大摞唐诗宋词,督促我利用暑假背诵。如果说,我脚踏实地、热情洋溢的生活态度,源自父亲的潜移默化,那么我骨子里的善良,绝对是父亲给予的爱足够丰盈。我内心的执着笃定,也是因为背后有父亲爱的支撑。

2006年,父亲去世5周年,我曾匆忙写就一篇文章赞美父亲。转眼,已是2016年。好几次,走在路上,回忆起往事,伤心突然而至,泪水瞬间涌来,令我猝不及防,不得不转移注意力。北大1986级入学三十年纪念征文的截稿日过了几天,文章仍一字未写,父亲一定有些失望。果然,在这一刻,他让我仿佛听见英国大提琴家杰奎琳·杜普蕾演奏的《殇》。爸爸,您是想借助这一曲《光影》与我对话吗?我已聆听数遍,听见您跟我说:快快写吧。

我从小跟着姥姥长大,记不清小学几年级,一个住在同院的亲戚,对我动手动脚。应该是我上初一了,这个亲戚阴阳怪气地在姥姥这里指责我母亲。我没多想,当即对他说:不许说我妈,你是个大流氓。话音落地,那人像疯了似的。一直躲在门外偷听的邻居不请自来溜进我家。这出戏码,让我见识了人性的丑陋无底线。

父亲得知后要去拼命,被家人死死拦住。那人从此每天在院子里口出恶言,心怀怨恨地搬走前,承诺将这间房子给邻居。邻居家的众多兄弟姐妹,在随后的几年里,经常有意无意地刺激我,用邪恶的眼神时时刺痛我。我变得多疑、敏感、悲愤、脆弱、压抑、不自信。我的神色里,时常眼泪泡着心一般,深藏着厚厚的解不开的浓愁凄惶。脆弱的心,一碰就伤。

无数次,一分钟前还是好好的,转瞬我的脑子像是几团乱麻同时进水,空得一干二净,两眼发直,意念全无,只剩下沉重的虚无乱飞,每次持续二十多分钟。这种突袭毫无预警,每当它忽地上来,我内心的恐惧无法形容。本来我天性算是比较活泼开朗,但因为这件事,人变得非常自闭、内向。怕再惹争端,我从未和父母透露过真实的内心。事情过去多年,我才和母亲提到上面的感受。

姥姥的胡同里和父母家楼下各有一个精神病人,我常会得到一种神秘的暗示,为什么我身边环绕着这么多精神病,是不是还缺一个女的?蒙主垂怜,天可怜见。每一次,总有一个声音抚慰着我:你是好女孩,没做亏心事。专心学习,将来远走高飞。坚强,一切都会过去。放松,马上就会好。

就在这种状况中到了初三,我染上急性肝炎,转氨酶急剧升高,小便呈酱油色,被迫休学一年。父亲担心我去传染病医院交叉感染,把我接到父母家里,专门请了病假,亲自伺候左右。父亲一直有慢性肝炎,本需要休养和他人的照顾。我在家养病,家人付出很多,特别是父亲,每天早中晚熬药,做四到五顿饭,还要经常消毒,没有一分钟的敷衍潦草。那是和父亲在一起难得的幸福时光。一天中午,我睡午觉,突然从噩梦中惊醒,只见父亲倚靠在阳台那里,手搭门框,回头像是问我又像自言自语:你刚才做了噩梦?又踢又打,特别的愤怒。他故作轻松地问,我含含混混地答。如果换做现在,我一定痛快地告诉他,有您在,我谁也不怕。

父亲是我抵御邪恶的盾牌。因为他的爱,我善良的天性,未曾有过半点改变,我的眼睛里努力保持着:信、善、光。我同情比我弱小的,告诫自己不要无故嘲笑他人。从最初的恨里,我学会感恩放下。父亲带给我的一本本小说,是陪伴我的无形力量。我为虚拟世界里的人物,同时为自己哭泣,让积郁压抑的情感得以尽情地宣泄释放。我从书中一窥身外的大千世界,意识到我这一点点经历,与深陷苦难的不幸者相比,根本不值一提。

　　曾经的一幕,小学时,父亲带我去配眼镜。当我戴着新眼镜走出店门,华灯初上,重新打量焕然一新的世界,水洗般的清澈透明!感谢父亲,有他的爱,我眼里所见,永远像那个夜晚眼前豁然一亮的天地,澄明有光。感谢生活,直到今天,我信念如初:人是美的,世界同样的美。丑的粉墨登场正是为了陪衬和彰显美的存在与荣耀。美是最终赢家。她必须胜。

　　参加入学三十年征文活动,对我是一次治愈疗伤。毕业近26年,我在中国和美国的时间刚好各占一半,蓦然回首,人已半百。其间一次回国,父亲明显不同于以往的暴躁易怒。当时并未意识到,这是他的身体在发出求救信号。我本人的生活工作,一团乱麻,无心他顾。何况只因一件小事,父亲便突然爆发,让我感到实在不可理喻,当即和他大吵,父女不欢而散。

　　父亲病了,没有治愈的迹象,他尚能底气十足、抑扬顿挫地大声诵读苏轼的《水调歌头·中秋》。至今,每当听到有人读或者唱,我会情不自禁地转换成父亲的悲叹哀鸣:人有悲欢离合,月有阴晴圆缺,此事古难全。但愿人长久,千里共婵娟!父亲的每一字、每一句、每一个停顿,听得我欲哭无泪,愁肠百转,表现在脸上却平静似水、冷漠如冰。父亲的声音就在我的耳边,他的一呼一吸我怎么能无动于衷?敏感如风的我心里难受,只是不希望再多添一个最亲的人陪绑。我知道,父亲知道我难受。即使他当时没有察觉,那么现在我打出这行字,天国再远,他也一定感受到了。我多希望当年的我给他一个温暖的拥抱,哪怕只是轻拍他的手臂。自有清晰的记忆以来,我们父女没有拥抱过。与亲人之间爱的交流,是人生必修的第一课。我却轻易错过,有时把父亲的爱看做理所应当。

父亲的病不见好转,四肢没一个愿意听他的使唤了。医生让他锻炼手指的灵活性,至少将病情的进展放缓。父亲艰难地握笔,歪歪扭扭地在小本子上写下依稀可辨的四个字:小涛回来。这四个字,不在一条直线上,东一个,西一个,我把它们连起来,是父亲无奈的悲凉。

父亲在我的梦里出现过很多次,但形象模糊,停留短暂。想起他,脑海里会交替出现一些清晰的画面,它们已全部化作爱的记忆:他拎着两大袋沉甸甸的水果走过来,他带着六岁的我赶长途车去十三陵,因人满被售票员阻止,紧紧抱着我,站在车门口奋力地争取,他严肃地让我男朋友请家长正式登门提亲,他买了好多好看的玩具逗我儿子。父亲的样子历历在目:他跟我生气马上又前来和好的样子;他走过来歪着脑袋笑眯眯哄我,见我还是不开心,依旧笑眯眯地说别臭来劲、见好就收啊的样子;看到我的手青筋暴露,他有些不满地说别太操劳的样子;见我做事不认真,他毫不留情厉声呵斥的样子;他风华正茂的样子,他大病初袭的样子;他病入膏肓的样子;父亲所有的样子!

父亲的病毫无希望,眼看神医下凡也没得救了。他的话明显变少,人一下子又瘦又老。见到蓬头垢面的我,他说,女人要有女人样,别这么不修边幅,父亲没有精气神多说话,但他依然这样在意我。

那几年,我在太平洋两岸频繁跑动,过着狼狈不堪的悲催生活,已记不清最后一次见到父亲的时间和细节。只记得,他挣扎着进电梯,挣扎着下台阶,挣扎着进汽车,挣扎着吃饭,挣扎着穿脱衣服,挣扎地活着。我的内心同样挣扎,但毫无办法。隔洋打电话,有时他能喊两嗓子,更多的是沉默。

2001年底,我从洛杉矶开车去亚利桑那采访,返回的路上,北京的家人正心急火燎地找我。父亲病危,见不到我,不肯闭眼。我莫名其妙地把手机放到了后备厢,直到进了家门,才看到连串的未接电话。要命的是,我的护照刚刚寄到美国国务院办理签证返签,不知等多久才能拿到。那几天,我天天下午一点钟在邮箱前等着邮差,每天的唯一盼望是见到邮递员,火燎一般的煎熬持续了十几天,拿到护照的当晚,就飞奔去了机场柜台等票。

父亲等到了我。没有别的解释,他想见我,听我叫一声爸。61岁的父亲以他的形容枯槁告诉我:孩子,看爸爸这样,你千万珍惜自己。这是父亲给我留下的遗言。当我从机场直奔医院,已重度昏迷多日、抢救过几次的父亲听到我回来了,极力抗争着要起来,这个抗争就定格在那里。我没见过第二个人,对我的爱如父亲这样,岩石般的坚定、有力量。他的眼睛早看不见,但我相信女儿在他的心里。他动不了,但他竭尽全身力气。他想说话一点说不出,但我已明白。父亲拼死等我回来,是要亲自送我最后一份爱的礼物。谢谢爸爸。我唯一后悔的是,没有紧紧握住他的手。父亲,请您原谅。多年的在外漂泊,女儿的心刚硬如铁。父亲不忍耽搁我,他及时地见了我,迅速而决绝地告别,不让我因为他,有一丝一毫的去留两难。2003年父亲节之际,我还在做记者,那天我写了一篇父亲节的报道,并精心配发了一张我拍摄的一位女儿搀扶父亲的背影照片。在家独自一人写稿时,眼泪数次如决堤之水。父亲去世,我也不曾大放悲声。他若听见,必定心痛肝裂!

入学三十年。过去的每一步,无论顺逆,或苦辣或酸甜,均是自己的选择。某个时段,只能走一条路,天意也好,命定也罢,年轻愚钝如我,没有足够的智慧与阅历判断,眼前的路光明抑或黑暗,只有默然前行。平坦崎岖,各自精彩。人的禀赋各异,普通平凡的我,所能做的是经历、面对和成长。值得骄傲的是,与父亲一样,我没有退缩。希望我的儿子,想得再远一点,我未来的孙子快乐健康平安,比他们的长辈活得好,真正享有身、心、灵的自由。

父亲风度翩翩。笑的时候,眼睛眯成一条细缝。一头浓密的自来卷,梳理得很整齐,虽然银白,但有型有款,十二分的潇洒好看。父亲离开我整十五年,如果活着,今年76岁。南朝梁时陶弘景有诗云:我有数行泪,不落十余年,今日为君尽,并洒秋风前。这正是我此刻心情的写照。父亲对我的爱独一无二,我无以回报。这十五年后迟来的致敬,是女儿对父亲平凡一生的礼赞,更是在心底对父亲的祭奠。

几年前我买过一本书,书名是:《小艾,爸爸特别特别地想你!》,这是漫画家丁午被下放到干校,写给留京的八岁女儿信里的话。我本文的题目灵感即来源于此。作者小艾在序言中写道:有一次为了表示对他特别地思念,我用了三个"特别",结果他的回信里用了四个"特别",然后我又增加到五个"特别",好像我们曾经用到过七个"特别"……

天下的父爱是一样的。我敬爱的父亲,普普通通。有缺点,不完美,但一点不妨碍他成为我心中的英雄。他真的真的很爱我,我也真的真的真的很爱他。如果父亲能够回复,想必他一定这样写:小涛,爸爸真的真的真的真的很爱你。你还好吗?

(2016年2月14日情人节于北京)

忆燕园内外

燕园的秋黄冬白

董家桂[*]

秋天来了,我开始怀念起燕园了。

银杏树叶一定黄了,满满地挂在枝上,人走在两旁种植着银杏树的小道上,抬头望天,天都变黄了,底下的人会精气神十足,因为这种黄带着高贵的皇家气息。燕园过去是圆明园的一部分,是皇帝的行宫,可见,选择银杏树在此落户是有讲究的。

在这迷人的景致里,没有一点创意会辜负了这番景。看哪,一位长发飘逸的年轻女子,一袭黑衣,坐在一张背椅上,悠闲轻快地拉着大提琴,脚下是风过后落满地的银杏叶。没有人围观,只是有人远远地驻足观看,人们不愿意打扰她,让她在一个人的世界里,只有旋律的流动,如高山流水,就像她那如瀑的长发。哦,对啦,地上的银杏叶也是她的听众,还有树上挂着的叶子,在微风的沙沙声中,为她鼓掌喝彩。她在演绎什么呢?是一曲秋赋,还是对秋收的礼赞?

我想,她的自在来源于燕园人对个性的包容,对艺术气质的欣

---

[*] 董家桂,1986—1990年在北京大学社会学系社会学专业学习,获得法学学士学位。大学毕业后留京,在一家国有纺织公司从事过团委、文秘、外贸等工作。1999年底自主创业,并成立了自己的公司,一直做纺织品生产和出口贸易。爱好旅游、文学。

赏。其实,在一排灰砖灰瓦宿舍楼的背后,是喧嚣的三角地,是课后从四面八方涌入学一食堂的人流。此刻,她奏出的音符,好似一剂卤水点了一锅豆腐,四周都凝冻了。于是乎,燕园给了她一分宁静,她给了燕园十分美好。

待得一阵秋风起,银杏叶纷纷落下叠起,人踩在脚下有了松软感,一条路就变成了黄金路,黄得耀眼。天空的湛蓝和白云露了出来,树枝秃了,至多挂着少少的银杏果,因为多数果也落下了。好想躺在地上,枕着软软的舒坦。好久,都没人愿意清扫,只愿这般绚烂富足的金黄长久地留在视觉里。闲暇的老人,到树下拾掇着银杏果,据说银杏果能够益气通血,有很好的食疗功效。

而后是冬天的雪,校园里到处都是,成了白色的世界。我不喜欢踏着别人的足迹,因为踩的人多了,成了脏乎乎的烂泥。我挑着路边的雪地走,一步一个脚印,清晰地印在雪地里。如果天空中正飘着雪花,旋即,踏过的脚印慢慢变浅,然后融入周遭的无痕,仿佛什么都没有发生过。其实,我很想有两双脚印并排踩着,无奈,四个冬季过去了,地上依然是一双孤独的脚印。也许,另一双脚,只愿待在暖暖的屋里,依偎在褥子里,不喜欢趟在冷风里。不论几双脚,终究被雪抚平,最终化了,分不出你我。

有一年,我心血来潮,抱着一把买来的宝剑,跑到图书馆门前舞剑留影。我的促狭心理作祟,希望那位挥手之间的伟人,能见证我在燕园的足迹。雪花把松树罩成了白塔,草坪上厚厚的雪,踩下去就会没到脚脖,进入鞋里凉飕飕,但丝毫阻挡不住我的玩心。我不知道将来如何,但是,我能够把美好的青春倩影,留在这座园子里,确是我一生的希求。来年春天,积雪化净,一切复原。

因为有了照片,就会有记忆,时时翻开,那清新的校园,那干净的世界,那涌动着活力的青春,又会浮现在眼前。可不,图书馆改建后,增加了两翼,大门往前延伸,门前的草坪变小了,松树挪走了,伟人的塑像也消失了。看着照片,不禁令人唏嘘不已。与其说燕园留下了我的印迹,不如说我留住了燕园的变迁。功过是非,在历史长河中,只不过瞬间,而人,不管伟大与平凡,终究是过客。鲁迅先生说,"北大是常为新的,改进的运动的先锋,要使中国向着好的,往上的道路走"。

  在燕园的岁月里,我也喜欢春天的花团锦簇,夏天的荷及蝉鸣,但是,给我印象最深刻的,是秋黄的纯粹和冬雪的洁白,使我痴迷不已。

(2014 年 9 月 19 日,选自散文集
《南来西往》,略有改动)

青春是一场风花雪月的欢与痛

金　意[*]

　　三十年前,我们两千一百多人过五关斩六将,千军万马走过独木桥,从四面八方来到北京的一隅海淀。那时的我们朝气蓬勃,意气风发。燕园,这个在中学时期神圣而遥不可及的名字,成了我们那段人生舞台的中心。寒窗苦读的日子里,刻下了我们青春闪亮的脚印:热情的、青涩的。天空中飘荡着我们的歌声:《在水一方》《一无所有》《橄榄树》《明天会更好》《朋友》……一体、二体、五四操场上留下了我们矫健的身影;周末的学三食堂飘荡着饭菜的香味和交谊舞的曲子。这里成了很多男生女生相识、相知,甚至相恋之地,一些幸运儿还得以修成正果,牵手至今。那时的天空是湛蓝的,未名湖的水是清澈的。

　　入学时是霜染枫叶红的九月。很多同学第一次远离家乡,孤身一人。他们心中也应该像我一样有着几分憧憬、几分悸动、几分寂寞吧。那时的校园像一幅典雅的国画,像舒朗的风,像素衣的云,至今常常萦回心间。未名湖是唐朝的诗,博雅塔是宋朝的词,

---

[*] 金意,本名金英姬。先后获北京大学学士、硕士以及韩国汉阳大学博士学位,两度赴美国宾夕法尼亚大学访学。目前在科研机构码字为生,并寄情于水墨丹青,与山水花鸟为伴。时常自勉:清简内心,一切皆安。希望:快乐地年轻,优雅地老去;让生命光彩绽放,愿岁月安详无恙。

石舫是独上西楼的清辉，静园是柔肠百转的流年。

遥想梦中的那片湖，想象着，吹过的风声是男生的呼吸，激起的涟漪是女生的心绪。湖边总有轻盈的脚步和欢声笑语。一湾湖边，不管千年的等候，万年的修炼，花自会绽放，雨自会飘零。湖边树林中有几只小鸟，清脆而啼，呼来晨露，唤来晚霞，看着这里来来往往的人们青丝染上白霜，看着岁月掠过水面。

刚入学时忙碌又茫然。去颐和园划船，采一片荷叶当伞；去长城爬山，充一回好汉大声呼喊；去香山赏叶，摘一些当书签、当鸿雁，找联谊班级，心中小鹿乱撞却故作镇定。

记得大一的那年冬天下了很大的雪。我们出去打雪仗，堆雪人。大雪对我这个东北人倒不稀奇。印象深刻的是，班里很多南方同学说他们是第一次看到雪。我们开玩笑说，以后给他们邮寄雪和冰。现在想来，之后的北京再也没有下过几场那样惊心动魄、气势磅礴的大雪了。有的平和舒缓，像如歌的行板；有的连绵不绝，像细水长流的日子……好可惜，从此北京的雪不多了。那盼望多时的雪白，等候一季的静谧，常常是转眼就不见了。一阵暖风吹过，吹散云，吹化雪，吹皱岚烟，吹起荒凉。雪停后，只有树上、叶上的晶莹，泪光闪闪，诉说着千般不舍、万般无奈，伴着辽阔绵长的寂寥……

四季轮回，冬去春来。和老家东北不同，北京的春天很短。静静地来，悄悄地走。偶尔飘几片雪花，下几场细雨。我们慢慢适应了选课上课，上自习听讲座，也有了一些朦胧的心事。未名湖边的清辉一轮，倒映在女生们的眼波流转之间，裹着素雅的情愫，升了，落了；风花一场，在李煜的江边，在薛涛的树下，妖妖娆娆，红红灼灼，开了，谢了。只是，湖水长流，桃花依旧粉艳，刺玫依旧鲜黄。

最怕俄文楼边上的丁香，花气袭人，芳香馥郁。对我来说，丁香是温暖的春天，也是绵长的寂寞。丁香的花气总让我回想起在俄文楼上晚自习做作业时的孤单，还有背着书包回宿舍时的形单影只，时长时短、时前时后的身影成了无言的陪伴。

晚上，经常跟同学一起听讲座，下午的三角地是讲座预告中心。多年后读硕士时，三角地变成了托福、GRE、转让物品的广告集散地，让我心里五味杂陈，深深地怀念大学时从这里走向各个教室占座或挤座听课的忙忙碌碌。

让人怀念的还有静园。这里曾经是果园，我们入学第一次买苹果是在此地。还记得当时我们班几个女生惊喜赞叹，讨价还价，欢声笑语装点了燕园万里无云的爽朗秋天。果园四周围绕着树墙，俨然成了北大这座象牙塔中的伊甸园，静静地看着花开花落、叶荣叶枯，看着或稚嫩或老成的男生女生穿梭其间，有的听BBC和VOA，有的卿卿我我，有的默默地欣赏风景。

图书馆草坪成了迎来送往的中心。我们入学第一张合影是在这里，毕业前夕几瓶啤酒伴着伤感的吉他声和歌声记下了同窗之间的眷恋和不舍。草坪上左右那两棵硕大的松树和迎风招展的合欢花应记得，一届又一届的男孩女孩们来过，唱过，笑过，哭过。

图书馆旁边是大讲堂和小柿子林。简朴的大讲堂见证了张艺谋的《红高粱》、崔健的《一无所有》、金星充满磁性的嗓音和柔中带刚的舞蹈。这里也是历届迎新晚会、新年晚会、大型活动的场所。将近三十年之后，偶然听一位同届校友提起当年我们舞蹈团的表演，《星空》的优美曲子和"猫洗脸"的经典动作让我们感叹和开怀大笑，像是久别重逢的老朋友，时光倏忽又回到了晚上在二体练完舞蹈用酸奶犒劳自己的日子。

四年后，我们从燕园走向了五湖四海。从此我们拥有了一个共同的名字：北京大学86级校友。而今，我们人到中年，一些人已有成就，一些人仍在迷茫。大学的青葱岁月早已远去，现实的精彩和无奈让我们额头添沟壑。但是，我们拥有共同的记忆和共同的情感：30年前对未来的憧憬和向往，和30年后对过去的回忆和怀念。在那逐渐模糊而淡忘的记忆深处，还有一串串清晰的印记：一次快乐的相遇、一场失败的考试、一次忐忑不安的逃课、一个同学的眼神………不思量，自难忘。

未名湖边小山坡上，有钟亭一座。毕业后偶尔来此停歇，回想昨日的花事，那么盛大，那么柔媚；有雪化雨，有月低唱。多年以后想起，雨的欢愉，月的皓朗，偶尔有两行清泪，祭奠当时的芬芳。

几年前看了赵薇导演的《致我们终将逝去的青春》。每个人的青春有着不同的时代烙印。对于我，青春最闪亮的符号是吉他、卡式盒带、流行歌曲和崔健的摇滚乐、弗洛姆和弗洛伊德、三毛、琼瑶和席慕蓉、舒婷、海子和朦胧诗，以及那个激情飞扬的年代和炎炎烈日下的军训。而对于那些曾经生活在同一个时空的人来说，青春又有着不同的描绘和阐释。时光的车轮不断前行，未曾停歇。回望青春，很多人和事就像写在海滩上的诗句，被水冲刷得无影无踪；像画在空中的画卷，被风吹散得了无痕迹，只留下或美好或苦涩的余音，隐隐约约，若有若无。在内心深处，青春的热情和渴望却像一只眷恋家乡的候鸟，久久盘旋在空中，无意离去。青春注定要飘逝，那就让我优雅地老去。

(2016年2月29日子夜零点初稿，
2016年3月31日凌晨零点修改)

如果我能画一张地图

燕于飞*

1986年秋天,我从昆明乘62次快车,56个小时之后到达北京,进入北大地理系自然地理专业,开始了我一生中重要的北京八年。北京大学自然地理专业四年本科,北大遥感所三年研究生,中科院地理所地图室一年工作。然后到美国Ohio State学习,现在芝加哥HERE公司专门管理地图数据分析。自从进了北大到现在,我这么多年可谓是和location做了闺中伴,和地图结成了骨肉亲。

如果整理记忆,给我心里的北大画张地图,有哪些地方我会收录在册,成为未来的重游或神游时的必访之地呢?

提起我的绘制地图能力,我得先自谦几句,免得以后看到此文的记忆力超群的同学或老师质疑。我本一粗枝大叶之人,字迹极度潦草。教数学的张老师曾挥舞着我的作业本向班上其他女生打听:"这个章燕燕是男是女?"这样的我在地图课上,把毛赞猷老师的绘图笔画断了好几支,也没能画出几条粗细均匀一致的边界来。

话说这样的我怎么能在地理界混? 这全得益于三年级时几个

---

* 燕于飞,女,本名章燕燕,1986年进入北京大学,1990年地理系自然地理专业毕业,1993年北大遥感所研究生毕业。在中科院地理所工作一年后赴美国Ohio State University留学,毕业后先后在美国环境保护局、ChinaOnline、Rand McNally任职。现在美国芝加哥HERE公司从事云数据分析工作。

年轻老师在系里向我等小辈展示了地理学新方向。王铮、任伏虎的"地理信息系统概论"一课,令我茅塞顿开。天助我也! 数字化的地理学正是为我而诞生,从此我改用计算机画! 当时北大遥感所是此方向的先驱,我蒙马蔼乃老师不弃,收于帐下读研。

要读研,先得本科毕业。我的论文跟着卢培元老师在通县做的。记得那个招待所食堂伙食还行,特别是烧茄子不错。卢培元老师给我的感觉像傅雷先生一样,谆谆教导,很耐心。我写出个通县水资源预测模型,自认为很美丽。答辩会上我讲完后,有人认为我把复杂的自然和社会因素简单化了,幸有陈传康老师力挺。北大很多老师,除了学问,做人更是卓越。现在想起那段时间,憾事之一便是觉得没能多和老师们近距离接触,多深入学习和了解他们。美国常春藤学校现在专门提供学生和教授课外互动的机会,但愿现在的北大学子比我们有更多的机会。做了研究生后,正好马老师搬到燕南园住。于是她那里变成我们师兄弟姐妹常去的家,其乐融融。当时的各种聚会,特别是中秋,给游学在外的学子多少的温馨。

在本科时,我比较有印象的老师还有:教地质的金老师(可怜南方来的我当时拿着罗盘也辨不清东南西北),教植被的崔老师,教土壤的黄老师,教生态的陈老师,教地貌的徐老师(去年底才发现她和马老师是中学大学同学姻缘)……还有生物系老师的植物课,那段时间,我们宿舍女生最大的乐趣就是在校园里闲逛,认遍所有的花草。

扯远了,讲这么多,地图还没开画。收录哪些地方呢? 那些高大上的,比如"一塔湖图",三角地,大讲堂,花神庙,李大钊像,塞万提斯像,这些游客四面八方来时,指点校园必有的,就做背景底图。

底图之上,首先要收录的是住过的宿舍。36楼126室是本科住过四年的地方。楼前种着些细细的竹子,从我们一楼的窗口望出去自认为有点潇湘馆的味道；但听说 36 楼更正宗的外号是"熊猫馆"。

在这间小屋，我一共和六个美女有缘：温暖如春的广东温美女，豪爽大气的哈尔滨刘美女，精明强干的广西谭美女，聪明活泼的成都尹美女，还有一河南美女面色白皙，细眉微蹙宛如黛玉一般，可惜几个月内就因健康原因休学了。后来二年级又加入了计算机系转学来的重庆杨美女，成熟大方。而刘美女不久转系去了东语系。45 楼 1083 室，是上研究生时的宿舍。这里三年，我和英语系的女生住在一起，结下了几个终身的好友。

另外，还有位于北大博雅塔旁边的遥感楼，研究生三年几乎每天都去。

还有东门的新地学楼：特别中意一楼博物馆的那头禄丰恐龙。当时经常造访，至今不曾相忘。

肯定得有三角地商店，在那里曾买过所有生活必需品，像热水瓶，方便面，酸奶，Ritz 饼干，力士香皂，Dove 巧克力。几个食堂，特别是学一、学二，另外学四，里面有那个经常多舀给我一勺且多找给我饭票的师傅，还有后湖枯树昏鸦和那一池荷花……

对了，还有未名湖畔一块石头。不知有没有别人也注意到这块石头特别像一只猫，一只正在看湖的背对着行人的猫……

记忆一旦开闸，涌出太多细节。看来我这张图今天只能是筹划，还得精挑细筛才能确定内容。

原来的楼拆还是没拆都不再有关系，每个地方在我心中位置永存。

另外，我们的北大 experience goes beyond the walls。校园之外，走出北京，还有军训和实习值得怀念。

军训给予我们大学四年一段特殊的记忆。那时的我们在中国最自由的学校里自由散漫惯了,营队生活反差极大。刻刻板板背条令,方方正正叠被子,不能随便外出,不能和男生拉呱,还不能吃饱!饭菜油水少、蛋白低、分量小,害得一群大姑娘冲上桌子猛吃,创下平生吃馒头个数纪录。对比之下,邻桌小伙班长桌子上居然还有剩下的菜。那时的我们每天傍晚溜达到猪圈边偷偷观察猪们,想象可能吃到的红烧肉解馋。

地理系学生一个让人羡慕的地方就是野外实习可以到处游山玩水。我们走过了北京郊外很多很有特色的地方,像金山、潭柘寺、戒台寺。对 86 自地班具有重大意义的实习是我们到内蒙古锡林浩特那一次。出了车祸,差点全军覆没。记得当时从山上烈士陵园下来,小司机开车,刹车失灵,越开越快,勉强错过迎面而来的拖拉机,大卡车;旁边的老司机扑过去帮助掌方向。突然巴士向路边冲去,完全失去了控制。我和徐宏罡坐在门口的位子,看不清前面是什么,只知道我们马上就要或者掉下山去,或者撞上……"砰"一声,终于来了,但撞上的是一个高高的稻草堆!原来老司机一眼看到这个,急中生智利用这个救了我们!这一下,我们全班同学成了生死之交。

准确地讲,北大 experience 在我们毕业之后还在延续。在校园里的我,年轻青涩,对身边的一切多少有些 distant。毕业之后,在各种情况下和校友们认识相交,有另一种收获。在 Ohio State 时,和北大同系青年教师刘红星、王法辉等人有交集,得以认识他们。他们做学问的钻研深入、思路的活跃让我受益匪浅。通过他们,我又认识了不少以前没有机会认识的地理系的老师和同学。每次见面聚会我们都会抚今思昔,甚为欢畅。

这一两年,这种北大 experience 更是被微信的存在发扬到另一个极致。通过微信,我认识了很多来自各科系、身在世界不同地方的 1986 级校友。我们每天互相鼓励,锻炼,唱歌,写诗,交流育儿经,只要想做的,无所不能。这真好比校园里的形形色色的俱乐部。

  看来这张地图除了标注位置,还得可以放大缩小,可以让我飞檐走壁,穿墙入室,可以纵览时间参数,点击调出记忆。请再给我一点时间,让我好好琢磨琢磨怎么画好这张地图!

(2016 年 2 月 28 日)

北大舞蹈团的记忆

秦　红[*]

那是入北大两年后了。在运动场奔跑了五年的我,忽然生出了女人的心,不愿意再在操场上消耗青春,而希望自己能在形体上表现出女人如水般的温柔,于是参加了舞蹈选修课,开始了另一种形体的学习。

所有的舞蹈中,似乎汉族舞的女人是最可人的。不要高难的动作,只要身形的配合,是肩与肘的小小动作,加上手上的表现与眼神,女人的心、女人的乖巧、女人的渴望就这么简单地表达了出来。在田径场上,力量与速度是一切的基础,无论它们是用在跑、跳、投掷或是其中动作的转换中,而在汉族舞中,它们却成了表现的敌人。腰身随性的转动,手臂无意的起落,脚步流水般的漂浮,手指似轻盈的兰花,当小白在我们眼前排练时,我才理解了民族舞中的女性。

思想上的理解是一种意识,而能够如影随形就需要大量的训练了。于是我开始了认真的学习,从基本的形体训练,到各种动作

---

[*] 秦红,女,1986年进入北京大学学习并取得了国民经济管理学学士,曾任职博时基金管理有限公司行政管理部经理、市场发展部经理、北京分公司总经理,易方达基金管理有限公司北京分公司总经理,工银瑞信基金管理有限公司渠道销售部总监,摩根士丹利华鑫基金副总经理等职位,现任中科汇泽资产管理公司总经理。

组合,一点一点地记忆与揣摩。对形体的控制是容易的,但要在动作中表现柔美却是另一回事。多年的训练习惯,使我每一次的练习都是认真的,不敢说表现出了应该表现出的意境,但也算是动作规范,亦步亦趋,也就逐渐获得了梁老师的注意。

刚开始不再每天训练,难免还是感到每周两次舞蹈课的运动量太小,时时地在课前踢踢腿、跑跑步,在众多学员前做这些另类的动作,也只有我这多年赛场练出来的厚脸皮的人才能做得出来。梁老师也给了我这认真的学生多些学习机会,让我参加了元旦舞蹈队演出的排练。以我那时依然有力度的舞蹈动作,估计在群舞者中,也是有些另类的,应当是梁老师对我这认真者的特别鼓励才让我能在那时有演出的机会。

后半学期的舞蹈课是短暂的,因为4月份社会和学校就躁动不安,5月学校开始了停课,一直到10月才再次见到了新的学员。梁老师似乎并没有闲着,再次见到她时,北大男子的腰鼓表演已经小有名气。而那时,我已经是舞蹈团中的大龄者。舞蹈课已经是练习身形的场所,舞蹈团的排练才是正经的活动,腰鼓团中选入的男学员也为舞蹈团增添了许多生气。舞蹈团开始排练现代舞了。

学习现代舞是我最得心应手的,现代舞所要求的奔放、动感、力量正是我所擅长的。这时,我的舞伴高宁出现了。高宁练习民族舞时略带生涩,到了现代舞场,就显出了狂野,舞出了风格,加上身高上的优势,我有舞伴了。那年的秋天是美好的,我们几个团员周晓、高宁、小郭、韦革、小鞠等到圆明园漫步,在乱石中留影,明媚的阳光、年轻的美好、情意的无瑕,都记录在那小小的照片中,现在看着都是满眼的青春朝气。可惜,现代舞无疾而终,我们走回了葬花、化蝶、扇舞、藏族舞的学习与演出中,男子的腰鼓成为常规剧目。到了元旦,我们要去石家庄陆校慰问那些军训一年的北大新生了。

那是很冷的冬天，首次集体出外演出的团员还因另有演出分成了两批乘坐大巴前往石家庄，我也就成了团长，带团先往石家庄而去。以前外出都是往繁荣的城市，这次却是河北一路的荒凉，令我感到了北方农村的贫瘠。还好，一路无事平安到达，我们先到的团员还抓紧时间，把藏族舞中最难的一段踢踏给攻了下来，使后到的梁老师对我们的表现小有赞叹。那是有舞蹈追求的一段时间，为了能让演出服穿起来合身，不惜饿了几个月，瘦下来近十斤，终于使形体与大家能够匹配、与舞伴能够匹配，也弄得满脸菜色，这也算是人生第一次成功的形体塑造。

报考北大的特长生们在大讲堂进行了演出，他们从小的专业训练，令我这个当时的主持人感觉生恰逢时，如果再晚几年，恐怕就没有这很多的演出机会，也想象着今后舞蹈团的水平，一定是可以让外人感叹的。后来的发展果真如此。

一晃十几年就这样过去了，每每看到舞蹈演出，还会想起那时的日子，想起汉族舞中女人如水般的柔情。这也是北大给我的那青春萌动期的特别礼物吧。

（2016年3月22日）

逝去的青春,逝去的楼

胡 玮[*]

在那里曾经度过四年大学生涯的 28 楼最近拆了。这一段文字,不是为了怀念,而是立此存照,以免将来或有的遗忘。

我的 28 楼,我的 403

我在北大四年,是 1986 年到 1990 年。在这四年里,我一直住在 28 楼 403。在这四年中,与我朝夕相处的兄弟们是法律系经济法专业 4 班的刘旭东、陈英革、林田、孙树国诸君。我们五兄弟干过的最好笑的一件事,是去张三营军训的那一年。我们五个人的脸盆都是同样大小。为了提高效率,我们就把五个脸盆套在了一起。那时去张三营要坐慢车,七个小时,走的那天晚上,不知是激动还是怕误了集合,很多人都没睡好。于是出发的那天早上,五个脸盆虽然套在了一起,可是并没有说好由谁负责。到了张三营我们才发现五个脸盆还在 403。去过张三营的人也许还记得,当时虽然是夏天,可是早上起来很冷(承德围场那个地方本来就是清朝皇

---

[*] 胡玮,现居美国亚特兰大。自幼有幸徜徉于燕园山水之间,于 1986 年考入北京大学法律系经济法专业。1990 年毕业后,一去万里。1994 年在美国南方小城梅肯获法学博士学位,遂从事法律及企业法务工作至今。深知人在世上是客旅,是寄居,但也为一路走来的一切际遇而常怀感恩之心。

帝的世外桃源和避暑天堂），水管里的自来水更冷。而每天早上只能用手掬着水洗脸的，就是我们403的弟兄们了。

这里也要顺便得瑟一下我们的军训。在那个年代，很多学校的军训都无非是在操场上练练队列，而我们则是发了全套军装在24军72师教导团，一把56式冲锋枪是必须学会拆装的。

燕　园

我的母校是北大，但众所周知，北大的校园是鸠占鹊巢，夺了燕京大学校园的。燕京大学是教会学校，她的校园风格和设计是经得起时间考验的。相对成院落的格局（如办公楼/外文楼/化学北楼这一组），歇山顶的二层建筑，红柱白墙的色调，就算你终老于异域天涯，就算你闭上眼睛，那个画面也是挥之不去的。这些建筑就算两百年后，甚或五百年后，也是要保留的。不仅要保留，而且是经典。当时校园的南界，就是二体一带。中外大学的教授们都喜欢在学校边上聚居，这聚居的地方在当时严格来讲已经在校外，故名燕南园。

有一种学校叫文理学院，规模不求大，学问精益求精。燕京大学的规模其实是类似于文理学院的。"德才均备"四个二层的红柱白楼（后来的红一楼到红四楼），住下了全部的男生。静园六个小院，住下了全部的女生。20世纪50年代，北大来了，身量是综合性国立大学。这样一来，原来的燕园就承载不了这样一个定位所带来的空间需求了。而北大呢，既然是国家把北大迁来，既然是最高学府，那么国家或北大也不是完全没有见面礼。现在的宿舍区，楼是50年代后期建的，地却是50年代初院系调整带来的礼物。

当时燕园地处西郊，四围或麦田或村镇。现在四环路的地方，以前是老虎洞胡同，连接北大与老虎洞的半条胡同叫军机处，另外半条50年代后就被包含在北大里面了。其实直到上个世纪80年代,畅春园以南还是一片麦田,物理大楼和北大附小之间也是麦田。物理大楼和东门(那时,包括 80 年代我们读书的时代,东门的位置比现在要靠北一些)往外则是成府。现在的成府路是以此命名的,但那时的成府并非今天的成府路,而是物理大楼与老的东门一带,学名叫大成坊胡同。胡同的路边曾经有过卖三分红果五分奶油冰棍的老太太,也曾有过租武侠小说兼连环画的租书店(好像是一个老头经营的),也有一些门脸斑驳的深宅大院——在我能从外面窥探一眼的年代,它们已经变成大杂院了,但燕园一带有清一朝还是颇有王公贵族或朝廷重臣在这里治宅的,还有就是建造圆明园和颐和园的工程承包商们。这些斑驳的门脸里面,都曾经有过故事,后来这些故事消失了,再后来承载这些故事的深宅大院变成了杂院,曾经的朱门也就斑驳了,最后这些斑驳的门竟也消失了。

三角地

总之,历史传下来燕园的格局,北部是教学工作区,南部是学生生活区。

听说三角地已经先于 28 楼,前几年就拆了。听说三角地拆前,就已经都是考托考研补习班的广告,已经失去往日的意义了。但曾经三角地的广告,是打开很多人眼界的主题演讲,是"少年侠气,交结五都雄,肝胆洞,毛发耸,立谈中,死生同"那样的社团广告,也有各系团委、学生会主办的舞会广告(那里有大叔大妈们的青春啊)。三角地其实就是长不到十米的一块小草地,三面有木板的广告牌。刚才讲到燕园的格局,北部是教学工作区,南部是学生生活区,三角地就是一个交界地带,是从宿舍区去教学区的必经之地,故而担负起承载诸多信息的重担。

三角地的南面是一条笔直的马路,是没有邻居的。只有北、东、西三面有邻居。北面是学三食堂,西面是新华书店,东面则是一排登各种宣传广告的玻璃橱窗。在没有网络的年代,这里也是信息传播之地。只是三角地的广告是自由发挥的,自发的文字会泛滥到橱窗那边。甚至于在1976年那一年,28楼、29楼、30楼、31楼这一组相对自成院落的楼,曾经有篱笆墙把楼之间的通道封闭起来,使之成为一个真正封闭的院落,里面成为贴大字报的空间(那一段的主题先是批邓、反击"右倾翻案风",风向一转就批"四人帮",但当年北大人大字报的文笔还都是很慷慨激昂的)。再往前追溯,北大在"文化大革命"期间有"新北大"和"老红井"(红色井冈山)两派死磕,连毛主席像也要立两个,一个在办公楼前,面向西,一个在图书馆前,面向东,是背对背的。

所以28楼,三角地,从来就是不同的思潮、不同的想法、不同的圈子、不同的队伍、不同的道路互相冲撞、互相磨合的地方。这就是北大。别的学校,都有所谓的学风,有的很好,大家都好好学习,如果谁不努力,就不融入;也有相反的,风气就是玩,唯读书者不容。北大则能包容太多不同的我们。就以我上学时来讲,有麻派(打麻将的),托派(考托福的),有游山玩水的,有跳舞的,有谈恋爱的,也有每门课都认真做笔记考试得满分的。但这些人并不是各干各的,晚上在宿舍他们会分享各自的世界,互相学习和切磋。每一个人都有自己的领域的心得与自信。

为了忘却的纪念

28楼之所以有这么多的故事,就是因为她守着三角地,是一个历史的见证。

斑驳的朱门老去,带走了几代人的记忆。28楼的拆建,眼看同样的戏又要重演啊。我们这一代人,终会老去的。然而记忆是不会老去的。记忆只会消散,或以某一种精神的形式被传承下去。

我们的记忆和记忆背后的北大精神,是消散,湮灭,还是传承?传承以后再发展?我们不能声称说这个精神是我们的,就好像我们不能说28楼是我们的一样。在我们前面有这么多的先贤,在我们后面也永远会有一代又一代的后来者。我们只能说,我们曾经受益于那个环境和先贤传下来的精神。当然,我们也曾留下我们的足迹,或清晰或模糊。我们也更珍视那一起走过的岁月,虽然我们现在天各一方,甚至远隔重洋。

新　生

就像三角地,扼守着一个交界点,28楼,也是见证着一个交替的年代。其实,无论何时,无论何地,世事都免不了这样一种张力。老的28楼,从建筑上说,不如燕园北部的那些楼那么经典。甚至可以说是至为简陋的。拆掉重建,让学弟学妹们有一个更好的起居环境,也是可以理解的。但我衷心希望,拆掉以后新盖的28楼,能继续承载老校友们的那种精神,不要让它消散。要继承,要发扬。

最后,也祝福母校,不求能够逃避一切艰难的岁月,但求能有恩典,也不失传承下来的那一种能坦然面对诸多顺境、逆境的精神。

(初稿于2015年10月23日,
定稿于2016年1月23日)

吃货记忆中的北大食堂

肖静伟[*]

江南大侠的《此间的少年》里头说杨康喜欢学五的烤鸡腿,玩电子游戏输给黄蓉无数,赌债太多最后不了了之。这个烤鸡腿是新鲜菜,我们那会儿没有。那会儿的学五,叫研究生食堂,因为离研究生楼比较近,吃饭的研究生多些。学五的菜很一般,但是便宜,比如红烧排骨,学四要八毛,学五只要五毛,当然人家真正吃肉的宁可多花三毛钱,因为这样的排骨骨头上真正有肉,而五毛钱的那种,汤汤水水一大碗,好不容易捞出骨头来,又难得见到肉。同学猜测学五师傅剔骨去肉的手段一流,一定是庖丁一类的人物。

女生们平时吃饭,去学二的多。30楼、31楼、35楼和36楼是本科女生楼。楼群之间两个食堂,学一学二。记得刚到北大的时候,两个食堂的大师傅在食堂外面的空地上摆摊儿叫卖,正值九月初,大锅大盆就在盛开的合欢树下面散发着与家里厨房不同的香气,让人对大学的生活平添了一种温暖的感觉。直到现在,见到合欢树我心里还暖融融的。

后来知道了,学一黑乎乎的,开着些白炽灯,灯光永远不足,尽

---

[*] 肖静伟,女,北京大学生物系86级学生。90年代初随大趋势赴美,获生物学博士,在生命科学公司负责市场推广。半生至爱美食、排球,最念燕园流金岁月。

是些男生在大吃。但是小炒一度是现点现炒,真正的小锅菜,分量也足,其他食堂都不能比,但是小炒又能吃几回呢?学二就不一样了,窗子大,灯是日光灯,看起来干净。不过并非所有的人都喜欢明亮的食堂,我一个中学同学,来学校玩儿,我先带他去学二吃饭,他抱怨说太亮,吃不下饭。后来换到学一,他才大快朵颐起来,连称这才是吃饭的地方。年轻的我,就在一旁笑眯眯地看着,他挥扬着青春的活力,我享受着心里的甜蜜。也许现在的好脾气就是那个时候养成的吧。看到朋友高兴,自己也开心。

学二真是女生食堂。平时的菜就罢了,几样东西特别好吃,比如小米粥,比如糖花卷(其实是甜味芝麻酱花卷),比如咸萝卜丝,比如桃酥,比如炝土豆丝,比如凉拌油菜(青江菜)。一句话,都是小菜,特别讨女孩子的喜。永远叫着要减肥的女孩子,晚上是不吃热菜的,嫌油。买一两粥,一个桃酥,一个凉拌菜,又便宜,又不耽误晚自习回来吃傻子瓜子太阳锅巴,谁要去别的食堂吃正餐?记得在夏天的下午在勺园打球,有法律系的同学骑车路过,哲总是细声细气地叫:给我带一个糖花卷!球迷打球还惦记着,可见真的好吃。

学二唯一印象深的热菜,是烧茄子,里面加了西红柿,酸酸的,油而不腻。除了北大食堂,好像没在别的地方吃过。我在家里做烧茄子的时候,有时候也加西红柿,更多的时候加番茄酱,颜色味道都好。

晚上零食为主,中午还是要好好吃的,上了一个上午的课,不知道念了多少遍"天将午,饥肠响如鼓"。第四节课是十一点五十分才下课的,而食堂十一点就开门儿了,三四节没课的和逃课的学生们早把好菜买光了,十二点才去,大概只有炒白菜(不,实际上是熬白菜)可以填肚子了。后半堂课简直能把白胖的老师看成包子,黑瘦的看成排骨!大部分老师都是过来人,体谅地在两堂课之间不休息，十一点半下课了事。我们还能吃到点儿像样的菜。

有一个学期，我们在一教上高数，一个宿舍六个女生坐成一排，老师刚说下课，我就飞奔而出，留下军给我收拾书包。我骑在一辆旧飞鸽上，一路狂奔，直扑学三。那时候学三卖馅饼，围着一个大大的饼铛，排出好长的队去，大师傅一头烙，一头收钱给饼，去晚了就没有了。排队的时候，大家都数着前面有几个人，锅里几个饼，看看自己这一锅有没有戏。二两一个，通常是女生一个，男生两个。我经常让排在后面的男生跌破眼镜，因为我每次都买六个，一下子占了六个女生的名额，后面的人不免要把自己的位置相应地往后挪三四个。经常有油嘴滑舌的男生问：同学，买这么多，吃得完吗？那时候年少面浅，总是不好意思地一笑低头疾走。

那时候的牙祭菜，不过是大肉。大鱼是不经常有的，即使有，也不如肉来得解馋，或者掉句文，叫吃得淋漓尽致。一般的某某炒肉，肉丝稀少，短且细，常需放大镜才能鉴定的确是炒肉。一次进学二，德语的瑶端了一份豇豆炒肉出来，挑挑拣拣掂一条肉丝出来，正眯眼做享受状地往嘴里放，迎面撞上我，尴尬之余特义气地改道要送我嘴里。我赶紧客气地说我不喜欢吃肉。她惊的差点把肉和下巴一块儿掉地上：人生一大享受啊！她摇着脑袋不可思议地走了。

女生尚且如此，更何况男生！可见肉是好东西。大肉并不是提过的红烧排骨，好吃是好吃，吃相不好看，女生吃得斯文些，简直是吃不到多少肉，也吃不出风卷残云的感觉。我们更喜欢的，是扒肉条（扒肘条），一勺子红烧带浓汁的带皮五花肉，切条，外加一大勺白水煮白菜，丰盛极了，配二两米饭，先吃肉吃菜，小口吃饭，吃到最后，浓汁的妙处来了，清汤寡水的红烧排骨汤怎么比？往饭上一浇，吃完了，心满意足，回到宿舍，连午觉都睡得格外香美。这样一道美味，只要五六毛钱。有了厨房自己做，怎么也做不出来当年的味道,不知道是肉不够肥美,还是胃口不如当年?还有一个叫什么小丸子的,猪肉末丸子,据说里面瘦肉含量比较多,煮得白白嫩嫩的,也是一勺丸子配一勺白菜,清爽又好吃。一块钱一份,已经是大锅菜里面最贵的了,也不是每天都有,吃一次像过节一样。另外一个叫焦溜肉片的,趁热吃,香脆可口,后来跟同学边聊边吃,肉片软下来,才知道不过是面裹肥肉,炸的酥了,从此倒了胃口。

并不是所有的老师都那么体谅学生,有的老师还是一定要拖到最后一刻才肯下课,十二点赶到食堂,饭堂空空荡荡,卖饭窗口里头也是空空荡荡的。食堂替学生着想,会搞出一两个热乎乎的菜,不是凉凉的残羹冷炙,但都是大杂烩(相当于美国中餐馆的 house special),无外乎所有剩下的蔬菜,没油没肉,颇提不起人的胃口。这时候,就要去吃饺子。学四的韭菜馅儿饺子就是个上好的选择,比外面不三不四的餐馆儿里做出来的还可口些。现煮的,热气腾腾,有肉有菜,还能奉送饺子汤,最妙的是便宜,一毛钱一两,加上面票里的二分钱,不过是一毛二,二两水饺两毛四就是一顿。所以一到月底,吃这口儿的学生,尤其是男生特别多。如果经济上富裕,冬天吃水饺的时候还可以配学四的特色小菜炒肠,是卖凉菜的窗口卖的,但是热的,煮在小锅里面,带了微辣的汁,说不出来的香。现在我也不清楚原料用的是什么肠儿,像红果肠,但是淀粉含量比红果肠高,价钱也应该便宜些吧,一份儿小半盆儿,不是四毛就是五毛。想起来就馋。夏天则配北冰洋汽水,凉的!大太阳地儿赶过来,一口下去,套用后来雪碧的广告,真正晶晶亮透心凉!虽然外面也有,总觉得不如学四的来得恰到好处。我在美国二十多年,楞没学会喝可乐!觉得比感冒冲剂还难喝。打球出汗之际,经常苦苦思念北冰洋汽水。如果有,我会为此不惜摄入额外的卡路里。

三年级学会睡懒觉了,不仅早晨不跑步,连早饭也省掉了,起来就直扑教室。第二三节之间休息二十分钟,有时间去学三门口吃包子,一两一个,热气腾腾的,咬的时候一定要注意,因为油会流出来烫嘴。更懒的同学,男生为主了,起床晃悠到学三,吃上两个包子,正好去上第三节课。后来大师傅的服务愈发周到,把车推到各大教室像二教什么的门口儿去卖了,大家也就不用那么辛苦地赶来赶去了。毕业了,再也没有吃过那么好吃的包子。如果你有过像我一样,十八九岁,没吃早饭,上了两节课的经历,你也会终生记得那种滴油的包子。

再后来就毕业了。男朋友一边在北大任教,一边在公司兼职;我上了研究生。经济上一下子好了起来,那时候也不流行存钱买房买车的,于是致力于吃。年纪大了,当年的油乎乎的美味也没有那么美了,学三的馅饼也不知道为什么取缔了。改吃小炒,后来小炒也不过锅略为小点、用料稍讲究点罢了。我做深沉状地跟老同学说:我算知道为什么大学是四年制了,因为一个学校的食堂,四年以后就吃腻了。于是,特别同情北医要读六年的同学,尤其是彼时北医只有一个食堂!

这期间,学二推出了一个很受欢迎的菜:砂锅豆腐。小炒的窗口卖的。小小砂锅,里面以白菜豆腐为主,三块钱,押证件,还砂锅的时候还回来。但是汤是好汤,可能是真正鸡汤,豆腐的火候煮得够足,冬天吃一顿,又暖又香,当时的一个小炒不过一块五,算是非常贵了。一次他跟同宿舍的高两个人买了一个砂锅,打开一看:里面豆腐不多,满满的都是鸡腿,笋块儿,炖得香气扑鼻,两个人谁也没犹豫,客气什么,趁着没人找茬,吃吧!吃完了去还砂锅,窗口的小伙子从牙缝儿里挤出来几个字:好吃吗?两个人对看一眼,纷纷点头如鸡啄米:好吃!好吃!小伙子的牙缝儿又张了张:吃到豆腐了吗?两个人又对看一眼,男朋友诚恳地说:没见到多少豆腐,不过挺好吃的,好说,好说!小伙子脸上变颜变色的,终于没说什么,还了证件。两个人一出食堂就大笑不止,估计是大师傅给自己留的小灶儿,被人给误卖了,吃了个哑巴亏。剩下的鸡腿,带回去给宿舍的另外一个人吃,他高兴道:你们两个太客气了,还给我买份儿鸡腿?可见量足。

食堂的菜吃腻了以后,只好自己开伙,炒两个菜,在食堂买六两米饭,小日子过得有滋有味的,从此开始了黄脸婆生涯。煮了这么多年的菜,突然苦苦地思念起食堂的菜来。或许我们思念的,其实不是菜,而是当年的青春年少?

近年来回北京,屡屡地要求老朋友请我去食堂吃一顿,可是老朋友们都阔气了,都到高级的酒家请我。食堂也没有饭票了,都是刷卡,没办法拦住个同学换饭票的。今年夏天带儿子去看北大,正赶上饭点,于是蹳进学一。跟我们那时候大不一样了!全国各地的风味都有,简直像大排档,看着就好吃!大师傅都站在后面笑眯眯的。正所谓龙生龙,凤生凤,吃货的儿子会看好吃的东东!我那吃货儿子立马决定,高考努力考北大!

(2016年3月1日)

桥 牌 轶 事

谢志东[*]

从地球的一端飞至另一端,从北京机场到燕园,途经五道口,看着似曾相识的各学院围墙,忆起大学时节,与阿曾骑着自行车到八大学院张贴桥牌比赛的海报。阿曾与我同班,皆来自宁夏,自然的桥牌搭档,大二时,我俩自任北大桥牌协会主席,开始在燕园组织比赛。

43楼530的10人大屋是各种活动的启蒙地,琴棋书舞,阿曾天然自成,也是小老师。自由弥漫在大二,桥牌是那个时代自上而下的爱好。不记得何时开始打,只记得会打后,开始读一本一本的桥牌书,水平足以江湖小试。第一次正式比赛是到五道口地质大学参加双人赛,成绩尚可。阿曾打牌认真,要求极高。依稀记得一次比赛回到学校后,在图书馆东面的草坪上两人为出牌失误争吵起来,阿曾怪我,我马大哈但好辩,阿曾好委屈,眼圈都红了。图书馆东面的草坪,视野开阔,可看到博雅塔尖,史地楼在草坪下另一侧,是我们组织桥牌比赛的地方。大四毕业前,草坪成为我们最留

---

[*] 谢志东,1968年生于浙江东阳,1986年入学北大地质系,1999年1月到美国ASU留学,取英文名Sonny,2007年回到南大任职,研究陨石冲击高压矿物及太湖冲击假说。现定居南京仙林,夫人金玲,育有两女Sabrina和Shayla。

恋的地方,阿曾抱着吉他,大家唱着老歌,记得全班毕业合影也在那里。绿油油的两片大草坪,最早有毛主席的塑像,冬天大雪后,有老外在上面滑雪。后来变成矮矮的花坛,不知何时,花坛没了,多了一个眼罩式的回廊建筑,挤走了草坪。这次回到校园晨跑,才注意到空寂的校园中心是如此的拥挤,北大的圣地没了,图书馆带上了眼罩,顿显局促。不知何时北大可去掉眼罩,恢复那纯净的圣地。

桥牌成了我俩的副业,既创收又交友。桥牌书一大摞,到处打牌,自任桥协主席组织比赛。早上睡懒觉成了我二人的习惯,沉积学 100 人的大课总迟到,期中考试挂了科,点了名,我收敛一点,逃过一劫。阿曾最后却挂了科,补考了事,桥牌是主因。大三开始,搬到了 28 楼 301,十人大屋改为四人小屋,开始筹划在燕园举办桥牌双人赛。阿曾一手好毛笔字,会刷大字,海报刷上十几张,二人骑着自行车,穿梭在八大学院三角地贴海报。2 元报名费,免费借得草坪东侧的史地楼三楼几间教室,周末几十人参赛。总支出是前三名的奖品和我们的辛劳,小有收入,更是认识到北大的高手,成了桥友。桥牌学习班也举办过一次,两元一人,自任老师,教室免费。1988 年年中,校团委下的学生会收编了我们,下拨经费,购买扑克牌和桥牌套。我们免费获得几十副崭新的桥牌套和牌。大王小王在桥牌中多余,全贴在了 301 门口,贴了一个大大的 301。

301 小屋,走廊尽头,四人宿舍,两北京两宁夏,北京的大多不在,小屋就成了名副其实的桥协。宿舍 10 点后灯火管制,私自接走廊灯的电入室内,拉上厚厚的帘子,召同楼地球物理、核物理等桥牌高手 8 人,夜深人静,大战复式赛,凌晨二三点是常事。不知何时,有外面工作单位邀请出外打桥牌。记得最后一次到的单位是木樨地的建行总部,从中午打到傍晚,打得昏天黑地,朦朦胧胧中回到燕园。课开始不上了,桥牌的惯性维持到五月,似乎还记得与阿曾最后一次到北京联合大学打桥牌比赛,得了名次。再往后,桥牌在历史风暴中被打得七零八落,辉煌不再。桥牌与我的缘似乎也越来越远。阿曾依然迷恋,到美国后电话聊起,说还在网上打过,估计是大师级的,只是不知可有相知的搭档。

　　桥牌中学会了与人合作,各类叫牌法,单飞双飞,还学会了打小满贯和大满贯。复式大赛更是学会了不论好牌差牌,定约要合理,出牌要稳妥,打好每副牌。最后的紧逼是阿曾最得意的一手,尤其是满贯的紧逼。301成为桥友最留恋的地方。物是人非,阿曾已在天上,微笑着望着我们继续在地上叫牌,出牌,飞牌,完成约定。

(初稿2012年5月4日,
改稿2012年11月27日,
定稿2016年2月25日)

北 大 往 事

林 霞[*]

1990—1993 快乐篇

1990 年我们大学毕业了。

经济学院有 10% 的毕业生留在北大继续攻读研究生。经济管理系的沈玉景,国际经济系的陈立华和陈小芬,还有经济系的林霞,分到了一个宿舍:45 楼 1056 室。她们开始了为期三年的"花样年华"般的生活。

那几年的北大校园很平淡,依然年轻的我们耐不住,所以想方设法地挖掘生活中点点滴滴的亮光,让自己和周围的人享受生活本身应该带给一个普通人的幸福和快乐。当时的目标是:吹捧自己,也吹捧别人;挤兑别人,也要让别人挤兑自己。

最简单可行的就是给每个人取昵称:

沈玉景叫"沈娘儿们",因为她太能干了。

陈立华叫"花花",因为她如花儿般纯情。

陈小芬叫"小草八刀",是把"芬"字拆成三部分。她温柔中带

---

[*] 林霞,女,1986—1993 年北京大学经济学院硕士毕业后先后在对外经济贸易大学和中国进出口银行工作。1998 年赴美,获资源经济学硕士学位。2000—2015 年在(HSBC)(WellsFargo)等银行做信贷风险管理。2015 年 6 月至今,实现了自己的梦想:全职妈妈。

犀利,所以这个名字很形象。不过她的温柔远远多于犀利,我们更喜欢叫她"芬儿"。

林霞叫"小林多喜二",是因为和日本无产阶级文学的代表作家、小说家小林多喜二貌似同姓氏。可名字太长,平日里就直呼"小林多"或者"多喜二"。

小林多和沈娘儿们先行占了两个下铺,也因此被要求每天起床后叠被子,把自己的小窝收拾收拾。这样,隔三差五的卫生检查与宿舍评分,两个上铺把帘子一拉,我们屋只动用两个下铺就可以蒙混过关。隔壁的另外两个宿舍的经院研究生们都有工作经验,她们的社会生活能力比我们强多了。比不过又犯懒,我们就想这样的办法去应付。

炉子与宵夜的故事

在北大待了四年后,发现自己肚子里的油水越来越少,食堂里的小炒太贵,可又馋得慌。研究生有工资,这样口袋里就有了一点小钱去东门的农贸市场和中关村市场买点什么回来自己开小灶。

这就有了炉子和宵夜的故事。我们买了一个小电炉,就用它煮宵夜了。尤其在寒冷的冬夜,我们去学五食堂后面的大白菜堆里,顺手牵羊弄一棵回来(一开始也是吓得胆战心惊的,后来成了老油条,理直气壮的),用涪陵榨菜做底料,加入面条,就可以当宵夜。窗外北风紧吹的时候,我们在屋里美美地享受着热腾腾的面条,很是得意。

大学本科同学偶尔回北大聚会,带我们去勺园、长征饭庄,海淀老虎洞的四川饭馆聚餐,剩下的打包回宿舍够我们享用好几天。记得有一次,我们把打包的底料重复用了好几天到最后只看见几颗油星星,吃到大白菜水从可怜的芬儿胃里直往上翻,我们这才放齐。

电炉子用得久了自然跳闸,引起楼道管理员的注意。我们的电炉子经常被没收去了不说,还要交罚款。我们感觉很郁闷。沈娘儿们有一个师兄是清华毕业的,他自告奋勇地为我们做炉子。他去建筑工地偷了一个长方形的青灰色的空心石墩,在面上凿几圈槽放电阻丝,再连上插头,便大功告成。我们不用它时把一铁桶放在上面,它就变成放东西的普通石墩。从此再也没被发现过。嘿嘿,那个偷偷乐啊!

"拖拉机"大战

我们四个臭味相投,喜欢猫在宿舍里进行热烈的"拖拉机"大战。"拖拉机"带给我们的快乐是无与伦比的。

研究生待遇比本科时好了很多:一个屋4个人,每人一个小书桌,一把椅子。因为书桌天天要用来做作业,堆满了书和本子之类的。挪来挪去的很不方便,桌面也高,所以不合适做打牌的牌桌。怎么办?屋里那个不大不小、不高不矮的石炉子就成了一个天然的牌桌底座。怎么找桌面呢?我们发现了一个大纸盒盖,有90×90×10厘米那么大,简直是最佳桌子嘛,可以轻轻松松地随时搬运和搁置。

好了,这个朴实无华的牌桌得添点什么,让它有生命意义。芬儿建议写上些迷糊对方的甜言蜜语,所以四个桌边都有了一句话。现在能记住的有三句:"这边风景独好""幸福地承受了你的一招""××人又放了一个精辟"。后来,在打牌的过程中经常有各种精辟语言或乐子,我们希望这些"天才之作"流芳百世,所以在宿舍门后面贴张大页纸,把它们一一记录上去,可以经常拿出来"晒晒",互相挤兑。

一开始,就我们屋四个人自己打。

我们的配对组合也是有根有据的。先是两个下铺对两个上铺,然后,两个 A 型对两个 B 型。很巧的是,就两种血型,血型一样在同一边做上下铺。

在早期,根据自己手上的牌,忙着推算对方与对家手上的牌,然后决定出什么牌。后来发现有时猜的不对或举棋不定,怎么办呢?为了赢,绞尽脑汁啊:希望搭档有所暗示(言语上或身体语言上)。这个就要求双方的默契与心领神会了,同时又不能让对手发现。结果经常斗嘴皮子,好的时候,大家都很享受其中的"伶牙俐齿,针锋相对,聪明狡猾";不好的时候,互相打断,互相指责。最糟糕的一次,就是大家都气呼呼的,情急之下,拿着所有的牌冲出屋,直奔楼道中间的垃圾桶,把牌儿们一股脑儿地全扔进去。小林多和花花各自扔过一次。当天晚上四人躺在床上一起聊天,发誓再也不打了,这样伤感情的事应该避免。

这样的"毒誓"坚持不到一周,大家心里又开始偷偷地发痒了,可是谁也不想捅破那层心思。正在僵持中,半路杀出了一个"程咬金":对门中文系的同学们景仰我们屋牌技"高超",一直想掺和但没有机会。这下不知是碰巧还是有人指点,她们带着崭新的两副牌登门拜访了。说是请教我们,希望我们教打"拖拉机"。读者当然可以猜到结果是什么了。

打到后来,我们对提高牌技不太感兴趣了,更享受打牌过程中的斗嘴与各种有形无形的赖皮伎俩。

打拖拉机最急人的事是三缺一。

沈娘儿们的姐姐在北京,她为了打牙祭,周末经常去姐姐家。周日晚上回来又说要抓紧时间学习,把去姐姐家浪费的时间补回来。所以,我们在这些时段经常三缺一。这样,在她去姐姐家之前或者回来后,我们为了拉住她打一会儿,软的措施不管用,就开始挤兑她:"沈娘儿们一点都不凑趣。"她听急了,就嘟着她的小嘴嚷嚷:"凑趣!凑趣!凑趣!"吧唧坐下打一局。后来她去人大福特班学习一年,我们屋在那一年就经常"三缺一"地干着急。

当时小林多和芬儿已经在拍拖,她们各自的男朋友就自然成了候选人。但他们也不是随叫随到,更不愿直接说出的理由是他们受不了我们在打牌期间的种种斗嘴和耍赖皮。

所以,我们仍然积极招募牌友。至今记忆清晰的是同班的欧洪同学有一次撞上枪口。欧洪和花花及芬儿是本科时一个班的,所以大家很熟络。他为人厚道老实,我们给他起的外号是"大叔"。欧大叔头发天生自来卷,眼镜片也很厚。有一天晚上十点多来我们屋传达一个什么东东,被我们毫不犹豫地"扣下"打一局。结果,坐下来后,他手举牌举得简直送到我们面前,所有人都看见了。他的搭档急得直跳脚。

食堂的师傅们

北大有7个食堂。每个食堂各有所长,学生和食堂师傅们之间的"战争"也是有声有色的。

学三食堂靠男生楼近,那里卖小炒的多是男师傅,漂亮一些的女生去买时给的分量就会多些。当年三角地有人贴出一个大字报,是一道选择题:"世界上什么东西最黑?"答案:1.墨汁。2.煤炭。3.学三师傅的心。

靠研究生楼最近的就是学五食堂。这个食堂做的红烧排骨很好吃,但不是经常供应。一旦有,大家都会排队排得长长的。男同学们有时也会因为插队吵架的。学五食堂有一位比较胖的女师傅,很抠门。有一次中午卖"鸡蛋炒菠菜",鸡蛋没有炒匀,大小不一。排在小林多前面的一位男同学看到一团大的鸡蛋被舀入他的碗中,正在高兴中,忽然见这位女师傅把那团大鸡蛋块舀回大锅里,然后用她手上的大勺把鸡蛋团切成小块,再将其中的两小块舀到他的饭盒里。这位男童鞋很愤怒地吼道:"又不是你下的蛋!"

有时候,师傅们也故意开学生们的玩笑,让我们哭笑不得。有一次,芬儿两个嘴唇肿大,校医院给开了紫药水消炎。芬儿去学五买饭,听到几个师傅凑一块嘀嘀咕咕:"没想到,现在流行紫色口红哪。"芬儿听着,气很是不打一处来,又不能咧开紫嘴去反击。

靠图书馆的学四食堂的师傅们是比较调皮的。冬日的早晨师傅们经常熬小米粥,搁在食堂中间,让学生们自己舀。盛粥的桶巨大无比,可是小米们都沉在桶底。记得张健(外号"小贱人")有一次很执着地用大勺使劲往桶底"挖",坐在旁边收粮票的一个师傅不动声色,低沉地对她说:"底下都是沙子。"小贱人差点没气晕过去。

这种可爱的磨擦让我们得以琢磨每个食堂的情况,做到"知己知彼,百吃不败"。

夜　聊

我们四人每天晚上一定睡前聊天,花花经常讲笑话,让我们乐不可支,偶尔也讨论人生大事。当时,芬儿已经是基督徒,她去海淀的教堂做礼拜,她说自己宁愿清醒地痛苦着,也不愿意像我们三个拒绝信主的人这样糊涂地活着。小林多对芬儿的这句话一直记着,现在她自己也早已是一名基督徒了。

后　记

我们屋四个人后来先后都来了美国,分散在不同的州。小林多在美国西海岸,其他三位都在东部。凑一块打牌是件很"奢侈"的事了,严重的"一缺三"。

因此,每每回首在北大 1990—1993 年的生活,我们真是阿 Q 式地乐在其中,不能自拔。

仅以此文纪念那段特别的青春岁月,友谊地久天长。

军训往事之沉甸甸的山楂

孙承洪[*]

大一暑假承德张三营的军训,对 86 级的同学来说都是一段难忘的回忆。不知道大家对张三营还记得多少。如果说张三营有啥特点,其实就两个,山楂和穷。

在张三营,细粮主食都不能保证。我人生第一顿(也是唯一一顿)小米饭就是在那儿吃的。大家吃过小米饭吗?看着好看,金黄金黄的,可是极其粗糙,极难下咽。我吃了一顿,嗓子疼了一个星期。那时我们最幸福的就是去厨房帮厨。还有就是抢劫从小卖部回来的女生(这班长都支持,抢的饼干分给他一份)。

天天饥饿难熬。哥们几个聚在一起就是商量怎么能大吃一顿(男生那时都没钱,下不起馆子)。因为当时刚有大学生社会调查这个概念,我看过几篇报道。我说,哥几个,咱们熬到星期天,我有办法去镇里大吃一顿,瞧好吧!

星期六早上,刚跑完五公里回来,哥几个就拉着我要出发。我说不急,现在去太早,聊不到中午就完了。必须十点左右去,坚持到中午,还不得请我们吃一顿啊。九点半左右溜出团部大院,我们

---

[*] 孙承洪,男,北京人,1990 年毕业于北大国际政治系,毕业后去南方闯荡多年,后入教育部工作,现为北大电子政务研究院副院长。

十点准时来到了镇政府。星期六不上班,不过那时的地方干部都住在政府院里,跟古代的干部一样,前店后厂。

我们跟门房说明来意,我们是北大学生,在这里军训,受党中央委托来看望你们(我当时真这么说的。好多年以后,一个跟我一起去的哥们在后来聚会时说,当时他一听我这么说拔腿就想跑,这骗得也太明显了)。不过,门房可没他觉悟这么高,看我们的眼神都不一样了。把我们请进办公室后,他马上去请来了镇长、书记。

长话短说,镇长、书记赶紧汇报工作,他们讲得口干舌燥,我们听得昏昏欲睡。转眼之间就十二点半了,我们七点早饭到现在,早就快饿晕了。面上还一本正经,肚子却咕咕直叫。镇长看我们的表情,明白了。他趁着书记讲话,进进出出好几次。我们眼巴巴地看着,知道他是在安排吃饭的事,鸡鸭鱼肉眼前乱飞。不知道书记看没看到,我居然对着他流出了口水。好不容易,书记讲完了。我为了提高午餐的质量,最后也补充了几句,大意是我们代表谁来的,回去要写调查报告等等。

书记陪我们走出办公室,镇长一脸尴尬地站在门口,后面一个人还抱着一个小口袋。我心说这是要闹哪出,难道还有吃有拿。镇长尴尬地笑笑说,中央来的大学生领导来视察,本该好好接待。可我们这里实在是太穷了,一年的办公经费才240元(我一直记得这个数字,尽管不太相信),没法请你们吃饭,特准备了我们的特产一袋山楂,请你们尝尝。你们快赶回部队吧,应该还能赶上午饭。

啊!晴天霹雳啊,哥几个腿都软了。现在回去,午饭都没的吃了。出得门来,哥几个看我的眼神都不对了。我说,别别,这不是还有山楂吗,我们也不算白来。大家一人一把山楂,准备吃减肥午餐。可那山楂真不行,特别是你特饿的时候一咬,牙都要酸掉了。我说,不行咱把山楂卖了,回小卖部买饼干吃吧。于是,三十年前的一个周末的中午,在一个偏僻的山区小镇,几个十九岁的稚嫩的青年,蹲在小镇的街边,就饥肠辘辘地看着来往的人群,叫卖着山楂。

  这件事的结局我真的忘了。到底山楂卖了没有,午饭怎么吃的,在我的记忆中只有镇长尴尬的笑脸和那一袋沉甸甸的山楂。

(2016年2月2日)

卫生队的小伙伴

胡剑平[*]

大一暑假,我们来到董存瑞的故乡河北省隆化县军训。张三营镇是52830部队的教导团所在地,出操、训练、学习、帮厨,感觉挺新鲜,只是不喜欢严苛的纪律约束和粗淡的伙食,小卖部的山楂条被我扫荡了一袋一袋又一袋。

也许是陈年山楂条摄入过量,某日突然腹痛无比,直不起腰来。被送到卫生队后,军医让我平躺,开始按压我的腹部,按到右下方时我一声惨叫,他立马两眼放光:"急性阑尾炎,立即手术。术后休息几周,明年再来军训,你就可以当副班长了。"我强忍眼泪和剧痛镇定地回答:"打死我也不在这做手术!"谁稀罕副班长?姐现在是副排长!回想起来当时还真不害怕,大有兵来将挡水来土掩之气魄。

随后,领导、老师和同学们都特地来看望。连长端着一脸盆热腾腾的馄饨,说是他媳妇刚做的,我感动之余心里说您这是喂猪的节奏啊。好像有团领导和老师来,但具体是谁实在记忆模糊了,只

---

[*] 胡剑平,女,北京大学生物系86级学生。1990年获学士学位后赴美,获佐治亚大学博士,在圣地亚哥索尔克生物研究所做博士后研究,随后应聘密歇根州立大学,现为该校教授。

记得所有的老师和同学都反对我在这穷乡僻壤做手术。

二十八年后,我应一位刚刚认识的北大微信朋友的请求,把这篇文章的第一稿给他看,结果,他居然知道这件事!而且,他还和领导们一同去看望过我,几个人站在卫生队的院子里紧急商量对策!二十八年后,他居然是我这篇故事的第一位读者。鸡皮疙瘩散落一地:缘分啊,不服不行!!据他讲,听说卫生队要给我做手术,北大总带队老师兼副团长张老师如热锅上的蚂蚁,连忙找几个人商量,商议结果如下:第一,不相信卫生队能做好这手术;第二,不愿意把学生给他们练手,大夏天感染了咋办;第三,万一必须要做手术,北大派车来接我回北京做。但这将触及学校和军队之间的信任和军民鱼水情,老师们大费踌躇。今天我第一次听到这内幕,唏嘘不已:咱当年的大义凛然和坚强不屈,给学校省去了多少麻烦,回去之后北大也不说给我发个敢斗奖戴朵大红花啥的!

于是卫生队采取了保守疗法,先输两天液之后再每天打针。打针的是个眉清目秀的小伙子,我伸出胳膊,他说:"需要打臀部,否则不出一天你的胳膊就抬不起来了。"我不信那个邪,坚持让他扎手臂。他无奈之中叫来了领导,大家一起嘲笑我:"还大学生呢,这么保守……"消了炎,没过几天我便活蹦乱跳起来,在卫生队上上下下混得挺熟,观摩军医手术、跟着卫生员去给老乡打针、到伙房吃小灶。兄弟们当中与老D和老T走得比较近。老D就是那个卫生员,承德人,城市兵。老T来自江苏农村,炊事员,淳朴爱笑,听说我爱吃鱼,背着领导给我做了条红烧鱼,受到批评,说她阑尾炎再发作了谁也负不起这个责。

老D是个篮球健将,一比赛就叫我去看,表现神勇。两周后我出院了,他扛着我的行李送我回营房。回京前一天的晚上他来了,塞给我两包礼物,沉甸甸的。秋天开学后他出现在北大,邀请我国庆去玩,我呼朋引伴召集了几个同学杀回张三营,还由老D带着去承德旅游了两天。这之后又通过几回信,他说他喜欢法律,我说那你就去读个法律的证书吧,他果然报了个函授班。1989 年初的一个夜晚,传达室大妈敲门,说有我哥的电话,急事。我飞奔到一楼抄起电话,那边传来老 D 笑嘻嘻的声音,说要马上来京。两天后请他在学二吃了晚饭,聊了会儿天,送他去 332 车站。车来了,我们战友般地握了握手,他挤上车,消失在寒冬的暮色中。

和老 T 也保持了一段通信,得知他复员后在县汽车队开车。某年回国,老爸说有个人来家里找我,索要我在美国的地址,警惕性颇高的老爸拒绝了他的要求。我一看他留下的地址,哇,是老 T!那时候我早已不写信了,只用 e-mail,回到美国后便把这事忘到了脑后。

光阴荏苒,青春不再。打开尘封的记忆,张三营如同一幅淡淡的 3D 水彩画浮现在眼前:巍巍莲花山,滔滔伊逊河,天空湛蓝,骄阳似火,昌菊遍地盛开。老 D、老 T、卫生队的小伙伴们,你们现身在何处?一切可好?昔别君未婚,儿女忽成行乎?

(2016 年 2 月 2 日)

永远的晓方

剑　峰[*]

今天打开信箱,意外地看到晓方从加拿大写来的信,六七百字,密密麻麻的英文字母,激动得几乎心要跳出胸腔。一行行看下去,看到第三行她写的"经常梦见我们在大学校园一起的日子……"时,眼前顿时模糊一片,泪水飞溅而出,赶紧从书房跑到卫生间,用毛巾捂住双眼,稍能平息,出到餐厅,却又止不住放声大哭。

所有的回忆全部涌上心头,埋藏在心中近二十年对她的思念,在泪水和哭声中倾泻开来。这些年来,有不少次想动笔用文字写写往事,但不知如何说起。今天在盈盈的泪光中写下来,希望它和那些旧照片一道,成为对我们共同度过的日子——那段人生中最美丽的青春岁月,最好的尊敬和怀念。

对晓方所有的回忆,总令人想到秋天。太阳从树叶缝隙射进一缕缕金色温暖的光线,天空淡蓝高远。香山小径的红叶、老槐树繁密的枝叶、未名湖畔金黄的银杏叶……萦绕在心中十几年的印

---

[*] 本名周剑峰,女,1986年自江西考入北京大学东语系越南语专业,1987年转入中文系汉语专业。中国国际广播电台编辑记者。白天倾听他人声音,观察纷乱世界,夜晚回归安宁内心,寻找简单自我。珍惜所有驻留或擦肩而过的缘分,用笔用心记录人世间花开花落的季节。

象,就是这样一幅美丽的秋景图。

我最近一次在北京见她,应该也是秋天,北京白云观附近的一行槐树下。一年后,她从加拿大寄来张明信片(又好像是信),说她在加拿大一所教堂和先生举行了婚礼,是她少女时向往的那种。她没细说,我深信她和先生是坐着驯鹿拉的雪橇,行驶在白雪皑皑的路上,《雪绒花》《铃儿响叮当》的音乐在空中飘荡着……

在晓方之前,从没有见过这么端庄美丽的面孔,中西混血般的五官,眼睛大而深陷,鼻子秀气高挺,亲和中却是不容亵渎的圣洁。她来北京查资料,准备作硕士论文答辩。那时,我仍是个傻乎乎的女孩,刚上大一,对北京大都市、对大学生生活、对青春初恋依然是那么的懵懂。

几天后,"六一"到了,从食堂一起吃饭回来,她买了几串葡萄,说祝我节日快乐。深感意外的我开心得像个孩子。

一起去图书馆占座位,她给我讲华尔华慈、雪莱、莎士比亚,长长的古英文诗句令我敬仰不已。她座位上常有男生留的爱慕字条,她笑笑说这些小弟弟真可爱,继续目不斜视地看书。秋天了,爬八大处,骑驴上山,驴头上系着个大红绸带,边走边舔坡边的草,惊得我直叫,她说算了不骑了,递给驴主人同样的钱。

她隔三岔五给我们宿舍四个女孩买水果,大家分着吃,还调解我们之间的一些小摩擦。她的安静和从容,她的美丽优雅,她的善良和容忍,常使我想起教堂屋顶绘画里的圣母。她教我唱英文歌,唱《雪绒花》《铃儿响叮当》《孤独的牧羊人》……中学没有条件听磁带的我,慢慢对英语有了自信。

十二月我生日的那天,她和我骑自行车,找到她的朋友——正在北京开会的省作协主席,然后三人互相载着,在寒气袭人的北京城,从北到南,从西到东,登门拜访了数位名人——吴祖光、丁玲的爱人、姚雪垠(不巧出门没碰上)。晚上,他们一起请我吃淮扬菜,祝贺我的十九岁生日。

我享受着她对我全方位的呵护,从生活到学习到恋爱,她教我跳舞,帮我挑选衣服,结识新的朋友。去北图看书,到郊区旅游。寒假回家后,在省城的她还和妹妹一起,接过路的我去玩。

她像一个亲姐姐似地关爱着我。其实她只比我大五岁。几年后,当懵懂幼稚的我也长到二十三四岁她这个年龄时,对比自身,无限惊诧于她的成熟,她的善良,她的爱心。晓方出身于一个知识分子家庭,祖辈曾是一个大户人家。十五个月便失去母亲、父亲又经常住院的我,是她给了我这么多从未有过的疼爱,像姐姐又像母亲。我大三时,她留校当老师,有时也来北京。之后她考试出国。

离开学校工作后,我们的联系就断了。我突然意识到,我们认识的两三年中,我总是再自然不过,甚至撒娇似地享受着她的关爱,而粗心自私的我却很少主动去关心她。她被嫉妒的女同学抢走恋人的伤害、她顽强坎坷的个人奋斗,我几乎一无所助。现在她远渡重洋,去了那么一个遥远的国度,一切要重新开始,我不能再依赖她了,也无法回报她、帮助她……

脑海里永远是她美丽娴静的面容,一颗充满宽容仁爱的心。晓方走了五六年后,一天我和爱人去白云观,回来时路过一条街,两排茂密的老槐树几乎浓荫遮日。安静的街道、颇有年代史的楼房,一切似曾相识,晓方出国前,我和她曾来过这里!所有的回忆潮水般涌来,我告诉爱人要去找晓方。他说:"你就来过一次,还记得?"我坚决地点点头。牵着他的手,慢慢地走着,一点一点寻找记忆的片断,一点一点勾勒起往日的情景。不久我指着一栋楼的一层,说:"就是这里。"我爱人似信非信地敲门,一位老太太开了门,我问:"你认不认识晓方?"她说:"认识啊,她是我儿媳。"老天真是保佑我,我太幸福了,我不但找着了,而且晓方三岁多的女儿也正在屋里!抱着她的可爱女儿,我激动得泪眼朦胧。

一个多月后,晓方写来了一封长长的信,我们恢复了联系。但不久由于工作、住所变更等原因,我们恢复的联系又中断了。不过此时我已经非常欣慰了,我的心愿已偿,因为她和爱人、一对儿女,在加拿大过上了幸福快乐的生活。这么富有爱心的人,上天一定会恩赐的,会厚待的,世上所有的神灵都会保佑的。

谨以此文献给永远美丽的女人——晓方。

(2009年12月10日)

末春偶遇

张靖楠[*]

遇见他,是毕业前,1990年5月的某天,晚上十点左右。那个晚上,没有月光。地点,北大电话亭。大家记得电话亭在哪儿吗?从36楼往一教和西门那边走,从某段校道拐进一个小树林子才找到,一个小小旧旧的红柱子青砖绿瓦平房。

当时我背着父母偷偷预定了去医院做近视眼矫正手术,但是心里慌,毕竟是钻石刀切晶状体。毕业论文完稿从一教出来已经晚上9点半了,还是决定去打长途电话给妈妈。电话里我妈妈说什么不记得了,只记得我听得哈哈大笑,笑厉害了身体前俯后仰之时,透过两巴掌大的门上玻璃,瞥见一个男生在亭子间外左右窜,像是人有三急找到厕所,却开不了门一样。我想,我可能讲太久了,匆匆挂了电话就推门出来。

那男生戴着眼镜,瘦小个儿,比我高不了多少,一见我出来就冒出满嘴鸟语:"……台湾……"我发现只听懂两个字,就问:"你说'国语'吗?"他两眼像灯开了一样亮了:"说说说!我说'国语!'我从台湾来,刚下飞机!我要打电话回家!"

---

[*] 张靖楠,女,原名张小兵,祖籍广东新会,1990年毕业于北大经济学系,1998年移民澳洲,现居悉尼,从事房地产开发服务工作。

哦,是个台胞。我心里嘀咕着,那服务员不是在柜台玻璃后面吗,不问她干嘛问我?害我匆匆挂了妈妈的电话。不过,我还是很快变身为礼貌的友谊使者:"你到柜台去买一张电话单,填好让服务员给你拨号码,然后她会让你去某号码的电话亭接电话。"

他一脸的愁容舒展了一点儿,马上说,"你帮我买电话单好吗?"我有点儿疑惑,但对台湾同胞,我们是要负起责任善待他们的,于是我到柜台去买了一张电话单。里面的姑娘眼皮抬都不抬地说:"5分钱一张!"我看着台湾同胞,他也看着我,不知所措。10秒之后,他窘窘地说:"我没有5分钱。"我以为他没有零钱,掏出5分钱买了一张给他。他拿着单子说,"怎么填?"我大致教他填了一下,就打算走。

这时候柜台里面姑娘说:"身份证!押金100!""不是,你打长途电话,押金200!"(具体数据不保证,但是两倍,这记得清楚)台湾同胞把"护照"、台胞证、一叠美金统统推给窗口里面的姑娘,这时候我注意到,他柜台上的手极其修长白皙,和他黝黑的脸完全不搭嘎。里面的姑娘看到一堆东西愣了一下,高声道:"收人民币!不收外币!"

台胞这下子定格了。他待了一阵,无力地说:"我也和你一起走吧!"

什么?陌生人跟我一起走?晚上?此刻?!我立马脸色不好看了,可是他眼睛里分明是恐慌、失望、无助,我没说什么就快步往外走。

他把证件什么的胡乱塞进包里追出来,我发现他腿很短,上身长,我快步走,他就得小跑,巴结巴结地跑到我旁边,又保持一米距离,急急地说:"我没有人民币,哪里可以换人民币?你能不能告诉我?"

漆黑的树林小路不长,不过我几乎是跑一样走到学校人道上。

除了他和我的脚步声,死一般寂静,好在大道尽头有路灯。路边的松树还有柏树,一个一个人影似的,我头皮发麻,想撒腿跑,可是他又说一样的话了,嗓音听着像哀求。我放慢了脚步,回头看到他一双眼睛亮晶晶,分明在哀求!恻隐之心就这样动了,我开始听他说话。

他告诉我,他刚下飞机,住勺园留学生楼,听我电话里说粤语,以为我是香港人,所以跟我说粤语(我发誓那绝对不是粤语)。他是台湾人,他必须打电话给他家人,要报平安。

我开始觉得这位先生在严肃地搞笑了,怪不得他眼睛满满的恐慌,怪可怜的。于是,我毅然答应第二天带他去中关村的银行换人民币。

他几乎跪下感谢,马上写了一张纸条:朱×× 勺园留学生楼×××房间。

第二天早上,我骑着男生二八永久牌旧自行车,没几分钟就到了勺园。为啥弄了个这么大的车呀?俺可是班里几乎最矮的女生喔!这是我的第三任自行车了吧,不好找自行车呀,前两任估计是被第三者成功偷走,找个又大又丑的,安全。不过,我骑的时候经常要用脚尖拨踏,下车嘛,要跳下去。

他在勺园房门口迎接我,房间门大开,也没让我进去,一见面就递给我童安格的《明天你是否依然爱我》磁带,送给我。哈哈,原装的!我开始不讨厌这个朱先生啦。

我说:"你等我一下,我回宿舍去把同学的自行车骑来,你跟我车,我们骑车去中关村。"我话没说完,他脸上又是招牌式的一脸惊慌,结结巴巴地说:"我我我不骑脚踏车,我开开开,你看,像这种车!"他指着勺园楼前外面的一辆墨绿的轿车。

我长这么大,没见过不骑车的男生!没见过!没见过!没见过!我站那儿使劲瞅着他,动也不动,他只好在我和那辆轿车之间来回窜:"不骗你！不骗你！我家里开这样的车,不骗你的,我会开,不骗你的……"

不记得到底我直勾勾瞅他多久了,郁闷啊！我没好气地说:"你坐我车,我带你去吧……你记住了,出了校门可能有警察,警察来的话,你要跳下车啊！自行车带人被抓住要罚款的！罚10块呢！"

五月北大校园已经娇嫩起来,勺园对面是荷花池塘,池塘边柳树枝芽已经绿绿地伸展开了,在微风里摇曳,小雨再飘一下,就嫩出汁儿的感觉。不过我实在没心思欣赏,这个时候才飘的汁,比什么都讨厌！居然下起小雨！

我问,回去拿雨衣吗？他说,我有伞！于是,他坐上后座(练几遍才坐稳),我再溜车前跨上车,谢天谢地,他身材娇小,没怎么吃力我就稳稳地在校道上飞驰。他高举着伞,遮我,不知道遮不遮他。

两个人一路无语,尴尬。出了南门就是笔直的大马路,没什么车。我正骑得爽,突然,他跳下去了！我根本来不及停,回头看,妈呀,他高举着伞,小短腿一瘸一拐,转速奇高地追着,痛苦地喊:"等等我！等等我！"一晃一晃跑着的当儿还没忘了把眼镜推回鼻梁上,指着远处人行道上三个退伍军人喊:"警察！警察！"

这狼狈卡通！我实在撑不住,狂笑不止蹲地上,他也追上来了,一块儿蹲着傻笑,一下子,尴尬不见了,好玩,搞笑,欢乐满心里。

我们开始边骑车边聊天,主要他在说,陆陆续续地,得知他辅仁大学硕士毕业,刚服完兵役,因为大陆某个大事,突然觉得一定要去看看长江长城、黄山黄河,还有南京"总统府",当然,要来有关联的北大看看。

银行到了,如果再啰嗦他在银行里的异常表现,就没完没了了。反正,我一看见他换了钱,马上说:"我走啦!"

他立马又来一个典型的呆萌样子,眼睛充满哀求,说:"我我我……可以问……你你叫什么名字吗?"喔!真是的!居然我还没介绍自己的名字,这不好,没礼貌。于是我就报了大名。他很高兴,又说:"可以邀请你去游故宫吗?"这没门!我心里想,嘴里回答:"我要回去准备明天的考试,祝你在大陆旅途愉快!"

赶紧回去准备考试吧,傻丫头,没时间啦!我飞一样地回宿舍了。

两天后论文和考试都结束,我基本上就没啥事啦!于是收拾好东西准备第二天上医院去。晚上快 11 点,36 楼喇叭响了:"张某某,张某某,你的台湾亲人来找你!你的台湾亲人来找你!"当重播第二第三次的时候,我才意识到真的是叫我的,第一个反应就是哪个家伙开的玩笑!愚人节过了呀!不过我还是决定下楼去看看,哪个男生胆子这么大!

楼门口依旧是一对一对的恋人在夜色中拥抱着或依偎着,依依不舍。我一眼就看到那位朱台胞!他旁边一个男生说:"喔,你们聊,我回宿舍了。"这位男生居然没和我打招呼就走了!把惊呆的我扔下!(男生们,如果你就是这位同学,请站出来!)

不要描述朱台胞有多惊喜激动,他几乎要拥抱我,我毫无新意脱口而出:"你怎么找到我的?!"

原来朱台胞回到北大后,每遇到一个人就问:"你认不认识张某某,广东女孩?"两天他不知道问了多少个同学,居然那个晚上遇到一个男生说,好像他老乡宿舍里有一个广东来的张某某!(俺宿舍的,你们谁的老乡?)于是他就到了 36 楼!

说实在的,我那两天已经忘了朱台胞这回事了,他突然出现在我面前,小心脏还是有点受冲击的。但是楼门马上要关啦,大妈已经催喊:"关门了!到点了!关门了!到点了啊!"

他语速很快:"我明天离开北京去南京,必须要来找你!明天请陪……"我打断他的话:"明天我去医院做手术……"他瞪大眼睛冲口而出:"什么病?"我说没事,就是纠正一下近视。他伸手要拉我又马上退后,很认真很严肃很诚恳地说:"安全吗?你作了调查了吗?哪家医院?医生是谁?你一定要告诉我!"这次我不想说了,可是他几乎挡着我进楼去,万分着急誓不罢休的样子,我不说大妈马上关门了,我更麻烦!于是我抛下一句:"协和医院。"就快快进楼去了。门在我身后马上就关了,大妈一边关门一边还数落:"都像你们这样,就都没规没矩了!"

回到宿舍还蒙蒙晕,没搞懂他咋就凭一个名字,在一万多名学生中找到我。

第二天早上,我拿个网兜装个脸盆肥皂啥的就去协和医院,记得坐了一个多小时公共汽车才到,到了才知道有五六个其他的病人和我一起,要被送去协和医院的小分院,于是一辆白色破旧面包车把我们装走,开了大约半小时,我们到了一个胡同里旧旧的四合院。进了门,门左边是一个靠墙大约两尺乘两尺的水池,水池靠墙一面高高支着个水龙头,走过水池往左边是个小道,通往一个锅炉房,不往左而直走,就是个大房子,左边分几间病房,每个病房都是一排病床。我的房间好像八张床,没什么光线,病房推门对过就是厕所加水房。看到这个医院硬件,心里七上八下,颇有想开溜的冲动,不过里面的护士说:"手术不是在这里,这里只是病房,你也只在这里三天。"护士交给我病号服换上,说准备好,不能穿自己的衣服,下午就送你们去手术。

想想手术后好多天不能洗头,还是必须要先洗干净再去手术!就拿那小脸盆和热水壶去大门旁的水池洗头,因为那里靠着锅炉房。

我正满头肥皂泡弯身低头就着小脸盆的时候,一个声音在门口大声说:"请问张某某是在这里吗?"

我下意识地抬头回应:"我就是!"

我的妈呀!朱台胞就在我旁边!

真想找个地缝钻!

我没戴眼镜,根本不清楚他的表情,只听他寂静无声了几秒,声音抖抖地说:"噢……我……我给你拿热水!"他拿起水池边的暖瓶快步走开!

我慌慌张张地把头冲一下就强装镇定地把他领到病房,地球如果那个时候爆炸了多好!

朱台胞好像在拼命地控制住自己的笑,我一放下脸盆,他就递给我一盒很高级的巧克力,我连谢谢都说得很困难。缓了好一会儿,我才听明白他去了总院没找到我,叫了个人力车还是的士什么的来分院。我问:"你不是说今天去南京吗?"他说:"是的,我现在马上要去机场了……"

我们默默走向公共汽车站,快到了,他说话了,有点颤:"你可以把家里电话号码给我吗?我……我……担心……你会不会瞎了。"

这次,我看见,他眼睛红了。

我把号码,给他了。

他上了公共汽车,一直使劲往最后一排挤。

(2016 年 2 月 2 日)

心灵的家园

一无所有致青春

刀子馨[*]

大讲堂里挤满了嘈杂的人群。空气中热乎乎的包子味儿混杂着青春的骚动和不耐烦的等待。终于,一个一身军绿的人出现在闪烁得让人睁不开眼的灯光中。他半挽着一条裤腿儿,像端冲锋枪似地端着把吉他,在震耳欲聋的音乐声和嘘声中,脚下像踩了电门一样开始有节奏地跳起来……听不清歌词。"吃包子撑着了吧!"我旁边的人起哄。

青春就定格在了那一刻。那炫眼的灯光,那撕裂的声音,那空气中的味道,以及一股穿透全身的力量。1987 年的崔健震撼了我们。

一夜之间,校园里到处都是《一无所有》的歌和胸前印着"一无所有"字样的文化衫。那时唱着《一无所有》的我们,有多少"少年不识愁滋味,为赋新词强说愁"的矫情成分在里边。因为我们并不是真的一无所有,恰恰相反,我们是国之所期、家之所望的燕园天之骄子。我们充满朝气,追求自由,坚信未来。我们有着人生最大

---

[*] 刀子馨,本名刘馨,女,哈尔滨人。1986 年考入北京大学地球物理系天体物理专业本科。1990 年考入哈尔滨工业大学光学物理专业研究生。后退学应聘于东方集团国际贸易部。1992 年赴美攻读工商管理和精算专业学位。毕业后在保险业做精算师至今。

的财富——青春,以及青春所包含的一切。

然而那一年的春夏之交,让面临着毕业的我们彷徨迷茫。随后"父病故速归"的五字电报又如晴空霹雳打来。国事家事的巨变,让我痛感失去了一切,下一步不知往哪儿走。从北京返回哈尔滨的18次列车空洞的轰鸣声中,手心里紧紧攥着叠成一小块的电报,我一遍遍听着《一无所有》,脑子里全是前晚的梦境。火车轨道旁,爸爸像小时候那样拉着我的双手抡起来转圈,我们笑得很开心,旁边疾驰的列车飞速而过。也许这就是爸爸和我的最后道别。他终于挣脱了这尘世太多的苦难与无奈,灵魂回归自由。我也突然有了一种挣脱的释然。继续走,向前走,走到哪儿是哪儿。这个世界从来就没有什么救世主。即使有,也是天助自助者。"脚下这地在走,身边那水在流",我们一定会把以后的路走好。

这些年来,经常把这首歌翻出来听,在家里,在路上……每一次听都有不同的感悟,而相同的是心底涌起的那一如当年在大讲堂样的冲动。记得那年冬天下班路上,绚丽渐落的夕阳迎面扑来,路旁孤叶残留的枯树渐次倒去。这让我想起从28楼到30楼的银杏大道,午后温暖的阳光下透亮的银杏叶子。当车里再次传来了"我曾经问个不休……"一下子百感交集,泪流满面。一路走来,我们得到了什么?我们失去了什么?我们是否依然一无所有?我们是不是永远一无所有?人生这场春秋大梦,我们每个人都在用自己的方式感受和注解着这个世界,更是在用自己的方式改变影响着这个世界。谁在你的梦中?你又在谁的思绪里?也许我们每个人都是孤独忙碌的"假行僧",在这个不真实的世界里寂寥地穿行。"我要人们都看到我,但不知道我是谁。"

喜欢崔健和他的"一无所有",是我们这代北大人独有的致青春的方式。当年无以释放的青春期荷尔蒙、繁重的学业压力,以及正在经历的社会巨变,我们每个人就像一座被压抑着的小火山,寻找着发泄的出口。直到崔健来了,用他那发自心底撕心裂肺的呐喊,穿透了我们的内心,点燃了我们心里的火。那一晚在场的所有人,都成了崔健的忠诚粉丝。那一刻,我们共同见证了彼此的青春和梦想。《一无所有》吟出那段花样年华一场春梦醒来后的惆怅,更吼出那个时代我们心底所有的叛逆。

当年的我们,有着为了不懂的爱情飞蛾扑火的奋不顾身、身无分文仗剑走天涯的豪情,和一次次跌倒又一次次爬起后依然相信明天会更好的信念。这就是青春。我们怀念青春,不是悼念那永远逝去的岁月,而是想留住那份渐行渐远的纯真和热情。

每当我们再次唱起《一无所有》,青春不再是过去式。脚下这地仍在走,身边那水还在流,我们依然在追问自己……

> 我要给你我的追求
> 还有我的自由
> 可你却总是笑我
> 一无所有
> 噢……你何时跟我走
> 噢……你何时跟我走……

但我们前行的脚步永不会停歇。

(2016 年 3 月 27 日)

歌,等在路旁

刘怀宇[*]

某天忽然想起,大一结束、军训的时候,在承德巍峨的青峦间,我实践过平生唯一的声乐创作。曲子瞬间就哼回来了,但歌词,却是反复好几遍才终于回溯完整。十八岁的夏天,云淡风轻,以为记忆一辈子也不会消陨,更何况由自己心田所出。当然现在懂了,没有什么是一辈子的,包括记忆。

> 为什么,我的白云
> 不在天上飘?
> 为什么,我的骏马
> 不在草原跑?
> 为什么,我的小鸟
> 在你的眼里不再飞翔?
> 为什么,我的小鸟
> 在你的眼里不再飞翔?

---

[*] 刘怀宇,北京大学英美语言文学系本科毕业,美国加州大学洛杉矶分校(UCLA)语言学硕士和电脑科学硕士。曾在全球知名软件公司甲骨文(Oracle)任软件开发经理,现为美国风投基金合伙人,投资革命性高科技公司。在海内外发表小说、散文和随笔四十余万字,著有小说集《罗马·突围》。

简短明了的小曲儿,调子怎么编出来的?想不起来了,大概是太阳坝里操正步、练匍匐一整天,再排队喊歌、集体饭毕后,在黄昏的山风里,独自抱着吉他随心哼出来的。词曲都有失恋般的怅惘,因为回不了家,耽搁在大山沟里,思念在远方。

军训的命令好像是在期末才颁布下来。上北大,第一次远离家门、第一次经历北方的冰天雪地,好不容易捱到暑假,自然归心似箭。回家的弓,却被突如其来的军训通知"啪"一声折断了。

当时班上有几位同学也玩吉他,枫同学很认真地把这首歌学去了,大概觉得最后重复那句歌词有点单调,遂擅自改为"为什么,我的爱人,他不再回到我的身旁?"那时我不以为然,觉得改得太直白,不含蓄。现在看来,本来挺通俗的歌谣,越直白越上口、越大胆、越过瘾。

那个夏天,的确是有过大胆的叛逆行为。大山里的与世隔绝、军营的粗茶淡饭,以及草绿色军装的大一统反而激起青春期荷尔蒙的种种起伏涌动。

记得有天傍晚逃过晚间政治学习,和美丽的彤翻墙到军营外看月出。橙红的圆月一点点升出山坳,爬上寂黑的山脊,宏浩如天地之初,月华染红树林河滩、浸透人心。两个人并肩坐在路边矮墙上,月宫似乎就在小路对面,瞬间把我们吸了进去,我们甚至都看见了月亮上自己的剪影,渺小却清晰。夏虫啾啾,在空灵的氛围里时而荡起涟漪。那时的山与水,在记忆里澄净无霾,心性也如此吧,也才有福气遇见那充满魔力的景象。

还有个夜晚,集体看露天电影,我趁乱离开,应此前文艺会演上相识的几位士兵邀请,去战士营房玩吉他。他们应该与大学生年龄相仿,军帽扣紧的脑袋里大概也满是不切实际的思想。领头的高个儿班长模样有点匪气,吉他指法娴熟流畅,吼起《一无所有》来与崔健神似。我们止交流着各自熟悉的曲调与和弦,心在歌里,纯净祥和。统领学生的连长忽然现身门口,用某种方言喝了一声,班长貌似霸道的脸立刻茫然无措起来。在连长严厉的注目里,歌的神圣与美好不翼而飞。我抱起吉他忐忑踱回宿舍,不知道班长是否因我贪玩莽撞而被处罚。年少轻狂,以为因了歌的名义,纪律可以被忽略、界线可以被抹掉。

而在80年代末的北大校园里,歌与诗的名义,确实至高无上。对于追寻艺术真谛的芸芸学子来说,旷课是小事,夜不归宿可以常有,废寝忘食是忘我的体现,吸烟喝酒、为爱情衣带渐宽都是寻求灵感的必需……为了艺术,日常的规矩道理都可以抛却,甚至,生命延续与否,也可率性。四季轮回,桃花开尽梨花香,柳叶飘落银杏黄,在冰清玉洁的未名湖畔,歌与诗引领的艺术那时是可以同自由互换的名词。

诗句和旋律交织起伏,沿着歌的路径,我们抵达歌的国度,在那里流连、迷失、领悟。当左脑和右脑最终完美融合,从歌声里破茧而出的是灵魂的蝶,透明的翅膀穿透时空,飞向远方。涉世未深的我们,模仿邓丽君的柔肠百转,浅尝苏芮的沧海桑田,在罗大佑的风花雪月里看时光流逝、世事难料,还试图解读李宗盛阳刚的温情与寂寞难耐,并且,在大讲堂昏暗的光影里,有幸跟随崔健蹦跶,宣泄莫名的郁闷……满怀青葱岁月的骄傲,却那么容易受伤;努力眺望,却看不透未来。还好总会有那么一首歌,踏着琴弦铮玦而来,慰藉离家的孤独、抚平成长的创伤。

歌声里不知不觉汇聚了一群小伙伴,大家会在某个夏日的夜晚,背着吉他去圆明园的废墟,围坐在星光下,一首接一首地唱歌,好像某种宗教仪式,关于心灵、关于青春,膜拜未来和远方。天冷的时候,聚会迁移至某男生宿舍,过道里弥漫香烟和剩菜的味道,屋里点着蜡烛,桌上堆着啤酒、可乐和水果罐头,来自校门口品类有限的小店,窗外,有时北风呼号,有时雪花漫舞。

女生宿舍每晚十一点准时关楼门、熄灯，管楼大妈通常提前几分钟在楼门口吆喝，催散缠绵不舍的鸳鸯们。女友在楼前石阶上顾盼的倩影，男友在台阶下依恋的注目，不知成为多少北大人记忆中挥之不去的画面。而我关于宿舍楼的特殊记忆却十分不浪漫，几次因为唱歌过了点，要悄悄兜到楼后，攀爬水房狭窄的天窗摸黑回寝室，各种托举、踩踏、低声呼叫，狼狈之情可想而知。

某天北大艺术团招会员，被擅唱的女友拉去弹吉他伴奏，却被主考的高年级同学"发现"，收进团里做小兵，因而得以近距离仰望如大池、小纯那样艺高胆大的师哥师姐们，见证他们的才华横溢、敢作敢为。和他们在一起，常常只是听他们唱、听他们侃，常常深感自己嗓音那么细渺、见识那么肤浅。大概仰视的姿态总那么生涩，终于被教育，大狗叫，小狗也叫，不要怕开口！

在北大那四年，似乎赶上了某个黄金时代，音乐与诗意溢满校园，能和许多青春靓丽的嗓子一起放声高歌心中所感所想，多么幸运。记得某个不甚晴朗的午后，被团长召唤，一群人赶到校外某录音室，去录制一位刘姓师兄创作的校园歌曲，歌名叫《海那边》还是歌词里有"海那边"，已记不清，只记得合唱美好悠远，消散了阴霾。

曾经用歌声呼唤爱情、挥霍忧伤，当历尽爱情与忧伤，重归家的温暖、尘世的忙碌以后，歌声渐渐淡出，成为开车上班途中的伴奏。当办公室也换到家门口后，连车里的伴奏也很少亲近了。吉他立在墙角，安静了多年，琴枕蒙尘，丝弦欲裂。回国偶尔跟朋友去歌厅，几乎不能开口。每天与诗、歌相伴的时光，恍如隔世，但那些纯粹的悲伤与快乐却根植于心，在不经意间闪回，如承德山间的晚风，吹来很久以前的低吟浅唱。曾几何时，与音乐那般缠绵过！

我要唱歌！两个多月前，当这个念头被我大声宣告，小卡正好在英语系同学微信群里喊，嘿，下载全民 K 歌，貌似不用去 KTV 了！遂觉悟，读书、社交、购物等一切应用都往手机上搬的年代，卡拉OK当然不会例外！立刻在APP店搜到并下载一系列K歌软件。当那些曾经熟悉的旋律从掌中响起，时间的围城层层瓦解；再唱起来，歌的指尖，轻而易举就触到了心中的柔软。每一首老歌，原来都是一只时光宝盒，打开来，里面各色光阴仍鲜活如初，背吉他走天涯的歌手似乎从未远离过。

年初发起的同级同学微信群里，有时因时政、宗教话题争得面红耳赤。某天路过，恰见大佑感慨想多活两天，于是戏言道，那K歌去！不料竟一呼百应，几十位歌友迅速在数码空间里集结起来，并且队伍不断壮大。每天都有同学自录的歌传到群里，每天都有妙语连珠的神侃神评，大家天各一方，甚至许多人从未谋面，却似乎没有万水千山阻隔，共聚一堂欢歌笑语。一些刚开始自谦五音不全的同学，在大家的鼓励带动下，也终于放声唱了起来。有次歌赛，群里一天内竟争相传上来八十首歌，经典无数。歌声是关爱、抒怀、调侃、疗愈、排忧解难，甚至，有时候是送早逝的英才远行……

歌还是从前的歌，唱歌的人却比从前添了许多侧面与厚度，早已为人妻为人夫、为人父母，或独当一面、中流砥柱，或闲云野鹤、笑看苍生，人世的酸甜苦辣都已尝遍，欲说还休。嗓音或许一如既往，浑厚或清澈，低回如水，或高渺入云，但悲欢离合、顶峰低谷都不再是歌里的维度，现在唱出来的都是生命酿制的醇香的酒。

从前在北大常和同学弹唱的一首英文歌，*Today*，有句歌词，"You'll know who I am by the songs that I sing."歌与灵魂相接，歌声里有个人，虽然不一定与现实中那个人完全重合。听同学们的歌唱，仿佛听久别重逢的老友讲述别后的故事，任歌声袭来，毫不设防，因为我们曾共享过每首歌的宝盒里那些五彩的光阴，曾经唱过的每一首歌、读过的每一句诗都在灵魂里留下了印记。连接着过去的歌的虹桥，飞跨了二十多年经验上的断层。我们很快辨认出彼此,并再度相知。歌声里是纯灵魂的交流,多么奢侈。

多年以前,我们带着燕园养育的诗心、歌魂上路,即使毫无觉察,甚至完全忘记,被人生的风浪抛散在世界各地、生活的各个层面,歌,却一直等在路旁。

而在歌的国界里,没有陌生,都是亲人。我们还唱着、笑着、快乐着,歌声如未名湖畔的春花应时开放,灿如艳阳,皎若皓月。

(2015 年 12 月 12 日,洛杉矶)

心灵约会

田　淡[*]

收到同学发来的征集86级入学三十年纪念散文的消息,第一念头是想写写自己对母校的留恋。但坐下来后又无从着笔。于是问女儿:"宝贝觉得什么样的文章可以让读者动心呢?"她摘下她的耳机,毫不迟疑地回答:"很简单,心里的话。"

我的心里话就在我大学的日记本里,整整七大本。当年东藏西藏怕被同学读到的日记,现在却拿出来让大家看。如果我可以穿越到三十年前,我一定要对18岁的自己说:"没有关系,大胆地做自己。现在你认为重要的事情到以后几乎全都不重要了。"在这里摘几篇日记重温四年,穿越到幼稚的烂漫岁月。

1986年10月10日　星期五

今天很闷。进大学之前我觉得自己什么都挺好的,样样优越。可是最近几天不这样觉得了。一是很多人都以为我来北京之前住窑洞。我想爸爸是师大教授,妈妈是政府里的,我怎么会住窑洞

---

[*] 本名田晖,女,北京大学1986级社会学系本科生。1990年毕业后任职北京市海淀区政府。1993年赴Loyola University留学,1996年获联邦税务学硕士。先后在安然公司、迪斯尼公司总部任职。现从事资本管理、投资税务咨询工作。

呢？后来觉得人们都认为陕西就只有窑洞住。二是我发现我的逻辑很差，英语口语也不好。同屋的几位都很聪明。原来大家以前都很厉害呀。我要加油了，不要寒假回家时有个不及格啊。这个大学真不开心。原来我之前是井底之蛙，还是一只很小的蛙。

有一件事值得高兴。我们三个报名参加了燕园新闻社，社长要求每一个人写一份稿子，然后他择优录取。我不知道写什么好，就采访一位新生，写了一篇新生进校的感想。没想到学校广播站今天播出来了。我没有听到，回到宿舍后她们告诉我的！所以我进了新闻社了，会拿到一张有照片的记者证！

六点半去了图书馆东门外的英语角。有北外的、清华的，还有英语系的同学。晚上已经略有凉意了，有一位男生给我讲他在宿舍里看武打小说的故事，这才发现自己不仅口语不够好，金庸也要补课。

谁要说大学是一生最好的岁月，我就麻木了。

1986 年 11 月 28 日　星期五

北京大学第 16 届常代会今晚在电教楼召开。我作为记者去听。我的采访目标是丁石孙校长，从新学期典礼上就觉得他是个有才智有头脑的"翩翩学者"。那天他讲到要"从严治校"，也讲到"要把北大办成世界第一流的大学"。这次的会场不是很满，但是会也开到九点多。会后我急急去追赶向外走的丁校长，在厅外台阶上和他碰面。我给他看了一下我的燕新社记者证，没想到丁校长竟然停下脚步。他的高大的身影矗立在北京深秋的晚风夜景中。本自以为临时发挥会提出有力度的问题，但是向丁校长自我介绍之后，就不知道说什么了。我只问了两个问题，其中一个是"请问您对一个迷茫的新生有什么教诲吗？"丁校长想了一下："你觉得对什么迷茫呢？"我说，"就是觉得世界倒了个个儿"。丁校长就说:"给你自己时间。"另外一个问题是"您觉得我们什么时候可以成为世界第一流大学?"丁校长没有来得及回答就被人叫去了。

给自己时间,好吧。记住。

1988 年 5 月 12 日　星期四

今天的当代文学课,讲的是"新诗潮与后新诗潮"。教室里满满的,有同学没有选这门课,但来旁听。我笔记记得很辛苦,老师讲得特快,但字字千金。下课回来,看到俄文楼前那棵古树,来了灵感,赶快记下来。

> 那千年的浓绿,
> 遮挡了炎炎的日光。
> 把树下饥渴的灵魂,
> 带进了祖先耕耘的地方。
> 是谁把一块小小的白方巾,
> 轻轻盖在脸上。
> 是想让那奔波的思想,
> 在古老的阳光下小憩。

1989 年 8 月 11 日　星期五

我们把读书和自己的生命联系在一起。这其实是没有经过自己理性选择的最容易走的路。我走上这条读书之路,又没有原因地选择了这深奥的社会学。看了许多社会学的书,也没有人给我解释清楚许多问题的答案。我们长大了没有?只是我们逐渐变老了。有同学会乱发感慨,我们何以证明我们是天下最痛苦的人?我们的生活是不是天下最难的方式?

北大是个与世隔绝的自由天地,我们要过四年。也许四年之后我们觉得自己心碎了,也许是更有希望,也许是漠然。我觉得我进校时喜欢阳光,爬山,喜欢人云亦云。现在我喜欢夜晚,喜欢缠绵古典又现代的诗,喜欢在无人的地方吹吹风。

1990 年 3 月 21 日　星期三

中午和宿舍同学聊了一会儿。最近大家都慌慌的,每天在一起待的时间很少。想起我们在 141 时,大家每天一起做事上课上自习,现在忙起不同的事了。矛盾,有点儿希望这慌慌的日子快点儿结束,又同时觉得这是我人生的几个应该永远珍惜的时间段之一,还是慢慢的吧。有人会无缘无故地流泪。我问她为什么,她说:"我就想哭一会儿。"我没有哭,只是希望天天照相。

> 静园很悠然地含着些许成熟,
> 未名湖也默默地回收几丝惆怅。
> 一个个孤单的身影,
> 在银杏林中惶恐地张望。
> 一切都在暗示一个结果,
> 回答我,不要隐瞒——
> 为了我的母亲,为了我的故乡。

1990 年 5 月 16 日　星期三

晚上我们四人去湖边走了两圈,其实是疯了两圈。都是长裙长发,在湖边柳条里疯闹嬉笑。有一会儿唱起了王杰的《最后这一个冬季》。

> 最后这一个冬季,就该收拾热情地过去。不要再缱绻北风里。冰冷的双手,也是最后的温柔。你可知否?
> 最后这一个冬季,就是我们感情的年底。不要再留

恋过去,哀怨的双眸,也是最后的温柔。只是我不能再接受。

不要再编织借口,就让我潇洒地走。虽然你的眼神说明了你依然爱我,这是最后的温柔。

泪泪泪,我的亲爱的北大,我们以后是什么样子呢?你知道吗?"你无论走多么远,也走不出我的心,树影再长也离不开树根。"

四年里还有更多的心里话是无法写出来的。北大使我从一年级的"小园香径独徘徊"到毕业时的"黑夜给了我黑色的眼睛,我却用它来寻找光明"。三十年过后,仍然告诫自己勿忘初衷。路越来越宽大,路边的花也越来越可人。如果时光倒流,我们还会有同样的幻想、失落和快乐,还会有同样的错误。只是风云过后再回首四顾,喜欢的朋友还在,爱过的风景依旧,生活还是美得使人窒息。对北大和同学的思念,是一系列重复又独特的心灵约会。惜缘珍重,以此文问候陪伴过我的同路人,也感谢母校。

东枝西叶

一条岁月的河流两岸,
银杏和垂柳各自在河的两边。
河流无助地流向寂寞的远方,
两棵树默然相望如水流年。
银杏和垂柳——
呼应初春的微风,
合唱夏日的蝉声,
同览秋阳的盛装,
凝视冬雪的愁容。
岁月的河流丰盈的情怀,

满载着杏柳的芬芳。
也许两棵树永远都不会触摸到对方,
但是在时光里凝神观望,
山有了诗意,水不再惆怅。

(2016年2月9日晚)

恰逢紫藤飘香

周　阅[*]

感谢夏晓虹老师发来电子邮件,约我为北京大学中文系百年系庆系列纪念文集之一的《我们的青春》撰写一篇文章。看到附件中的组稿通知,时间恰逢五院紫藤飘香。于是,眼前浮现出如朵朵紫云般盛开的紫藤花,簇拥着、装点着中文系所在的五院。一时间,多少往事涌上心头……我紧张地准备硕士和博士论文答辩的时期,虽然前后相隔十余年,但都是在紫藤飘香的季节。后来,我为参加更年轻的莘莘学子的答辩,也同样在紫藤飘香中走进五院。

我的人生,已跨过不惑之年。从出生到现在都与燕园密不可分,而我所接受的全部高等教育,又都离不开五院。

儿时,我常常一手拉着外公,一手提着竹篮,沿未名湖畔寻找扁扁的小石头,然后央求外公为我打水漂。稍大一些,我常在星期六晚上,一手拿着马扎,一手牵着弟弟,赶往位于未名湖东岸的东操场占位看电影。再大一些,我在春节前的严寒中,起大早随父母直奔大饭厅(现在的百周年纪念讲堂旧址)排队购买年货。上小学

---

[*] 周阅,1986年考入中文系,北京大学文学博士,北京语言大学教授,博士研究生导师,《汉学研究》副主编。专业方向为东亚文学与文化关系,日本中国学。主要专著有《川端康成文学的文化学研究》等5部。

时，我与同住燕南园58号院的叶蜚声先生的女儿叶向阳结伴到隔壁57号院偷花，看到屋里走出一位戴着眼镜的老人，我们"哇"的一声撒腿就跑……那时候，我不知道这位蓄须拄杖的老人就是著名的哲学家冯友兰先生。那些年，我也从未想到，在我嬉戏、成长的燕园里，对我人生意义最为重大的地方是五院。

真正成为一个北大人，是从我进入北京大学中文系学习开始的。而离开五院越久，就越深切地感受到她的无穷魅力。

本科三年级时，卢永璘老师为我们上中国古代文论课。那从右至左、竖行书写的漂亮板书，是我此前此后都没见过的。那时候没有现在流行的数码相机，更没有带拍照功能的手机，否则我一定会把那些板书拍下来，以弥补让字迹随着下课铃声而化作粉尘的遗憾。不知不觉中，每周一次的古代文论课成为内心的一种期待，既为卢永璘老师字正腔圆、一丝不苟的讲授，也为那满黑板行云流水、刚劲潇洒的板书。期末考试时，这门课卢永璘老师给了我100分。我虽然确实学得很认真，但更多的是老师对学生的鼓励。这是除研究生二外英语之外，我在高等教育阶段获得的唯一一个满分。我一向缺乏自信，这个100分极大地提高了我的自信心。同时，我也从中初步体味到了"知之者不如好之者，好之者不如乐之者"的含义。

继卢永璘老师的中国古代文论之后，文艺理论方面的课程是刘烜老师的文艺创造心理学。学期结束前的最后一次课，刘烜老师给我们留了一个特别的作业，让我们写下对于这门课的真实感想。以我偏于内向的性格，如果是课堂发言，一定会比较紧张拘束，但落实到文字的作业，就给了我足够的舒缓空间。具体写了些什么已经不记得了，只记得当时的心理是，鉴于保密工作一直做得比较好，刘烜老师一定不知道我是中文系教员的子女，因此，我竟大胆地妄写了一篇长长的感言，说了很多自己的想法。作业交上去之后,我做好了接受批评的心理准备。出乎意料的是,这篇作业居然获得了"优秀作业奖",而且真的有奖品——北京大学出版社出版的《诺贝尔文学奖获奖作家谈创作》,扉页上是刘烜老师亲笔写的"周阅同学:《文艺创造心理学》优秀作业奖纪念,1988.12.2",还盖着中文系的大红公章。当时,我沉浸在意外的喜悦中,并没有想到,这份小小的奖励对我今后的学业和事业产生了深远的影响。首先,我从中明白了真正的学习是用自己的头脑去思考,而不仅仅是接受和记忆。现在,我对自己指导的研究生,总是向他们反复强调要努力培养独立思考的能力,不要人云亦云,更不要期待那种灌输式的课堂教学,鼓励他们自己去发现问题、思考问题和解决问题。这一想法的源头就在五院。第二,这份奖品让我开始留意当时唯一一位获得诺奖的日本作家——川端康成。如今,我已出版的四本专著中,有三本与川端康成有关。

本科毕业那年,受时局影响不能报考研究生,只能按照成绩排名进行推荐。我幸运地在推荐的三人之列,接下来就面临选择专业的问题,我一心想读当时兴起不久的比较文学。中文系的比较文学研究所是我国最早的培养比较文学高级学术研究人才的实体性学术机构,创始所长乐黛云老师对于这个学科的发展有自己的一番构想。当时乐黛云老师刚刚把严绍璗老师从古文献专业请到比较所,正试图开拓东亚方向的比较文学研究与教学。在与我的面谈中,乐黛云老师直言不讳地说,现在中西方向已经有了从其他院校招收的研究生,需要的是一名东亚方向的学生,但条件是第一外语必须学日语,而且必须保证在一年半的时间内通过研究生的一外日语考试,问我愿意不愿意?我听到这个条件时头脑有些发蒙,因为去见乐黛云老师之前完全没有思想准备,以为只是准备接收我的一次常规谈话,加之当时的我从未与日语沾过边,连五十音图也不知道。于是我只好请求允许我考虑一下,三天之内答复。

第三天,我再次来到乐黛云老师家,肯定地回复我能保证在一年半之内拿下一外日语。乐黛云老师带着亲切、灿烂的笑容拿出三本书来,在灯下写了一行小字:"欢迎你加入比较文学的队伍。"这是我第一次从乐黛云老师那里获赠图书,我的学术和人生的发展在那一刻确定了方向。多年之后,我在给乐黛云老师的电子邮件中写道:"我是沐浴着您的笑容走进比较文学大门的。"就这样,我有幸成为严绍璗老师的第一位,也是国内第一位"东亚文学与文化关系方向"的硕士研究生。

开始读研之后我才发现,自己需要填补的缺漏远不止日语。由于高中阶段的世界历史课和本科阶段的世界文学课,都绝少涉及日本,以这样的知识结构根本不可能开展中日之间双边文学与文化关系的学习和研究。而当时中文系的课程中没有关于日本文学、文化、历史等方面的专业基础课,我只好跑到东语系去旁听(当时还没有日语系)。东语系日语专业的教室里就突然出现了我这样一个沉默不语的不速之客。那里都是小班,教室里一共才十几个学生,我一走进去,所有的人都齐刷刷地投来诧异的目光。很快,我收到了东语系的逐客令。在学科壁垒尚未打破的年代,我这种突然闯入的外来者显然是不受欢迎的。这时,又是乐黛云老师亲自交涉,问题立刻得到了解决,并且还允许我正式地选修日语专业的课程。于是,出现了我颇引为自豪的结果——两年之内拿了44个学分。

如果说把我引入比较文学大门的是乐黛云老师,那么,把我带到东亚文学与文化关系研究起跑线上的,则是我从硕士到博士的导师严绍璗老师。读研期间,恰好与严绍璗老师都住在北大西门对面的蔚秀园,便有了较多机会去老师家拜访。每次走进狭窄的书房,都会落座在堆积如山的书籍资料的缝隙间,坐下之后,眼前是从书桌上方拉到书架的一条绳子,颇似往日新华书店里各柜台与收款台之间拉起的绳子。不同的是,上面没有飞来滑去夹着票据的夹子,而是挂满了写着密密麻麻小字的卡片。那时,真有了一点儿"浸没在知识海洋"的感觉,这是我初次切身感受到自己的导师在怎样做学问。严绍璗老师在2007年出版的日本汉籍文献学的集大成之作——3卷本、350余万字的《日藏汉籍善本书录》(中华书局),便是这样从一张张小卡片着手,自1985年开始,持续22年孜孜矻矻、点点滴滴做起来的。

上世纪80年代,西方的众多学术思想同时地涌入中国,学界渐渐有了一种高谈理论、大建空中楼阁的风气。在这种氛围中,我从严绍璗老师那里获得的最宝贵的财富,是坚持原典实证的研究方法。严绍璗老师在不同场合多次给我们讲他自己的老师、前中文系系主任杨晦先生的往事。"文化大革命"期间,杨晦先生被红卫兵批为"修正主义",在批斗大会上,他搬出德文原典的马恩全集据理力争:原文是这样阐述的,中文版、俄文版都错了。可见,原典实证在中文系是有传统的。在博士阶段,严绍璗老师坚持要对学生"严格锻造",要除掉自以为是的各种学术野性,摆脱空口说白话的盲目狂热。他常说,"方法论问题,实际上是一个学术观念问题,又是一个学术知识问题,也是一个研究者的学风问题……是涉及研究者的人品道德的问题"①。在严绍璗老师的言传身教下,对于学术研究,我也总是保持着"敬畏"的心态,没有充足的资料,凡事不敢妄言。特别是我所从事的涉及双边及多边文学与文化关系的比较文学研究,要求研究者具有超越国别文化研究的相对宽阔和深厚的知识结构:既要具有本国文化的素养,又要具有特定对象国的文化素养;既要具有关于文化史学的理论素养,又要具有两种以

---

① 《双边文化关系研究与"原典性的实证"的方法论问题》,《中国比较文学》1996年第1期。

上的语文素养。如今,随着学习与研究的继续,我越发体会到苏格拉底的那句名言:"知道得越多才明白知道得太少。"这,也是在五院,由老师们辛勤地培养、浇灌才领悟的。

听说,明年底中文系将迁居未名湖东北侧的文科大楼。无论中文系位居何处,作为其象征的五院永远是我心灵的故乡,而五月的五院,永远"怀芬香而挟蕙"。时至今日,在这样一个纷繁喧嚣的世界里,那一片宁静优雅的紫藤,那一抹暗自浮动的幽香,依然带给我内心的安宁与清爽。

感谢五院给我的熏陶。虽说紫藤飘香有季节,但融入我生命中的五院紫藤,却永远飘香。

(2010年6月)

我 的 北 大

白 白[*]

北大是个曼妙的字眼

北大是一个曼妙的字眼。说起北大,自然就让人想起才子佳人,在花木葱茏的红楼灰瓦之间,浅吟低唱。风霜会知趣地避开这片没有名字的湖水,天光会给这里特别瑰丽的朝云晚霞。外面的人也许会想象,出入这等校园的人物定然都带着仙气,以梦幻为生活。当然,北大的人多少是过着云里雾里的日子,但他们也会时时地从梦幻中发出巨大的声响,或许是把整个世界的人从梦中吵醒,或许是想把自己的梦带出这个曾经的皇家园林。他们的声响掀起波澜,一层层荡开扩散。这些波澜有的摧枯拉朽,有的悄然无息。总之,说起北大,"美好"一词似乎就概括了所有。回忆,也是总捡着那些美好的来说来写,在这里学习过、生活过的人们总是有一番与众不同的经历。

北大小东门

1990年10月末的黄昏,我和王理嘉老师偶遇在小东门。我们

---

[*] 白白,本名白东宁,北京大学1986级中文系汉语专业,学士,波士顿学院教育学硕士,爱诗爱书爱花。人生美事:香茶,好书,零食。风雨窗外,静好书中。

都翻身下车,把自行车推到路边,王老师开门见山地问我是否在办退学,我说是。他一腔怒火,没有任何委婉迂回,直截了当地开始指责我,教训我。他滔滔不绝,一泻千里,没有让人可以插话的余地。他一定是气不打一处来,视我为北大的逆臣贼子,他痛恨我对北大的决绝。他认为我辜负北大,辜负系里老师的厚望与培养。北大研究生,这是多少人打破脑袋要争取的,我竟然要放弃。

我站在那里一言不发。身边下班的人来来往往,车子带起的尘土一团团地滚过。日色西沉,路灯犹犹豫豫地亮起,在微墨的天光中没有照明,倒添了凄惶。王老师依旧底气充沛地说着,我低着头,看着鞋面上的灰土一层一层加厚。

我当时的心情里委屈已经退到最低了,愤怒也没有多少,最大的感受是吃惊,吃惊于王老师对我退学一事的反应。我毫无思想准备。北大四年,所听所看所感,都是老师们的开明体恤,思想阔达,目光深远,对学生通情达理。王老师的愤怒让我发懵。我和王老师虽然在课堂外的接触并不多,但在我印象中,他是绝对的慈善。同宿舍的秀子对王老师的那些描绘:每次我们去王老师家里,他都拿大白兔奶糖给我们吃的甜蜜温馨的传说,不但没有在我身上验证过,反而是风霜刀剑。当时的校园,因为一年前的春末夏初的变故,这个如梦如幻的地方躁动不安。图书馆虽然还是人满为患,但读的书几乎全部是托福和 GRE。北大的许多班、年级,一下子出国走掉一半的比比皆是。我退学出国,是为了和我在美国读书的先生团聚,实在是对人性最简单基本的要求。放弃在北大刚刚开始的研究生的学业而赴美,在我是一个很艰难的决定。

很多年过去,那尘土飞扬的傍晚一直在我心里,昏黄的路灯一盏盏亮起,却照不明路径。

谁人之北大

北大,在青春迷茫的时候,我误打误撞地进了这个红漆大门。

踏进这个大门时,如同宝玉初见黛玉的情形。校园里的一切都是梦里相识,而现实中终于见了面。这样的欢喜,是和同学之间还陌生的时候,就和一塔湖图有了别样的亲近。在图书馆里,总是有一种到家的感觉:那一个一个的书架,是拥抱我的手臂;那一本一本的书,是我最亲密的伴侣。那时我喜欢在三角地停下来看讲座的广告,而后选一两个喜欢的去听。去听讲座的路上,仿佛是赴个充满神秘又令人兴奋的约会,一路上脚步匆匆,迫不及待。那时"归属感"这个词还没有出现,我还不会骄傲地说:I belong here! 但是我明明白白地知道我属于这里。这里的沉静,万年不摧的沉静,是文化的沉积,文明的底蕴,是我的底气。这里的活跃,是时代的搏动,是承前启后的源发,是我的动力。这里的精神,是先贤的胸怀,是每一代人的心血,是我的滋养。

我到了北大,最开心的事就是从此可以不再为分数、名次、晋升而做事和读书,一切都是出于自己的爱好。这种轻松和自由,是我渴望已久的,所以从踏入校园的那一刻起,我就感受到前所未有的舒畅。我尽情地享受这份自由,舒展着自己的身体与思想,放松着自己的心。每日上课,读书,到湖边散步,对身边其他的一切全然不留心。北大的学生团体那时少有做公开的面向全校的招募会员的宣传,一共有多少个团体,我没有概念。除了和电影协会的同学蹭过电影看,没有参加过任何社团活动。四年,多多少少也会有这样那样的烦恼,在如今看来都是微小的,而在那时读一本好书,在湖边溜达一圈儿,什么微烦恼都丢下了。每个假期回来,许多同学都添置了最新款的衣服,剪一个最新的发型。而如果让我选买一本书还是一件衣服,我则会去买书。如果让我选择去未名湖跑一圈,还是蜷在床上看书,我肯定是在床上。同学们大谈摇滚武侠的时候,我一头雾水;同学们大谈恋爱的时候,我倾听每人的快乐和痛苦的故事。我在一切的潮流的后面,我在一切的组织、团体和小圈子之外，只和书有约。

美国有一句俗语：每个人都有十五分钟的名气。我的名气在每个期末。到了期末，我是最炙手可热的香饽饽：班里只有我一份最全面、最准确、最细致的课堂笔记。一般来说，凡是有机会抄一遍我的课堂笔记的同学，哪怕一个学期没有听课，期末考试都能混及格。我的笔记从女生手里传到男生手里，从男生手里，又传回女生手里。我的心里漾着满足的愉悦，因为我一个学期的心血发挥了最大的价值。在我的字迹中，班上的同学与我亲密接触。

我和北大的亲密接触则在每一天的耳鬓厮磨中。我喜欢北大的空气。走在校园里，空气是书香，是学问的弥漫。我沉浸在这样的氛围里，每天眼里看到的都是诗画。那些每日踏过的石缝砖缝，也是老师们、学者们，当年的那些先生们走过的，细致的纹路里都渗入了研学的精髓，一代一代地传承。那些每日问候过的松柏垂柳弱草野花，静静地观看过百年变迁的、它们本身都是一部部精彩的故事。四年中，我对话着文史楼，对话着南北阁，对话着果园地的七彩石子路……四年多的文化浸泡是我此生所得。不管我在北大如何普通，我进了北大的门，就是北大人。北大，是我的。我的北大。

北大的年华

在我们自己的眼里，我们是北大人。在老师的眼里，我们是北大的孩子，他们的孩子。对待孩子要培养，要管教。王老师直言不讳的教训自然是把我当成自家的孩子，我的行为在他的眼里如同叛逆的女儿，心性幼稚冲动，不懂得失，盲目胡为。他的职责与正直的人品让他对我不得不说（管教）。时过境迁，如今我回想王老师那一天对我的"教诲"，觉得他至少是光明磊落的。

只是，那时他大概没有想过：北大的精神在任何地方都是北大的精神。北大的精神包括对知识的尊重和追求,也包括对完整人格的尊重和追求,对理想生活的尊重和追求。一个爱知识的人到哪里都会继续爱知识;一个人在人格得不到尊重的情况下,无论如何是做不了学术研究的。而爱情,可以是浮云流水,也可以是身家性命。

离开北大以后,我从未停止过学习,我利用了所有的机会在校园里学,在社会中学,在工作中学,在和不同种族、不同年龄、不同文化背景的人的接触中学。我除了读研、工作、养家糊口、相夫教子外,还修过多门语言、文学、写作、文艺理论、美学、电影、心理学、建筑学的课程;我四处听讲座,参加读书俱乐部和笔会。我经常是讨论会上唯一的外国人;也曾在好奇与接纳的目光中,和那些与我孩子年龄一样的小本科生们一起切磋写作。

有一次和我的美国同学提起"大学四年是人生最美好的时光"这一说法,他们听了非常震惊,他们没有听过这种说法。这也许是文化背景的不同,也许是生长环境的不同,也许是年代的不同。我真心希望一个人最美好的时光并不只停留在大学短短的四年。大学应该是登山队的大本营,是以后生活的底蕴,是记忆中的一片灿烂。

灿烂下的影子

为了和去美国留学的丈夫团聚,我向北大申请退学的事,整整办了一年,几经折腾,才把学退掉,把户口迁出。那时,我奔走在花木扶苏的校园里,看似风和日丽,却举步维艰。一个环节行不通,可能就天堂地狱的差别。我没有老师的支持,家长的理解;不认识学校里的领导;没有什么特殊关系;只是一个人。班上只有我一个人在办退学出国,好朋友们身处不同的境地,也无法明白我的处境。我一趟一趟地往系里跑,往研究生院跑,磨嘴皮,磨脸皮,磨鞋底,磨耐心,磨尊严,磨韧劲……本科的时候,我曾经仰望着45楼对自己说:我一定要住到这里来。我住进去了,却不得不放弃,还没有把床铺睡热,就卷起铺盖卷搬出来了,实现了的理想却无法坚持。这样的放弃,是永远的别离,无法回头的告别。我当时就深知我离开这里就不会再回来了。

我的北大,随时参看

我每次回国必做的两件事:去看北大,买书。两件事也可以合成一件事:回北大买书。我入学的第一天,放好行李,铺好床铺,吃饭的时间还没有到,就走出31楼,溜达到三角地。看看广告栏,看看小卖部,然后进了书店。我在北大花的第一笔钱就是买书,书是关于英语成语的。买了书,晚饭的时候边吃边看,整个晚上就有事可做了。我们宿舍当时只有三个人,三个女孩子都是腼腆安静不太会交际,别的新生都在串宿舍认老乡,用最快的速度打成一片。我们宿舍三个人都坐在床上,每人一本书,默默地读,宿舍里静得落针可闻。

每次回国,我都事先查看新书的消息,列出书单。回到国内,到了书店买下的书肯定比单子上的多。有一次买得实在太多,箱子里装不下,于是打包邮寄回美国,结果邮费比买书的钱要贵出很多。书在路上颠簸了若干星期,终于到了家。我把书一本一本从箱子里取出,一本一本地翻看,一本一本地摆到书架上,放在床头枕边。书在手里,心里是明朗的、踏实的,洋溢着的是心满意足的惬意:这就是我的北大! 我的北大,随身携带,随时参看。

青藤学府

和先生经常有相同的争论:每次在哈佛校园里,他总是说,哈佛校园像北大。红楼,绿树,歪斜的自行车,行色匆匆的学生们……我却说:哈佛在校园规格和建筑上与北大没有相像的地方,但哈佛的空气像北大，是书香，是学问的气息，是自由中的严谨，是精深中的活跃，是扎实中的大胆，是一丝不苟中的不拘一格，是兼容并蓄中的推陈出新。可惜的是，如今的北大被从全国各地慕名而来参观的人、或是办事的人、或是好奇的人塞满，到处嘈杂如同集市；而哈佛被无数来朝拜的人搞得熙熙攘攘，如同闹市。在喧嚣中，北大书香渐散，哈佛却在学海中依然披浪前行。作为常青藤大学，哈佛校园里的青藤其实不多，要找到一处像五院那样紫蕊垂吊绿风熏拂的所在并不容易。

倒是另外有一个地方总是能让我心有戚戚。每次走在威尔斯里女子学院，总是被那份古雅幽静感染，总是在迷蒙之间似乎看到当年的学子们长裙曳地而行，一手扶着蕾丝花边的宽沿秀帽，一手夹着书卷，穿过浓荫的草地，走向那些精致的木屋楼房。一次黄昏，去校园里散步，壮着胆子拉开了一扇古门。古门凝重，却悄然无声，进到楼里，援梯而上，到了上面一层，除了有一扇小门，并无他物。推门而入，一间小厅，一扇幽窗，窗前赫然一只落地花瓶，有一人多高，枣红底儿，雪白的梅花和鸽子，柔和细腻的光泽，凝练了百年的风雅。在那温润的光泽里，我恍然若失。我慢慢退出，轻轻地带上门，真怕打扰了什么。从楼里出来，不禁想起五院，那紫萝葱郁的小院，朴素无华，也揽尽风华。

五院的紫藤下，立过白衫墨裙的五四女生；立过素花旗袍的民国淑媛；立过初次梳起长发的我：白西装是舍友的，锈红的 A 裙是舍友的，衬衣是隔壁舍友的。大学的最后一个学期，我们不管是快熟还是慢熟，都好得互相乱穿衣服。那天我们大家一起在校园里乱转，在不同的地方照相。五院的紫藤花沉沉地坠着……留念，留香，留下青春。

我辞别过北大，但我真的离开过吗？我的北大！

(2016 年 2 月 25 日初稿，2016 年 4 月 2 日定稿)

北大入学三十年回眸

曾思欣*

初 见

母校北大在我的印象里总是安详、静谧和温暖的,这个印象大概是跨入燕园那一刻就形成了。三十年前我们十八岁,和所有的新同学一起第一次走进了北大。那时我们年轻,无论是在花前月下、湖边塔旁,年轻的眼睛看到什么都兴奋,都惊奇。我们学得快,很快就是老北大了!我很快知道吃早饭到学二,要叫"一个油饼半块酱豆腐",虽然我从未吃过这种东西。上午十点要在图书馆前抢包子,中午和晚上如果见到食堂排长队,那一定是卖红烧排骨了!

还记得我第一次领到图书证,最多可以借五本书——我立刻去借了五本大厚书,沉甸甸地背着书包跑到三教,在四楼的一个教室里,翻着手中的书看着夕阳慢慢落下。三教的楼下是篮球场,隐隐的声音传来,天黑后借着三教的光好多人还在打球。

除三教外新生常去的自习教室是图书馆的天井。大概是冬天,天井比较冷,高年级的不愿去,可天井里也往往密密麻麻坐满

---

* 曾思欣,北大1986级数学系本科,毕业后曾回故乡洛阳短暂工作。后赴美留学,获霍普金斯大学博士学位。之后在纽约工作,现居洛杉矶。毕业后一直在金融行业工作。

了人,找个座位不容易。林冬说在图书馆占座要早起去排队,我从来没去排过队。

除了自习,晚上三教常有讲座。我去得很多的是一个叫"科学文化社"的组织的讲座和讨论,这里的中心人物是吴国盛。我还记得他在台上调侃伪科学:"在有些地方,比如说上海,还流行所谓'家具学'!"他咬着牙声音从牙缝里漏出来,满脸的轻蔑和不屑,"这些,统统都是伪科学!"说得我心花怒放,从此科学文化社的活动我很少错过。在那里常见的有一个高年级的黑胖子,物理系的,名字已经忘记。我们很谈得来,不知他现在在哪里。

迷　惑

数学系的学生很快就发现,一是大学数学不好学,二是数学没什么意义。好像也没法招女生,而且毕业后的出路主要是中学老师?那岂不完了?那段时间同学们都泄气得很,感觉上了贼船似的!不少同学要转专业。记得有个女同学要转到心理系去,老师问她为什么,她说:"再学数学我就要发疯了!"现在我知道数学的根本障碍在心理,她去学心理学真是去对了。那时我们一窝蜂地去听外系课或公共课,最受欢迎的是老朱的"艺术史",在电教的大教室里,每次都挤得满满的人。

另外一种困惑是觉得学校教的数学没有意义,全是些过时的旧货!这主要怪老师,因为老师不懂,要学"真的学问"得靠我们自己来。这念头大概是那个年龄的人的正常想法,在北大我们都不是好学生,和老师的关系(除几个外)都不好。现在想起来,北大的老师大多都不错,可偏偏碰上我们这帮学生,无法无天,经常捣乱。

那时李友明住在三十四楼一个小房间里,我常常去找他,秘密谈话,仿佛在策划一场革命。我们对现状痛心疾首,李友明绝望地指出:"这些科学界的老头子们都实在,实在是太傻了!不可救药!"所以我们必须自己来干。但怎么干呢?那时有一本小书《布尔巴基学派》,不知是个什么人翻译过来的,我们看了如获至宝,这群数学家那才叫牛啊!要学就得学他们!于是我们学代数,学拓扑,学群论,好比瞎子摸象,那时我们真够狂的。很多年后我多学了点数学,多少了解了布尔巴基学派的前因后果,再回首当年我们的梦想,让我惭愧啊!

荒　唐

那个年纪的人不做荒唐事不可能,但有些事干得真是鲁莽又危险。比如说,我们经常摔酒瓶子!喝完了啤酒,同宿舍的老冷说:"听响!"我也说:"听响!"于是抡起酒瓶子从四楼窗户砸下去,听到酒瓶落地开花我们乐得哈哈大笑。

还有一次晚上喝酒,有人提议"应该找个墓地去喝!"我们一致同意,但哪有墓地啊?谁说了句"香山有"。好,我们立刻骑车去香山!半夜三更跑到那里,可墓地在哪儿啊?没心思找了,我们就在香山的大坡上溜自行车玩,撒完酒疯才尽兴回来。

最混账的一次是集体旷课。我早就经常不上课了,但低年级时是大课,老师注意不到,到了大四上本专业小课,这麻烦就有了。有一个老师说话不是很清楚,我们就欺负他,有一次上课居然一个人都没去。气得老师到宿舍来找——宿舍里正关门打牌呢!老师敲门但谁也不去开。老师在外面咆哮:"怎么刚才还听见有声音,现在又没有了?"我们真够坏的。后来闹到系里,管学生的吴宝科老师亲自来宿舍,警告我们有全部不及格的危险!那是大四,我们明白老吴肯定能放我们一马,这事真的就过去了。

彪　悍

大四的时候有一天老冷在宿舍里对我说:

"你现在这样子看上去极凶!"

"滚……你才凶。"

"我不骗你,你看上去的确极凶!"

我?极凶?旁边的小董点头:"没错儿,目露凶光。"

那时我大概每天忙于背英语,考 GRE,焦头烂额,蓬头垢面,胡子拉碴。我出去挤 332 路公交车,果然发现别人都让着我!我到学三打饭,厚着脸皮不排队加塞儿,后面的学弟学妹们嘀嘀咕咕也不敢把我怎么样!

读 书

北大是我第一次(相信大部分同学也一样)大范围读书的时期。这和我们那时的背景有关。在上大学前,我除了课本没有很多读书的机会,而北大又是引领一代开放风气的学府,我们有机会接触到很多书。当然好多是闲书。

记得那时老陶总去海淀书店租回各种武侠书,宿舍里轮流排队看。小董的水平最高可以从最后一册看起,和其他人不打架。奇怪的是在北大时我几乎从未看武侠,我的武侠都是在国外读的。我看的杂书多半是文学和哲学类的。读一本好书如饮甘泉美酒,乐在声色犬马之上。以前只是耳闻,在北大我是真信了。记得看《围城》我停不下来,饭都忘了吃。印象深的还有《罪与罚》《月亮和六便士》等几本书。读哲学的起源是刘小枫写的那本《诗化哲学》,这本书我认真读过。为什么要读这个?现已无从知晓,但从中我知道了很多哲学家,如尼采、叔本华之类,什么时髦我读什么,后来还有弗洛伊德和萨特。看得似懂非懂,但各种词儿学了不少。

大四的时候李友明告诉我他读了康德的《纯粹理性批判》,天目大开,全明白了!相比之下我自叹弗如。康德的书我看了两页就昏了,这到底是个甚啊?我明白其实我没哲学的慧根。

当然还花了很多时间读数学。图书馆三楼有一个理科阅览室，里面有不少英文书，我是那里的常客。记得那时硬着头皮去啃几本很旧的书，看得头昏脑胀，但似乎也没什么心得。

多年以后，一个知识渊博的学兄曾对我说："你要明白，有些书是必须要读的，有些书是必须不要读的。读错了书，你就完了！"

那时读的那几本数学书，大概都属于不必看的一类吧。幸好我那时读书不求甚解，否则真是要中毒完了。

这又引出了一个问题：假如我再有一次机会上北大，我还会像上次这么过吗？可仔细一想这实在是人到中年才会有的愚蠢问题。人生旅途如果处处都规划好了那还有什么意思？在北大的四年是我生命中的奇遇，那份新鲜和刺激是什么都比不了的，哪怕我们走了弯路，经历了风雨。

离开北大那一天，同学们都很黯然。记得谢亚军在走廊里自嘲："三个傻瓜上了北大数学系，哈哈哈！"他说的是他和他的同乡老陶和宏胜。但我真的是很伤感，没有一个地方会让我这么不舍。北大的岁月塑造了今天的我。我想事实上我也从未真正远离过她。北大的精神和她的湖光塔影，总会伴我前行。

(2016年2月28日)

那时年少——大学入学 30 年回眸

贾德星[*]

一个人的三十岁是而立之年,足够值得重视。

一个重要事件的三十年,更会令许多人心动不已,不约而同。对其间的所思所感、喜怒哀乐、关联影响等,认真做些整理,也很有必要吧。

上篇　青春作伴

梦回燕园,心暖花开。

仿海子"面向大海,春暖花开"——题记 1

"在心里,在梦里,我永远思念着你……"

毕业教育时所听歌曲《共和国之恋》——题记 2

心中有爱即是福,有爱好也是福!有责任感、有担当的人生更是有福!

自拟——题记 3

---

[*] 贾德星,北大 86 级数学系,中学任教 5 年。新千年入建行(基层),有散文、论文(工作探讨)多篇,曾获奖。嗜读、面广;尤好文史。爱探索心理学、管理学的生活应用;爱欣赏摄影、绘画、轻音乐与豫剧。有男孩 8 岁,重视教育理论与实践。

1 享受阅读

大学时代茁壮成长的课外阅读习惯,对我的人生举足轻重,称"毕生阅读"之志,当不为过。几乎在入学之初,我就每天阅读数页英汉对照本《简·爱》。其后不仅读指定材料和自选名著,也有《中国日报》《北京周报》等时事报刊,乃至校园流动售书影印本《全球通史》和商务版《英国文学史》(陈嘉)。即便结课后,英语阅读的习惯也持续多年。

受益于母校作为文理综合性院校的校选课制度,我先后选修了俄语系的"世界文学史",中文系的"古文赏析",艺术教研室开设的"美学""音乐史"和"Oscar 经典电影欣赏",以及"当代世界政治思潮"等课程。我实现了从以课程为主的"认读阶段"向更广阔领域的扩展:以满足好奇心为主的消费式阅读;面对人生困境和思想困惑、试图寻求答案的思想性阅读,包括文学史、思想史、艺术史等。从《史记选译》、现当代文学评论《王蒙论》等,到心理学,也花过不少工夫。

我也显著地受同学影响:老曾(思欣)博览群书、见多识广、思想活跃、话锋凌厉。他是我多年的心中偶像,也是和同学联系极少的那些年里的梦中常客!当年我曾专门爬到他睡的上铺,仔细翻阅他的藏书,诸如罗素的《西方哲学史》《诗化哲学》等。后来《约翰·克里斯朵夫》,是受于濂的影响。《雪山飞狐》《神雕侠侣》《射雕英雄传》等武侠甚至成了写硕士论文时不可或缺的"睡前故事",部分原因是受上铺老陶等同学当年卧谈金庸的影响。同学们还曾传看米兰·昆德拉,后来也成为我跟踪收藏的目标。

从学功课走向享受阅读,堪称了不起的转变。大学四年有限的生活费,除了吃饭等刚性开销,基本上就买书了。毕业时,我选择留京的主要理由就是:熟悉北京的书店和出版社,可以充分满足我的读书爱好。而选择到中学任教,有个近乎荒唐的"自欺"理由:哲学家萨特也曾到中学任教数年!

在那些有大把闲暇也不乏迷茫的单身岁月里,我的主要业余生活就是自觉地延续大学"未竟之事业"——读书。从《精神的魅力》到《青春的北大》,从《傅雷家书》和《世界美术名作二十讲》,到陈思和、王晓明等人的著作,是我的人文思想启蒙之路。我还曾喜欢读费孝通先生的《美国和美国人》,爱默生、蒙田等的哲理散文,西蒙娜·波夫娃的回忆录等。还有《数学加德纳》《打破思维常规》《混沌学传奇》,房龙的《宽容》,和三联版"生活新知"类小册子。王元先生的书《华罗庚》是我对生活认识的重要心理转折点,也是随后考研的直接动力源。

2000年再别校园,我又充满好奇地陆续涉足更多的新领域,包括管理学、企业文化等,尤其是儿童与青少年教育理论、传统文化经典、现代心理学。实用色彩更加明显,目的性更强了:主要是为了拓展自己的思路,提升自己管理时间、分配精力等个人事项的能力,或更好地胜任一个家长应该担当的重任。

当今人们不缺阅读材料,但缺乏阅读的兴趣或"内在需要"。而我三十年来始终嗜读如命,毫不畏惧"成为另类"。三十年,当然不是简单的平铺。我也切身体会过"山重水复疑无路"的困惑和跌宕起伏。但幸运的是,经年而成的阅读习惯和深潜心底的"阅读依赖",总是帮我渡过失去"目标"或"意义"的险滩,迎来"柳暗花明又一村"的新风景。

更令人欣喜的是,我的爱书人生已后继有人:虽然孩子才八岁,读书方法也颇不一样,但对建筑类、考古类、《西游记》《三国演义》《封神演义》等图书的兴趣已是显而易见。央视正月十五猜灯谜,他还独立猜中一条:谜面"玄德在,不着急",谜底是"有备无患"。

故值此三十年纪念之际,特以"享受阅读"为话题之一,表达对大学生活的怀念和感激!

2　山野天地宽

登山训练本不是我的必修或选修课。但在我的大学生活中,为期半年的业余登山训练活动却意外地占据了重要位置,并对我的人生产生了深远影响。

1989年秋初,山鹰社开始组织野外攀岩及训练。我积极参与登山队的日常训练活动:只要是晚饭前,先在五四操场的标准跑道跑四圈左右热身,然后是一组接着一组的蛙跳等体能训练。当时的计数规则是:有些出汗或劳累的感觉后,才开始计数,训练项目组间的休息时间很短,否则"训练就没效果了"。就个人身体状况看,当时体能训练也的确很见效。而且养成个习惯:傍晚不活动,晚饭就吃不下。有同学笑我"能吃,能睡",也算心理健康的外在指标吧。

除了在校园的体能训练,我也多次积极参加了登山队的野外攀岩训练、骑车长距离拉练、野外生存住宿等:校园—怀柔(夜宿慕田峪长城)—昌平—校园双日拉练,校园—海淀金山(鹫峰)—门头沟妙峰山—校园单日拉练,圣诞节前的十渡一带多日拉练(乘火车往返,夜宿河滩,走访当地干部等)。还有校园—香山长跑,沿香山北侧台阶上下,以及香山、百望山、昌平等多处攀岩训练,还有金秋十月夜宿金山的大型集体活动。

队友表现更出色:不仅有队员在全国高校攀岩比赛(焦作)中获奖,还有队员在1990年的夏天开始成功攀登青海等地的一些5000米以上的极高山峰。其后的年份,北大登山队又不断壮大,攀登高度也不断向珠峰的8848.43米的极值逼近。

这些成就的取得,或许跟山鹰社负责人李欣、曹峻等的眼光长远和相关安排不无关系吧！地质系崔之久教授是顾问，国家登山队还支援过绳索等器械，甚至怀柔训练基地也特意对山鹰社开放。国家登山队员李志新还曾应邀来校作讲座，他曾成功攀登过多个大洲的最高峰，为此甚至不惜冻坏手指头。多年里都似懂非懂却又记忆犹新的登山界名言："山，它就在那里！"就是那时才听说的。还有"执行登山计划之前，都要先拍标准照"的惯例，因为登山既是充满人生挑战和激情的伟大事业，同时也是充满风险或意外的非常规活动。

我来自豫东平原，原本对山很陌生、很好奇。而参加登山队活动这半年，可谓"大补"；与京郊大自然的亲密接触，使生活格外快乐而又充实。在山水之间，不仅视野开阔、心情舒畅，可以真情体会历代文人墨客寄情山水之间的心理感受，而且有同样年轻的众多队友、校友快乐共处，一起训练、互助、说笑、歌唱，真可谓其乐融融。潜移默化间，我很自然地形成了对山水的热爱乃至眷恋。其间的几多乐趣、几多辛苦甚至攀岩时未能及时登顶而留下的几多遗憾，二十六七年过去仍旧感到历历在目。后来曾写过散文，如《真的喜欢自然》，充分集中倾诉了自己对自然风景的一往情深，其中就包括登山活动；还有《两秒之忆》，也是写登山队攀岩训练的经历。

近十多年来，除单位集体活动外，陪家人、带孩子的经历中，我也更加有意识地把自己对大自然的亲近意识和细致观察、充分领悟等方法，毫无保留地进行"传、帮、带"，并初尝胜利果实：每到周五，孩子就迫不及待地问："周末去哪呀？"

就此而言，我对大学生活学习的经历也是充满无限感激的。

3　鸿雁传书

印象中，大学期间，特别爱写信。若单从技术条件和实用消费的角度讲,也许因为那时用电话还不大方便;电子邮件世界上似乎已经有了,但还处于试验阶段吧,而且特别昂贵;呼机、手机、微信可能都还没有出现。而通常情况下的一封平信,跨省的只用贴8分钱的邮票,否则4分钱足矣。但也许,这些技术原因并不是主要理由。

大学写信,开始主要是家人、同学,也有老师;逐渐地,因为种种原因或者缘分,也有一些朋友,甚至并没有见过面的人,却也相互来往,都写得挺起劲。开始时人多,后来就有些常来常往的信友。信或长或短。收到的,我基本上都保存下来了,后来还插册收藏了。可惜近年因为工作中琐事太多,还要经常加班到很晚,生活中需要做的事情也很多,尤其是带孩子、陪家人方面,还有很多想读的新书、报刊乃至微信等,所以平时很少有机会去专门翻阅了。

我写的、发出去的信主要残留在模糊的印象中;若有留在手里的,或许会另有隐情。但在印象中,写信、读信,甚至是等候回信的经历,总觉得很独特,很诱人,很有感触;或许已比当时的信件本身更有意义。尤其参加登山队活动的那段时间,一回到宿舍,若在床铺上看到一封或者几封来信,心里就觉得美滋滋的;否则就未免有些失落。

我很少写短的信,也很少写办事的信;我通常感兴趣的话题都是谈感受、想法,或介绍某些方面的材料;确切与否,有待考证。

回头来看,那是当年生活的一个重要部分,更是一种重要的心理安慰和寄托。对,就是"生活在别处!"读书虽然是我的最爱,但只能是被动的单向心理交流。而写日记可以随性记录或表达,但内容是否恰当,写法怎么样,包括字体怎么样,就像没有老师收阅的作业,也不会有什么回音或探讨,所以还是单向的交流。而写信,则不仅可以充分表达自己的想法,还能较快地得到回音,同时了解信友提及的情况,然后再继续进入下一轮循环。也许,还可以与当面聊天、一起搞聚会等活动之类的新生活方式(这是与中学生简单的两点一线的生活模式,听课、写作业、考试等相比而言)做比较:写信可以任由自己不受限制地表达,也不怕受到打扰、挑战或遭遇"用脚投票"的难堪。总之,写信特别安全,优点多多;对于高考之后才显著增加同学间等人际交往(尤其与女生)的年轻人来说,当然很享受,很符合那时的心理需要。

或许,那就是积极参与扩大了互动交流范围、增加了鲜活内容的新生活的一种最直接表现。这一"积极",几乎就是大学四年!

至于写信解决了多少实际问题、对适应将来生活有多大贡献,无从考察。而其间花了多少时间和精力,耽搁了多少功课或者从学业、能力方面对将来生活的必要准备,那时也没有什么跳出事外的冷静考虑。

以今天的眼光看,那时可谓是生活在世外桃源、令人"羡慕嫉妒恨"的精神贵族!写信等也就是"看上去很美"、影视一样的虚构生活。但从心理成长的角度看,就像那时喜欢听晚间音乐调频广播的"浪漫情歌",或者年轻人听、唱流行歌曲,恐怕也不可或缺吧。

下篇　苦乐年华

大道至简。

道家哲学——题记1

道不远人。

《中庸》第十三章《笃行》——题记2

答案就在生活自身之中。

依禅理,仿美国歌曲《答案就在风中》——题记3

行有不得,反求诸己。

《孟子·离娄上》第四章——题记4

大学生活不仅有收获,也遇到过不少问题,经受了不少的挑战。认真回头来看,无论对于我们自己检讨相关问题的处理方式,还是对于帮助后来者提前预防相应问题,都不无裨益吧。

1 挚爱与考验——数学版《红与黑》

中学六年学数学,就像《数学万花镜》的书名,曾经给我带来数不清的快乐。但中学时代自娱自乐、未经足够总结提高或高人指点的"题海战术",也严重束缚了自己的头脑!大学数学需要进一步提升抽象化思维,意外遇到很大的适应性障碍。功课学得不好,压力和打击都很大,可谓常常在煎熬中度过。尤其是数学分析,习题课常常是一"愁"莫展。还有空间解析几何、概率论,也常常因理解不到位而出错。微分几何似乎学得不错,复变函数还算有趣;实变函数狠下工夫,却因过于拘泥细节,事后忘得很干净。后来的张量分析、数学物理方法等,越来越抽象,实在是找不着感觉。

幸亏毕业后到中学任教,意外获得从容"反刍"的机会:集体备课、名师指导研究课程等方式,特别是对数学思想方法的系统总结和反复强调,以及其他学科教法的触类旁通,使我受到很多启发。在辅导学生数学竞赛、帮助其他老师解答疑难问题,以及到其他年级或学校听数学课时,我的专业知识优势也令多人刮目相看,反过来也就令自己的信心倍增了。我逐渐走出了数学学习困难的心理阴影,并认识到:在大学四年的压力和打击下,自己通过刻苦努力获得的专业训练成效,也是令人欣慰的。

毕业后,我还先后购买并认真阅读过多本数学类图书:《数学精英》《全国中学生数学竞赛题解(I、II)》《组合理论的基本方法》,有趣的有关古印度数学的奇书 *Vedic Mathematics* 等。虽然由于种种原因,有的未能读完,但还是颇受益的。特别是后来两度考研时,在《数学学习大纲》的指导下系统复习《数学分析》《高等代数》

和《概率与统计》,数学思维能力终于缓过劲来,重新回归"适度焦虑、效能最大"的钟形曲线顶点。第二次考研时,三门数学课平均85分。

所以,也不妨说,在北大的专业学习,就是一种压力试验。只要能够顽强地挺过来、坚持到底,抵抗风险的能力还是很可靠的。虽然曾经很痛苦,甚至怀疑自己,但毕竟没有彻底倒下,还保留了日后东山再起的一定实力,包括难以割舍的挚爱:本文写作期间,我还认真回顾过一道有关城际足球赛的1985年全国数学联赛试题,并获得了关于很美观的构造性"对阵图"。前几天,又从孩子跟妈妈玩乒乓球提出的大球里装小球个数的问题出发,联系一位老同学微信里晒的一个立体折叠图,构造了一个相关的简便估算法。虽然是冷门话题,却仍能自得其乐、把玩不已。

最后概括一句话:假若青春明天能重来,我一定会客观掂量自己的特长和偏好,慎重选择未来学习和发展的大方向,并"一爱到底,矢志不移"!

2 琐事也烦恼

入学头一个月,在新鲜感之中,一边沿袭习惯早起锻炼或读书,一边参与卧谈而晚睡。但毕竟是离开了家,来到了集体生活的新环境,很多事情需要自己来把握。因为缺乏相关经历、磨炼和细致准备,逐渐暴露出种种问题:眼镜片打碎了;面对意外变故,我应对失策,约两周时间看不清黑板,有的课听着费劲了。诱人的卧谈会与无奈的晚睡,也使早起锻炼或读书逐渐成为过往。有的课程讲义往往是边讲课边打印,而且没有配套习题的讲义,我也极为不适应;有同学借来书整本复印,我竟没想到"搭便车"再复印一套。还有同学在"考托"后热情地劝我一起学英语,却意外地遭遇我的"沉默"以对,只好悻悻地自我解嘲:"人各有志嘛!"

更麻烦的是:我不会参与集体讨论;先是没有思路、插不上话,然后越发插不上话。因为思路调整没跟上,所以有的课程学得特别吃力,而效果又很糟糕,心理上备受打击,压力倍增,充满了伤感。于是更习惯于独来独往、落落寡合。有同学简短而诚恳地劝我"要活得潇洒些",这穴点得很准呢!真到后来中学任教时,听别人上数学课,发现有学生思路很好,却被老师"一言以蔽之"给轻易毙掉了,才痛感:创造力其实可能无处不在!东方不亮西方亮嘛,真理并不忽视任何一个人!关键是心态好,才能拨云见日呀!

对于远离家门者而言,生活中类似这样大大小小的问题并不鲜见。问题应对方式是否恰当,生活能力强弱、以往经验积累的多寡,都将会对其后的生活渐次产生或大或小的影响。如果说样样都有所准备不大现实,那也至少要有个明确的方法、方向,要有"精通一门、一通百通"的基础,要有自己主动应对的经历和能力。按照某任美国总统"让问题到此打住"的格言,对于当年学生时期遇到的此类生活能力问题,需要在子女教育方面给予足够的重视和适时、恰当的引导、训练,尽量避免孩子将来重蹈覆辙。而今作为一名孩子家长,也备感责任重大!

最后概括一句话:假若青春明天能重来,我一定会重视生活能力和心理素质的培养,绝不在小河沟里翻船!

3 莫忘大道做导航

经过高中几年心无旁骛甚至不谙世事的苦读,我确实以相当好的成绩完成了高考这个目标。但当年的"考大学",就像"远大理想"对许多普通人一样,只是空洞的概念,并没有带动我用具体的建设性方法进行多方面的必要准备。来到北大,身边一下出现许多国际奥赛奖牌得主,还有呼啦啦一大片数学类课程,特别是令人伤心的习题课,我才突然清醒地意识到:原来的"为数学献身"目标对自己来说"太不现实"了,可替代的新目标又太模糊了,无法成为真实有效的新动力。

目的和方法不明的读书,效果能好吗?!如果说"临阵换将是兵家之大忌",那么"临阵而失去目标"不更是"大忌中的大忌"吗?我们不妨循着培根《论读书》的思路扪心自问:读书是谋生的手段,还是消遣?仅仅是为了积累知识和谈资?还是享受"悠闲读书人生活"的方式?是为了像查手册那样有针对性地解决问题,还是为了不断拓展认识能力,善于反观与提炼问题,最终提升人生境界,提升解决教育、交往等综合性能力,并对"学以致用"给予足够的重视?

再说读书方法:是望文生义、死抠字眼?还是不断博闻广识、参照理解,虚心求教于大方之家,闻书中所未载,并结合切身实践之体会,深悟至理三昧,不怕反复超越甚至推翻以往的所知或所理解?

虽然我曾多年推崇惟"兴趣"是瞻,但近年受台湾高振东校长演讲启发,才真正意识到社会文化责任的至高无上:读书学习是为了承担责任,而不只是满足个人兴趣。所以做选择的方法、依据和标准问题,也与目的、目标密不可分:读书学习的目的是什么?上大学的目的是什么?

我们古人一贯强调的修身养性并非无用功。生活哲学也并非空谈。有了真心所好、真正认同的目标,就不怕困难了。

沉迷于生活琐事固然会令人麻木,但正如禅理所提示我们的:真理就在日常生活中。道家、儒家经典也强调:"大道至简""道不远人"。关键是要善于回归"初心",牢记追求"真善美"的大道,则会有"蓦然回首"的惊喜发现!其实,读书学习不就是为了解决"不会""不能"的问题（比如不会写作、没有创新思路等），以便更好地服务于工作和生活，服务于社会和自己吗？所以，选择学习、训练的方向时，首先要考虑的是解决"雪中送炭"的问题，而不是"锦上添花"；要"扬长补短"，而不是"扬长避短"。

比如我的作文一向被评价为"语言平淡"，我也不会虚构故事。但我却越来越喜欢阅读文史知识，甚至开始动笔写作。如果早年尽量多地接受必要的基础训练，就能更有效地转化为"会""能"，特别是克服自己对写作"像水一样不定形、不可琢磨、难以驾驭"的片面认知，深悟"无限风光在险峰"的至理。那才是最明智的选择吧！

最后概括一句话：假若青春明天能重来，我一定要"不忘初心、学以致用"，牢记对"真善美"的追求，享受惬意人生！

并非多余的话

虽然我只能不加隐瞒地讲我自己的经历，但无论是新闻、图书、影视所了解的线索，或者身边接触的同学、同事和亲友的情况，都使我相信：无论是社会、学校还是家庭，都有必要对以下问题给予更多的重视：科学规划人生、合理决策的能力，适应新环境、新条件、新挑战的能力，适应集体生活的能力，人际交往和合作能力，心理承受能力，塑造阳光心态、提高情商与影响力，以价值观为本（这是清华吴维库教授的一套理论），信息搜索加工能力，项目管理和目标管理等在大中学生学习和生活中的应用能力等。

而海内外的广大母校校友，更多是通过教育走向人生辉煌的成功人士，目前和今后都会与国内众多家庭甚至教育、新闻等机构有着千丝万缕的联系，完全有可能在相关问题上发挥应有的作用和影响，给母校和我们的国家、民族、社会以更实实在在的回报。

这也是我把三十年聚会和纪念当作"救命稻草"，放弃"简单的幸福回忆或叙旧",而主动选择利用春节长假数易其稿、"不辞辛苦地长篇大论"、洋洋洒洒以万言,甚至不惜深挖内心深处、不怕自暴问题或缺陷的真正原因和动力之所在。

(2016年2月12日—2月14日初稿,
2016年2月21日—2月26日二稿,
2016年3月9日三稿,
2016年3月29日四稿)

四载燕园育匹夫

刘旭东[*]

当年高考前,有两件事很是触动我。

一是当中国女排首次夺得世界冠军时,北京大学的学生喊出"团结起来,振兴中华"的口号,这个口号一时间风靡神州大地。二是在国庆三十五周年游行队伍中,北京大学学生打出了"小平您好"的横幅,引起了全世界的关注。

很想知道这样一所学校的校园里聚集着怎样的一群青年,很想成为他们中的一员。当我在1986年9月,背着行囊走进北京大学南校门,沿着被两旁浓密的银杏树掩映的柏油马路,来到二十八楼宿舍时,脑海里浮现的是一句古典苍劲的话语:

天下兴亡,匹夫有责。

一

迎接新生的欢迎会,主讲人是系里一位又红又专的学长,优秀学生党员、时任校团委书记的J君。听闻即将毕业的他,放弃了直

---

[*] 刘旭东,北京大学法律系1986年本科,先后获学士、硕士学位,中国执业律师。在原化学工业部政法司工作多年。2002年合伙创办北京市立方律师事务所至今。

接保送读研究生的机会,报名赴新疆工作,支援祖国的边疆建设。

"心在天山,身老沧州"。我揶揄着同宿舍河北沧州籍的同学,心里却也着实对如此有抱负的优秀学长钦佩不已。据说前几届毕业的一位中文系学长,时任校学生会主席的 H 君已经扎根西藏工作多年。当年北大毕业生积极要求援藏的事迹在青年学子中引起了很大的轰动。

J 君的事迹被主流媒体广为宣传报道。后来听说新疆没有合适的对口接收单位,又转去了海南——当时尚未被大规模商业开发的相对落后闭塞的海岛。再过了一年多时间,听闻 J 君出事了。或许是他所在的银行管理疏松,或许是他负责的出口退税工作存在制度上的漏洞,或许是拜金主义最初盛行于中国南方改革开放前沿地带,或许还有许多原因。

更多年以后,当年赴西藏工作的 H 君,经过十几年的艰苦磨砺,走上了重要领导岗位。

命运或许有如果,缘于信仰的坚定。

二

入学后不久,一日中午从食堂打饭回宿舍,行至宿舍楼前,猛见一长长的床单从四楼一窗户垂下,上面浓墨淋漓着两个大字"国耻",惊得我差点将含在口中的米饭喷出来。人群迅速聚集到楼前花坛边的空地。原来今天是"九一八"纪念日。

一位清瘦、个子颇高、短发直立的男同学,手扶了扶厚厚的黑边框眼镜,慷慨激昂地开讲民族命运、时代使命的话题。另一位个子稍矮、头发蓬乱的男同学,操着浓郁的南方口音叫着:"如果现在与日本开战,我家里兄弟三人可以捐出两条命!"

个子颇高的是 Z 君,历史系高两年级的学长,实际上也是我家乡中学的学长,当年高考的省文科状元。他是一位传奇式的人物,在高中时期已经显露出卓尔不群的理论学习功底。当别人努力冲刺高考时,他开始钻研厚厚的《资本论》,他是班长,在同学间威望很高。他每天清晨在操场上晨跑,刷新过学校运动会长跑纪录。Z君高考时被人要求只能填写北大历史系的志愿,但这丝毫没有阻止他对政治理论研究的热爱。在北大期间,与几位志同道合的同学,立志于科学准确地诠释马克思主义理论。他们自诩顺应时代赋予的使命,组建了一个学生组织,但那个组织很快被解散了。

与Z君几乎同期也是经常在各种学生聚集时带头演说的L君,是经济系高一年级的学长。据说L君中学时代已是所在省学联的风云人物。当开始实行基层人大代表普选的时候,还是大学二年级学生的L君,便凭借北大学生选民群体的支持,当选为北京市海淀区的人大代表。当时,北大学生会主席的选举也如同西方社会大选一般,一群热衷于此的学生,彻夜聚集在宿舍、教室,争辩着,向别人灌输着自己的主张,争取他人的支持。L君很快便成为新一届北京大学学生会主席。二十几年后,他已是重要领导干部。

三

北大的各类社团每个学期都公开招兵买马。记得大三时,看到学校演讲团招募,与几个同学约好一同去应召,壮壮声势。演讲的题目是《中国知识分子的历史宿命》。我在脑海里整理了一些类似"先天下之忧而忧""吾将上下而求索"之类的警句,准备上台试试。只见一位个子矮小的男同学已经走上了讲台。他头发蓬乱,还有些自来卷发,戴着一副厚厚镜片、白色微黄大镜框眼镜,眼睛瞪起来愈发圆圆的,嘴唇肉嘟嘟的。站在麦克风前,他很镇定地清了清嗓子,一口江浙普通话别开生面地讲道:中国知识分子的历史宿命,体现在我的名字上面。他回身在一块黑板上写下三个大字:"钱、文、忠",然后便旁征博引地讲起各种文献、各种史籍中知识分子在这三个方面演绎的故事。

没错,这就是后来在央视讲坛名扬天下的钱文忠教授。他当时是东语系的学长。我在这里实名讲述,既是想表达对钱教授的敬意,同时也是惊叹于他对于中国知识分子宿命的解析角度之巧妙。听完钱学长的演讲,我与同来的同学交换了目光,说了句:回去再多看些书吧,没有上台便离开了。

知识改变命运,知识也体现出知识分子的价值。说到宿命,却感慨于我的辅导员的故事。W君,一位黑黑瘦瘦、个子不高、声音柔美、走路飞快的女学长,我们入学时的辅导员。她凭借个人努力,从贫困的家乡考入北大,因学业成绩优异留校读研从教。记得毕业多年后,经常在中央电视台看到W君的法律讲座,她已经成为国内金融票据法领域颇有名气的专家。

再后来,听说她在一个风和日丽的下午,授完课回家,为丈夫和幼子做好了晚饭,便踏上了去五台山的航班,自此余生与佛经相伴,成为现代版的××法师。

独善其身,兼济天下。这似乎不完全取决于个人的穷或达。

四

大四毕业季,每位同学都在为自己的前程奔波担忧。

某日,国家某部门来到法律系招收毕业生,提出几个必要条件:(1)男生,(2)会熟练使用广东话,(3)党员,(4)没有女朋友。这些条件仿佛是在点名招收H君,一位广东籍的同学。彼时国家为十年后澳门地区回归祖国,从各地高校招收了各种专业的毕业生,先是集中在北京外国语大学普及学习语言,几个月后,分批次进入当时的澳门地区,在各个领域应聘就业。记得我当时与一位同时分配到某某部工作的同学赶到火车站送 H 君南下,车站话别时猛然意识到为什么要求没有女朋友。南下火车上的毕业生基本上是男女各半,或许将来在未知的环境下工作,更容易互相照顾吧。

车站一别,二十年未见 H 君,只是陆续听到一些消息,他在澳门的警界应聘入职,从街道巡警工作开始,一步步升迁。其间 H 君与同期大陆来的毕业生又陆续到里斯本大学留学,系统学习葡国法律、文化专业知识,毕业后又回到各自在澳门的工作岗位。二十五年后,去年新一届澳门政府进京述职的队伍中,H 君已赫然在列,身担重任。

四年燕园的时光很短暂,每一年走出燕园的学子成百上千。每个人的命运看似握在自己的手中,每个人又像是被命运握在手中。

距离当年入学整整三十年了,依旧怀恋那个沸腾的校园,依旧记得一群心怀天下的匹夫。

(定稿于 2016 年 1 月 10 日)

穿过记忆

方晓蕊[*]

三十年前,我们举目相看,浅笑避开;

三十年后,我们举杯问候,朗笑寒暄;

三十年,我们挥霍青春,从青年瞬间变成中年。

七月的校园,在我们聚会时吹来一阵寂寞的雨,接着就是灿烂的阳光,中间干脆得没有任何过渡。就好比从青年到中年,只是个简约的转身。在聚会的照片上,找不到从前的我,仿佛我们的青春已经被岁月取走⋯⋯

冬去春来,也许你现在身处异国,也许你还在中国,也许你忙碌而充实,也许你随意而快乐,也许你专注事业,也许你专注下一代,但北大的记忆,无一例外地会穿过各种不同的表象,在某年某月的某一天,闪回在你眼前⋯⋯

关于北大的记忆,在无形的岁月中,先慢后快,先淡后浓,缠绵在心中——穿过记忆,我们常常可以感觉北大,但我们却无法触摸。

---

[*] 方晓蕊 1990 年毕业于北京大学地球物理系天气动力专业,万石画艺有限公司创始人和设计师。同时担任美国 UCLA 大学中国研究中心理事,北京大学教育基金会顾问,硅谷未名天使投资人,赛富厦门基金合伙人,北大南加州校友会理事。北大 1898 咖啡联合创始人。

穿过记忆,从千万年里、万千人中,我在那一刻、那一处见到你,只是为了轻轻地对你说一声"你来了"——我的北大的同学。

穿过记忆,北大的光阴故事就在眼前。在故事开始的地方,我们的生活是青涩的,甚至有些整齐划一。但是我们幸运地经历了80年代末大的时代变化,那时有无数的螃蟹等着我们咬一口,但我们固执地都盯着留学美国……

穿过记忆,那时我们年轻得很,那时我们喜欢读诗,喜欢读各种书籍和小说,那时理想主义还很有市场,那时我们也喜欢徜徉在未名湖畔,喜欢图书馆草坪上的那些歌唱的日子……甚至迫不及待地谈情说爱……

穿过记忆,我以前住过的宿舍的灯仍亮着,不知道现在是怎样青春飞扬的脸在我们曾经的宿舍里欢快地生活着……食堂里、课桌前、操场上……和我们三十年前的身影有多少的影像重叠?……

穿过记忆,你翻看你的纪念品,你有没有保存北大的银杏叶?那黄黄有些凋零感的叶子,最有北大永远的惆怅。虽然日子平凡如银杏叶,但绝不平庸。

穿过记忆,我们在大学最后的日子里,给学校的各个风景留影,而重返校园,很多旧的风景未曾谙熟,很多新的风景又悄悄出现了。没有什么我们可以全部拥有,北大的记忆总是留有各种缺憾。

穿过记忆,我们互相留言,并赠送最合适的照片。而这样清纯关心的留言在三十年后究竟会给我们多少感动?

你有你的一切

谁也不能干涉

只是

大概痛惜

一个人身心毕竟有限
　　那样的燃烧
　　纵你不痛
　　而或许你的朋友会痛
　　对吗？
　　人生向来为了体验欢乐
　　而不是痛苦
　　（虽然有时不得不体验）
　　一切都不要投入过深
　　因为　生命不是不老的青山
　　即使燃烧　也不要一次烧完
　　对吗？
　　生活　是甘露
　　它的滋味要慢慢品尝
　　对吗？

　　穿过记忆，我们回到北大，你可曾注意到穿行在图书馆门口的面孔仍是那样地络绎不绝？图书馆前那片青草地上的草绿了又黄，黄了又绿，校园里的人去了一批，又来了一批。在这片青草地上发生的故事一个接着一个……三十年后，当这些记忆被我们重新翻起的时候，有哪些会被记起，又有哪些会被淡忘？

　　穿过记忆，常常万千思绪。曾经的北大生活是我们最渴望回归的一段。想到也曾充满纯真的细节，真的想让时光像放电影胶片一样倒回去，在昔日的影像中再次体验北大的悲欢苦乐……

　　穿过记忆，北大生活留在我们生命的深处，深深浅浅的痕迹。当记忆的微风轻轻拂过，快乐与忧伤，悄悄滴落在我们天各一方的现实生活中。

　　青年和中年就好像梦想与现实，是有差距的。当梦想在现实中演绎为叹息时,我们就迈过梦想,直接进入一定要幸福的现实。幸福最终属于我们,童话的结局依旧要美丽,我们约定的结尾要继续……

我们向后寻找记忆,再向前走。在无边无际的未来展望中,一点一点地,让北大的记忆融为我们生活的一部分——记得一定要天天幸福。

而当记忆无从想念,当我们遗失了泛黄的照片,遗失了曾经保存很久的留言册,只要打开我们的网站,我们就能穿过记忆,与北大亲密。

佛说,前世五百年的修炼才换来今生的一次擦肩而过,聚会总要告别。但是在互联网上,我们就好像身在天涯海角,心却感觉是在一起……

仅以此短文诠释我和你的大学记忆,期望每天与你穿过记忆,与自己的青春重逢。

(2016 年 2 月)

告别理想国

难忘那内蒙古酱牛肉

周晓剑*

大四那年,在国家大事和个人恋爱小事都是无言的结局后,我迷上了围棋。

当时我住 28 楼 220 室。有人推荐说,楼道拐弯那边的哲学系有个叫黄岩松的,是围棋高手,于是某晚登门拜访约战。黄是个瘦瘦的中等个,内蒙古赤峰人。一头虬屈的卷发,倒有几分像新疆人。一听要下棋,他马上就来了精神。为了不影响别人休息(其实别人也都忙着打麻将什么的),我们搬了张茶几在楼道里下棋。

那天我事先有准备,背了"大雪崩定式",准备给他吃飞刀的。他执黑随手摆了"二连星",一看我摆"大雪崩",也不甘示弱。这场激战一直下到后半夜,中盘我还略领先。但他官子水平好,一点点追上,最后我输了二目半。我不服气,随后又找他挑战过几次,但每次都被他杀得大败,而且差距越来越大。

棋后来不好意思再下了,但这个朋友却交上了,颇有一见如故的意思。他有北方汉子的豪爽,什么事都是大包大揽地拍胸脯。

---

* 周晓剑,1986 年考入北大计算机系,1990 年转入清华读研,毕业后在深圳工作数年,1999 年移民加拿人,2006 年赴美,现忤职 Pivotal 公司从事大数据开发环境的产品开发。

但我发现,其实他内心是挺害羞的,回想起来,每次都是我去找他,他从来没到我宿舍来过。

我们经常在一起神侃。他说自己喜欢写诗,还把他写的诗给我看。都是一些情诗,水平相当不错,颇有惠特曼的风格。但问他写给谁,又死活不说。

我对他所在的哲学系挺感兴趣,问他都学了些什么哲学?他身上那股狷狂劲一下子就被激出来了,把系里的课程,特别是标配的部分贬了个体无完肤。他说自己有一次考试交了白卷。我惊问为何?他说,考题是"什么是战争",知道他们想考那段"战争是政治的继续"的论述。随即他在我面前把那段标准答案一字不错地背了一遍。接着话锋一转:"我不赞同这个观点,偏不照这个答!"

这一点和我就截然不同了。我是那种尊重权威的人,上面说什么是对的,我就配合,大家照这个游戏设定玩而已。考试我是从不敢马虎的,分数有实实在在的好处,比如研究生推荐、奖学金什么的,都是和考分挂钩。和分数过不去,就是和自己过不去。

但黄岩松就像一个总和自己过不去、总和这个社会过不去的人。问起他毕业后的打算,他说家里已经帮他安排好了回家乡所在市的宣传部工作。我有点想象不出他能去宣传什么,但那年分配形势极不乐观,我的高中同学某大数学系毕业有被分去管计生的。相比之下,黄岩松的市级宣传部工作起码是中上签了。我由衷地为他高兴,但他淡淡地说自己只想有个轻松自在的饭碗,可以看自己想看的书,写自己想写的诗。

话题一说到他的故乡,他的神情一下子没了平常那种愤世嫉俗,而变得深情凝重。之前给我看情诗时,隐约透露过女朋友在家乡。

他兴致勃勃地给我讲赤峰的风土人情,讲那里有一种名酒叫"宁城老窖",怎么怎么好喝。说着说着,他说,"如果配上我做的酱牛肉,那就绝了!"

然后,他就给我讲他的独家酱牛肉的做法:把一大块五斤左右的牛腿肉,加少量水,放高压锅里煮一个小时,然后等它凉下来后,把酱油倒进去,没过肉,放24小时,直到牛肉把所有的汤和酱油都吸干。

"牛肉会把汤和酱油吸干?"我诧异地问。

"一定会的。"他答道。

"不放姜、花椒、桂皮、八角这些调料吗?"我又有疑问。

"不放,不用放!"他斩钉截铁地说。

为啥我记得那么清楚呢?因为后来有点像电影《阿甘正传》里的情节:有个叫巴布的黑人士兵,一有空就对阿甘讲怎么捕虾。吃饭讲,睡前讲,擦枪擦地板时也在讲。黄岩松后来每次见面都对我讲这个酱牛肉,一遍又一遍:讲它的做法,讲它的味道,讲他带给同学吃,大家如何如何交口称赞。讲了无数遍,讲过了春天,也讲过了夏天。但,我一次也没吃过他那神奇的酱牛肉。然后大家就毕业了。

毕业至今,我再没有见过黄岩松,也没有任何他的消息。不久前一个1986级哲学系的同学听说我在找他,就说若干年前在北京见过黄岩松。他在北大东门外的蓝旗营开了个书店。

哦,开书店!那倒比宣传部的工作更符合他那喜欢读书又追求自由不羁的性格。只是不知道他还在不在那里开书店?我能否有机会和他重逢?然后喝着宁城老窖,就着他那给我讲过无数遍,却从未尝过的内蒙古酱牛肉……

(2016年3月15日)

青春的远行

叶 子[*]

周末收拾房间,居然整理出一个大牛皮纸信袋。信封已经发黄,带着一段难忘的岁月。打开信封,有大学时的学生证、毕业后的工作证,还有之后美国大学发的研究生录取通知书,甚至还有一张从北京飞往芝加哥的单程机票。

我的耳边响起《橄榄树》的音乐。

"不要问我从哪里来,我的故乡在远方,为什么流浪,流浪远方,流浪……为了梦中的橄榄树,流浪远方……"

这首歌在20世纪80年代的大学校园里几乎人人会唱,其歌词出自旅居撒哈拉沙漠的台湾作家三毛。

记忆如潮水漫起,裹挟着时而清晰时而模糊的片断。

告别风声雨声读书声

1989年那个夏天过后,是我在北大的最后一年。

秋季开学后,寒冷的冬天转眼即至。随季节一起黯淡的,是校

---

[*] 叶子,本名叶玲,1990年北京大学社会学系本科毕业。1993年赴美留学,获伊州大学社会学硕士,芝加哥大学工商管理硕士。现定居美国,从事金融工作。爱花爱自然爱旅行。愿怀感恩的心,体味人生旅途,珍惜一路的美好。

园里的风声雨声读书声。宿舍楼里,不时听到稀里哗啦打麻将的声音。

在这种无所事事的氛围中,几个同学凑钱开办了一间蓝鸟咖啡屋,地点在宿舍40号楼337室。那是一间空出来的活动室,一时热闹非凡。我偶尔去那里凑凑热闹,记忆中的咖啡屋人影憧憧,音乐在或明或暗的灯光中游弋。

毕业论文在磨磨蹭蹭中进行,像一点一点往外挤牙膏。一天,我正在图书馆写论文,异常沉闷的空气,令人窒息。我突发奇想,去绕未名湖慢跑。一圈,两圈,三圈……大脑里有一扇小小的窗洞打开了,一缕轻爽的风透进来。从此,绕湖慢跑成了我大学最后一年的爱好。秋的金黄,冬的枯瘦,映照在画布一样的水面;起风的时候,微微荡漾的湖光,模糊而绰约,让人忘却起点和终点。一身大汗之后,那种微醺的感觉,变成了真实的酣畅。

当我突然意识到要关心毕业后的去向时,却是别有一番滋味。一夜之间,一切都变了。北大90届毕业生从天之骄子变成了无人问津的滞销品,尤其是留北京工作的机会大大减少。我们系往届毕业生常去的中直机关、研究所、媒体、出版社基本都不能去了;研究生也不让考了,只能通过学校推荐入读。

经过一番周折,我有幸得到两个工作机会:一是去北京市政府某部门工作,二是去北京某国营企业做市场营销/广告宣传。第一个工作机会是系里老师介绍我们学生去面试的,面试我的局长是个慈眉善目的中年人,面试结束时我认为他是一个不错的老板;然而,录用通知来的时候,我却犹豫了。我开始想象政府机关里的沉闷。于是,我选择了去北京的国企。

离毕业时间越来越近了,那份不舍之情,难以言状。对我而言,尤其难舍的是同宿舍的姐妹们。我们班总共十一个女生,一起住在36号楼四楼东侧一个朝南的套间。在午间和晚上的卧谈会,我听了很多《上海滩》、金庸小说的故事和点评。雯姑娘是电视剧《上海滩》许文强（周润发饰）的铁杆粉丝，每每讲起许文强，一定是满眼的深情。记忆深刻的还有大家分享武侠故事的时光，雯姑娘绘声绘色地讲梅花桩上的比武，那栩栩如生的画面就在眼前；激情诗人东东则时不时插播她对人生和历史沉浮的感叹，令人唏嘘；另一个点评武侠小说的高手是花儿，她总是不紧不慢地来几句从武侠江湖中悟出的"庄子"哲学和"易经"境界。花儿身上有种很酷的超然，二十多年后再读她的旅行随笔，仍然有一种似曾相识之感。另一个经典场面是我们睡前的节目，可谓群魔乱舞。喧闹的健美操音乐从录音机里蹦出来，一头撞在小屋东面狭窄的墙上，再掉转头蹦回西墙。一群女孩子挤成一团，手舞足蹈。

离别的时刻终于到了。我收拾好行李，站在36号楼楼下默默凝望四楼那扇熟悉的窗户。窗后的那间小屋，围观过一群姑娘们的热闹，陪伴过一群姑娘们的希望和失望；那盏橘黄色的灯，看上去依旧温暖。

就这样，我告别了小屋，告别了那盏灯，也告别了未名湖畔的风声雨声读书声。

初入职场的喜和忧

离燕园十公里之外，我开始了大学毕业后的生活。

我加入的国企是一个经营范围庞杂的集团公司，下属的分公司名单密密麻麻，可以写好几页纸。我的老板想把广告宣传部发展成为一个广告公司，为总公司及下属分公司服务。我的工作是市场营销及广告策划。

老板是一个闲不住的实干家，他和其他同事总是在总公司下属企业转悠，部门里那辆陈旧的老爷车忙不迭地跟着东奔西跑。初来乍到，我常常跟着搭车出去长见识，一路上听司机用地道的京片子讲笑话。最喜欢去的地方是北京郊外,京郊的山水有一种朴素大气的美,清甜的空气从鼻孔一直沁入心底。有一次去分公司的果园,蓝天白云之下,枝头硕果累累。我伸手就从树上摘到一个大大的苹果,不用洗就直接咬一口,苹果香甜多汁,我坐在草地上,乐不思蜀。

刚工作的头几个月,公司集体宿舍没有空床位,我住在办公楼里。晚上十点以后,四处寂静得令人不安。一天晚上,整个楼层就剩我一个人了,我正在洗手间,突然听到有脚步声从远处传来。宁静的夜里,咔嚓咔嚓的皮鞋声格外清晰,那声音一步一步向我的方向逼近。我吓得屏住呼吸,一动不动。突然,脚步声停在门外。正当我惶然不知所措时,脚步声转进了隔壁男洗手间。一场虚惊以后我才得知,那是一位同事在外面办事晚归后顺道来办公室取东西。

我的生活开始在办公室和食堂两点之间展开。每天下班以后,往北走三百步是食堂,买上晚餐后往南走三百步再回到办公室吃饭。这是一天里最安静的时候,我看看报纸,读读书,兴致所至的时候还涂鸦写几笔。

那时候,在公司食堂吃晚餐的人屈指可数,除了七八个像我这样的外地人以外,还有几个家住北京远郊的员工。食堂的晚餐通常是午餐的剩饭,我开始怀念北大的食堂,也开始寻找可以蹭饭的去处。从我的办公楼穿过一条马路往南,在一片陈旧的平房区里,是一位师兄的家。他早两年毕业后在某中直机关政策研究所,一番热火朝天的忙碌之后,当时几乎处于彻底的闲云野鹤状态。他和太太都非常好客,家里常常有像我一样的闲散人员出入,他的家也成了我蹭饭的去处。至今我仍然怀念在那里吃到的最好吃的炒鸡蛋。

我对门办公室里,有一位北大研究生毕业的校友,是公司的大腕笔杆子。那时候,有热心人给他介绍了一个女朋友。不跟女朋友约会的时候,他晚上也来办公室消磨时间,一起聊天。笔杆子校友对历史、政治和传统文化颇有研究,每每谈古论今,都两眼发光,好像在"问苍茫大地,谁主沉浮?"

当然,热心人也没忘记我,同事们张罗着要给我介绍男朋友。可是,一本正经地去见一个陌生的"男朋友",该是多么尴尬!而且,还是天天见面的同事介绍的。但是,怎样向热心的同事交代呢?跟朋友说起这件事,我们居然玩闹着,想象并策划出了一个外地的男朋友。就因为这个臆造的外地男朋友,同事们停止了在我面前提及他们七姑八舅的儿子。

三个月以后,我搬进公司的集体宿舍。宿舍端端正正地居于食堂楼上,每天都有大肉熬白菜的气味从窗户飘进来,腻腻的,经久不散。同屋有两个年龄相近的姑娘,一个是食堂工人,另一个是分公司的制图员。三个人相安无事,只是没有多少交集。

我继续在办公室消磨下班后的时间。往北走三百步到食堂,再掉头往南走三百步回到办公室。

每过一段时间,我们总公司员工作为"机关干部"要去基层参加体力劳动,这个传统与总公司的历史背景有关。总公司前身是北京市政府机关下属部门,早些年政改企过程中变成了国企。这里的另一个特色是人员里有很多退伍军人。有一次我们去乡下种树,笔杆子校友跟我正好在一组,他显然没有干农活的经验,越是卖力挖土,越是显得笨拙。旁边一个退伍军人出身的领导将他上下打量一番,不无鄙夷地说:"瞧瞧现在的大学生研究生,干啥都不像样!"这位平常出口成章的笔杆子,一下子窘得满脸通红,一声不吭。

初入职场,我开始体味生活的酸甜苦辣,社会也正在经历着骤然的巨变。

每当夜色笼罩的时候,一种奇怪的幻觉常常冒出来:整个办公楼像一艘船在漆黑的海面上航行,而我办公室的那盏灯,在颠簸的浪涛里摇摇晃晃。

我开始做白日梦:有一间属于自己的安静的小屋,一盏光线柔和的台灯。

擦肩而过的太阳城

一晃一年多过去了,一些变化在悄悄地发生。我老板想独立创办广告公司的努力一再受挫,他开始盘算去分公司做实业。对门办公室的笔杆子校友开始寻找去出版社工作的机会。我也开始留意报纸上的招聘信息。

一天晚饭后,我照例在办公室翻看招聘启事,见到一家名为太阳城的民营公司招聘市场调研分析员。我寄去了简历,没多久收到面试通知,我飞一样地骑着自行车去面试。

面试那天天气很好,湛蓝的天空下,一线曙光在远方袅袅升起。

太阳城,一个吉利的名字。

太阳城的办公室很气派,面试进行得很顺利。先是办公室主任和商务经理面试我,接着他们又让我去见了总经理。最后,办公室主任过来跟我谈话,问我是否愿意做总经理秘书,因为他们认为我比同龄的女孩子成熟,可以帮助总经理协调内外事项,起草文稿。再说,在他们看来,一个女孩子去做市场调研并不合适,工作常常需要在外面跑,非常辛苦。

我被人夸了一下成熟,心里暗暗高兴了一下,但一想起秘书工作,脑子里闪出的画面就是给老板端茶送水接电话,抄抄写写发通知。我一下子有些恼火,脱口而出:"我是来应聘市场调研的,不是总经理秘书啊,我认为这个形同摆设的职位对我不合适。"

就这样,我与太阳城擦肩而过。

彼岸之梦,丧亲之痛

彼时,我的闺蜜好友在北大读研究生,她正在准备出国留学所需要的托福和GRE考试。我是她的周末常客。有一天,她随手整理着一堆复习资料,抬起头,说:"你也来考托福吧,我们一起去美国留学!"

在大学时我不曾有过留学的想法,但是那一瞬间,留学的念头闪电一样植入了我的大脑……为什么不呢?去看看外面的世界吧,去看看大洋彼岸的风景。

接下来,我和所有准备留学的人一样机械地背英语单词,反复地做留学考试练习题。新东方的托福和GRE培训学费实在太贵,我选择了自学成才的"捷径"。

托福考过了,GRE的准备工作在紧锣密鼓中进行。

我需要一两周时间强化准备GRE。然而,和当时所有全职工作的人一样,我没有任何可以自由支配的年假,唯一可用的假期是看望外地父母的探亲假。为了准备GRE,我向公司请了探亲假,然后躲到了北京图书馆附近,每天像地下工作者一样戴着墨镜骑车到图书馆复习GRE,从早到晚不停地做题,直到天昏地暗。

终于考完了GRE,我乘火车回去看望家人。父亲在火车站接过我的旅行包,沉默了一会儿,对我说:"婆婆(祖母)已经走了。"我一下子没有反应过来,问:"她走哪里去了?"然后明白过来,我再也见不到婆婆了。家人怕影响我准备留学考试,一直没有把婆婆病危和去世的消息告诉我。我的眼泪一下子涌了上来,内心充满遗憾、愧疚、自责。我没能在她病危的时候回来看望她,也没能在她上路的时候送她一程。

我不敢相信,我深爱的婆婆已经离我而去了。婆婆最疼我,我一直跟她说我工作以后要好好孝敬她。我的包里还有买给她的软软的糕饼。一年前我从北京回去看她,她坐在室外的竹椅上晒太阳,慢悠悠地和几个老人聊天。那是一个温暖的午后,婆婆远远看见我,一只手扶着椅背站起来,另一只手挡着明晃晃的阳光,她的眼睛眯成了一条线,笑得合不拢嘴。

没想到,那一次相见,竟是永别。

忐忑的等待和远行

我匆匆告别家人,又回到了北京。紧张的留学申请开始了。

我白天工作,晚上和周末做美国留学申请材料。那些表格似乎永远也填不完,那些文书似乎永远也写不尽。我笨拙地敲着老式打字机的键盘,英文字母吭哧吭哧地一个接一个蹦出来。

接下来,申请费成了一件让人犯难的事情。美国大学的研究生院申请费每笔大约$30~$50,这比我一个月的工资还高。幸好有同学支招,我便在每一份申请材料上请求校方免除申请费,借口是由于外汇管制,中国市面上没法换到美金,并写道:"我没有足够的美金交付申请费。我会在开学报到的时候再补上。"就这样,心怀侥幸,我把十几份申请材料投进了邮箱。

1993年春,我开始陆续收到美国研究生院的回信。刚收到头几封回信的时候,拆开信封前,我总是忐忑不安地先闭上眼睛,深深地吸一口气。很快,我发现了一条规律:那些轻飘飘的信,通常是一页纸的拒绝信,信的开头是"亲爱的叶女士,我们遗憾地通知你……"而那些掂起来有分量的信,一定是录取的好消息,但是否有奖学金则需要再细看。

这些回信很快被分成了三摞:(1)拒绝;(2)录取但没有奖学金或只有半奖;(3)录取且全奖。我自然是迅速滑过(1),有些不舍地摸摸(2),然后琢磨如何在第(3)组的几个选项里挑一个。很快,目标锁定在芝加哥,因为芝加哥比其他几个城市听起来更熟悉,我知道那里的希尔斯大厦是(当时)世界上最高的楼,我的家乡有一家希尔斯餐厅。

父母从老家赶来北京看我,同时帮助我准备行装。我们借住在一个朋友空出来的公寓。

初夏的一个早晨,父亲和我起了一个大早,我们5点钟就骑自行车出发,去美国大使馆排队申请签证。几十年没骑过自行车的父亲骑在车上,兴奋得像个孩子,还故意在路上左左右右地兜几个小圈。我们父女俩像是去郊游一般,迎着晨曦和微风,一路有说有笑。

美国大使馆门口,人群排成长龙,耐心地等待着。每当一个人走出来,就有很多人急切地围上去询问:"签到了吗?"人们脸上或失望或惊喜的表情,像潮水起起落落。

接近中午的时候,轮到我进去签证。签证官快速扫了一下我递上去的材料,抬起头用英文问:

"What's your favorite color?"("你最喜欢的颜色是什么?")

"Blue."("蓝色。")

"Why?"("为什么?")

"It's the color of the nature."("因为那是大自然的颜色。")

"Ok, you are set. Please come back to pick up your visa……"("好,一切就绪。请再回来取签证吧……")

我小心地收好领取签证的收据,加快步子走出来,向几十米外等待的父亲点点头。父亲也微笑着向我点头,他的眼睛里是快乐和慈祥。然后我们一步不歇地往回赶,将好消息报告给母亲。母亲高兴了一阵,然后开始偷偷抹眼泪。

我们开始盘算赴美留学的费用:因为有全奖,我需要准备的只是路费以及刚到学校时的生活费和安顿下来需要的杂费。父母把家里所有的积蓄都带来了,还跟亲戚借了些钱,我自己也有一点微薄的积蓄。一张去美国的单程机票价格在五千多人民币,比我两年的工资加在一起还多。对于那时一个普通家庭而言,这是一笔昂贵的开销。买机票后剩下的余钱父母坚持全部换成了美金让我带走。家底一下子掏空了,我很不安。父母一再说,"你一个人走那么远,我们以后帮不上了。家里一切都好说"。

出发的日子快到了,母亲把行李箱的每一个角落都塞满了东西。她还硬塞给我五百元人民币,说我以后回国探亲时在国内转机时用得上。

启程的前一天,母亲做了一大桌我喜欢吃的家乡菜,我装出吃得很香的样子,心里却像打翻了五味瓶。收拾就绪的行李箱,默默地靠在门口。夜色降临,母亲和我相拥而泣。

我问自己,一个人走那么远,是为了去看外面的风景吗?

我的耳边响起《橄榄树》的音乐。"为什么流浪,流浪远方,流浪……为了梦中的橄榄树,流浪远方……"

可是,我不知道我的橄榄树在哪里,也不知道远方等待我的又是什么。

飞机起飞了,北京在脚下变成了一个小圆点,越来越远。

经过中转换乘,近二十个小时颠簸之后,我拖着几件被压得有些变形的行李,出现在芝加哥奥黑尔国际机场。就这样,华灯初上的黄昏时分,我带着疲惫与不安,带着兴奋与好奇,来到了一个陌生的国度,一个陌生的城市。

远行的目的地终于到了。

或者应该说,我的远行才刚刚开始。

后记:很多年过去了,很多故事发生了,很多人和事我已经记不起来了。然而,90年代初的那些日子,总是在我的记忆中浮现,恍如昨日。回首那段迷茫的岁月，青春行走在磕磕绊绊的路上，追寻着一个未知的远方；青春又以一种独有的旋律，诠释着美丽和绽放。感谢上天，感恩岁月，我的青春里有风声雨声读书声，我的青春里有燕园有朋友有亲人。我在青春里开始了一次远行。

（2016年1月31日于芝加哥）

信 阳 驿

PHAY[*]

    信阳是京广线上位于武汉和郑州之间的一个不大也不小的城市,当年在京求学的岁月,回家的特快客车会在那停留十分钟左右。过了信阳,家就更近了一些,所以每次返家路过那里都会有种难以描述的愉悦之情,直到有一次,在站台上看到的一幕把这种心情彻底变换。

    那个场景已经过去二十多年了,还仿佛是昨天发生的一样。想来那应该就是一场平平常常的送别吧。在站台上,一个窈窕高挑的年轻女子,一直默默地把目光专注地投向我旁边的一个车窗,在她的晶莹透亮的眼里,盛满了无尽的柔情,在当日少不更事的我眼中,这个二十岁左右的年轻女子是那般的成熟且"神秘"——那种令青春年少的心对陌生异性生起的不可言传的感觉。记得她穿着白色的上衣,黑色的长发被薄雾中的晨风轻轻拂动着,宛如一朵宁静的小花,点缀在信阳驿的站台上。

    当火车慢慢启动时,她踮起脚尖,仰起头,挺着胸,连续且快速

---

[*] PHAY,本名杨鸿,北大细胞生物学及遗传学1986级学生,哈佛大学分子遗传学博士(癌细胞的发生机理研究),美国一初创生物制药公司联合创始人兼CEO,从事癌症免疫治疗新药研发。自幼爱好古典文学,15岁至25岁写作诗歌,主题"生与死之际的意象",26岁封笔。现在偶尔会涂鸦散文。微信 pyang1114。

地向后退去,就像踩着轻盈的舞步,而眼光却是一刻也不曾离开那扇属于她的小小的车窗。很快,也就是十几秒之际吧,她便消失在信阳驿的薄雾里……

真的就那样消失了吗?她的容颜早已被时间的风雨吹刷,在记忆里一点痕迹也不曾留下,然而她当日那青春的身影,那深情的眺望,尽管并不属于完全陌生的我,却永远存留在了我的印象里,时间愈久而愈加清晰。

当然明了,我所怀念的,只是自己的影像,自己内心的折射,与风景中的她是并不相关的。她是谁?她所钟情的人,是否有负于她?抑或与她日日相守拥有宁静的幸福?这些问题是无从知晓答案的,她是永远不会再出现在我的生活里,一如成千上万与我在旅途中擦肩而过的人,我们在生命里的共同的某一时刻,曾经相距那么近,但注定会分开,永不再见,就像大海里某一瞬间相邻的两个水分子,下一刻就会分开,而且再也不会相遇,于亿万年间。

那些我们在生命中偶遇的人们,那些与我们相对或同向而行的人们,那些命运把我们安排在同一时间同一空间出现的人们,那些注定是要消失无踪不可追寻的人们,那些像幽灵一样在人海里漂浮了又沉没去的人们……其实这种邂逅相逢后的永别并不是真正令我们唏嘘的无奈,信阳驿的女子,是不可能再在人海中浮现,而我们的生活里,都曾有过的那些童年的挚友,少年的同窗,青春的伴侣,我们又能寻回他们吗?

时过境迁,那些熟悉而亲切的名字后,是几乎陌生的外表,甚至那些与我们曾经心心相印的人,也变得不仅仅是容貌陌生,性情心境也完全不同,仿佛他们是一朵朵静谧的小花,曾点缀在信阳驿的站台上,踮着脚尖,仰着头,凝望着我,向后退去,然后当日的他们便永远消失在时空的黑洞里,无论是否能追寻回来他们的踪影,印在我们心里的那些往日的他们却是永远消失了。当日的卿卿我我，当日的花前月下、当日的同窗青梅竹马、当日的少女款款柔情，都被信阳驿的列车抛在身后，一去不返，无处寻觅。

暂时停靠在人生的驿站上，那些与我朝夕相处的亲人们，也终将渐行渐远，眼前正承欢膝下嬉闹着的一双小儿女，会慢慢而又迅速地长大，从无时无刻不依恋父母到独自面对人生，独自凝望自己的心之所系，直到有一天与我在列车行驶的某一无名小站分别……

陌生少女的眼光里，写满了说不尽炽热的温情，而我从其中所读到的，却是一种无奈的期待，二十余年不能忘怀。"过去的一切都不可能再找寻回来"，放下笔，起身走在弥漫着薄雾的后院里，一边低头走一边这样想着，正如自己在那纯真的年华时所写过的：

愿我单调的眼神里

不再有人被期待

那踮起脚尖、轻盈地向后退去的白衣女子，愿你慢慢地从记忆里退隐而去，连同所有那些我曾试图追寻的似水年华与故人，一起飘散在信阳驿的晨雾之中……

（2016年2月27日）

精神的传承

2016年初探望丁校长

叶 菲[*]

刚看到微信圈里许多人转发《中国新闻周刊》杂志那篇有关丁石孙校长的文章时,心里一紧,以为出坏消息了。今年1月,我与孙爱国(政治学系)、宋宇海(经管系)、杜大力(哲学系)和王琳(生物系)代表1986级同学去看望了丁校长,就是那篇文章最后一段所提到的。

我们这次探视成行要感谢民盟中央研究室刘圣宇主任的协助,他曾担任丁校长的秘书。他让负责联络的孙爱国同学转告身在美国的我,要看望丁校长就快来吧,他的身体不会一天比一天好了。

给丁校长带些什么呢?所有物质的东西对他来说都没有用了,只有感情,我们这茬学生对他的爱戴和感念或许对他是个安慰。从纽约出发前,我选了一张感恩卡,内页印着"People like you make the world a better place"——丁校长就是让我们的世界更加美

---

[*] 叶菲,北京大学1986级经济学系学生。1989年4月赴美留学,毕业于Baruch College,后继续在纽约生活。曾就职于安康国际、Banker's Trust及科蓝公司;在2002—2012年归国期间,曾任欧米茄公司北京奥运项目总监、联合国儿童基金会宣传部顾问,现为联合国文化与艺术鉴赏委员会策展人及北大1986级本科校友群创始群主。

好的人啊。

我们已在 1986 级校友群里反复讨论过探望丁校长时要带什么礼物的问题。为了不给老校长增加任何物质上的负担,我们最后采纳了计算机系周晓剑同学的提议,只带一束鲜花和一张卡片,卡片上写下同学们非常直白的寄语:"丁校长,我们 1986 级全体同学想念您!感谢您给了我们北大历史上最好的几年。我们永远爱您!"

待我们确定好探望丁校长的日子后,王琳到"湿瓷绘"(1986级同学创办的诗词和绘画群)呼唤写给丁校长的诗。中文系的马小隐第一时间发来诗文一首,虽然我们恐怕没有机会在病房读诗,但浓浓的情感跃然纸上,打印出来带给校长慢慢看,我们的心意卡也更有分量了。

去看望老校长当天,孙爱国同学为买鲜花丢了手机,我们到北京医院西门时,她正在那里为联系不到我们而焦急。进了医院,一行人在宽大的走廊上忐忑着,不知老校长今天的身体能不能经得住我们的访问。丁校长离任北大校长以后曾担任民盟中央主席,医疗是副国级待遇,病房条件很好,这点让我们略感安慰。这时刘秘书迎出来,说丁校长今天状态非常好,我们的心情放松了一些,鱼贯进入病房。

看见宽敞的房间里丁校长侧卧的身躯是那么瘦小,我眼睛一下湿润了,躲到人后,怕丁校长看见。但很快发现他根本看不清我们,也不能言语,只有听力还在。我们大声地对他说话,但不确定他能否听得明白,因他已口不能言。

我们一个接一个地自说自话,从他在我们入学时大讲堂的讲话、到歌咏比赛他在舞台上高歌的翩翩风采,以及在校园里一头银发的他骑着那辆旧单车缓缓驶过的背影。

我们看到丁校长的脸上有了红晕，当我们说到非常幸运能在他当校长的那几年在北大学习，认为那是北大最好的几年，同学们现在经常想念他时，他的脸在微微地颤抖，看得出来是有些激动。他的反应让我们既高兴又替他的身体担心，于是赶紧换了话题。

拉着他发青的手，我们讲起1986级校友群里同学们对他的各种回忆，待能想起的所有问候都讲完，病房里安静下来。我拿出小隐的那首诗，"遥寄当年初相见，我正少年君英年"。念了一句抬头看他的反应，他的脸又在颤动，我们受到了鼓舞，老校长能听得到也听得懂我们读的诗！

我继续念着马小隐的《翩翩君师》，心里庆幸着小隐同学用词简练，竟然没碰到生字。谁能想到有机会为丁校长读诗，要不怎么也得先练几遍呢。

在老校长面前把所有想对他说的话都说了，很是畅快，也不负同学们的嘱托。但走出医院，心里却开始感觉压抑，虽然去之前有心理准备，将面对的是英雄暮年，然而受到的打击还是超出预期。

我也说不清为什么有如此大的沉重感，谁没有生老病死？或许是因为记忆里那个伟岸身躯，与病床上如此脆弱瘦小的身体产生的反差太大；一种凄凉感让我心痛。与其说我们去慰问丁校长，不如说是他成全了我们对他表达敬意和感激的多年心愿。

已经很多年没在媒体上看到有关丁校长的消息了，值此纪念入学三十年之际，我记录下大家期待了解的、我们所看到的丁校长近况，不仅是为1986级同学，也为我们前后那几届80年代的北大学生，我们都曾生活在丁校长的关怀之下。

（2016年3月6日）

附录：《翩翩君师》

马小隐*

什么叫过目难忘？近三十年前的初次相见，还像昨天一样清晰。记忆不是我自己选择和决定的，哪些要记取，哪些要忘记。它自己留在那里，在脑海里，在时间深处，从来不曾淡漠。它是一朵永远的玫瑰。

他的样子。他的声音。他穿着一件灰色的上衣，翩翩君子。在大讲堂，新生大会，他给来自五湖四海的两千多名新生讲话。

在十八岁之前，我没干过别的，没有其他生活目的，就是读书，就是为了来到这里。人们说北大是中国最好的大学。

我望着台上风度翩翩的校长，环视周围意气风发的同学，还有优美的校园，自由的空气，觉得自己付出的奋斗值得。

在讲话的最后，校长谆谆教诲："同学们要好自为之！"

我记着。伴随时间过去那么多年。

2016年1月，叶菲和几个同学代表1986级校友去看望校长。听说他健康状况不佳。王琳在湿瓷绘呼唤诗文。我日间忙碌，有时不能及时关注微信。当我看到这些信息时已经是几小时之后，在下班回家的路上，地铁里。

记忆一下子翻涌而起。我又回到燕园，回到那个夏天。关于校长的一切，又历历如在眼前，几乎迷蒙我的双眼。我从背包里取出纸和笔，记下此时的心绪：

> 遥记当年初相见，我正少年君英年。
> 五湖四海风云会，一世之缘结燕园。

---

* 马小隐，北京大学中文系毕业。自幼愿望读万卷书，行万里路。爱自然，爱清风明月。爱诗文，敬惜字纸。但坐韶光，一期一会。长怀素愿，一途一心。

> 风度翩翩谆谆语,当日风华似昨天。
> 可叹流年如水转,一去经年改容颜。
> 千山万水追寻遍,为觅梦境过千帆。
> 虽经九转而未悔,犹抱初心何曾变。
> 长揖一拜谢师恩,弟子沾巾不复言。
> 心香一瓣为君祈,福寿安康复翩翩。

由于过于专注,我在地铁里坐过了站。待醒悟过来,我走出车厢,立在站台上,看着列车呼啸而去。忽然感到怅然若失。在这喧嚣的人海中,忽然涌起一种怆然之感。过去的一切,已如列车一去不返。没有人看见我在角落里,背对人群,眼睛湿润,独自黯然。

后来,我从叶菲的手机中看到了他们去探望校长的照片。看罢悯然。怅怅良久。英雄暮年,其状堪伤!

不久前,因为听讲座,我又回到了北大校园。走到办公楼,在它前面默然伫立。想起那年的一个夜晚,许多同学在这里包围了校长。年少轻狂,我们曾经与尊敬的校长那样对峙,几近无礼。大概也只有他,能以他的宽怀和大度容忍我们,倾听我们。他对我们的大爱和保护,后来我们才幡然醒悟。想起这些,在早春二月的料峭里,几乎泫然欲泣。

君子风骨,不卑不亢。玉树临风,令人向往。桃李不言,下自成蹊。念念不忘,必有回响。

祈祷他的安康!以我们内心最虔诚的挚爱!愿上苍护佑我们最敬爱的校长!

而我们,当年有幸聆听校长谆谆教诲的学子,应该好自为之,不负他的期望,不负北大,不负此生!

深深的心
——感谢北大给我的一师一兄

千 黛[*]

倪师静水深潭

韩愈说:师者,传道授业解惑也! 而传道,是分层次的:书本学问之道,是冰原上的梅花,不易,但仍是表层;而为人处世之道,才是梅花下的根,深厚着,潜移默化着。天下良师,能够达成第一层次的颇可盈箧,可是达成第二个层次的,凤毛麟角。

阅人,如同看山,横看成岭侧成峰,山脚与山巅,风景相差何止千里? 阅人,也如同看河,上游、中游、下游,你不走个遍,怎知那委婉曲折的溪流,原是巨涛猛浪的另一种表达? 然而,需要时间,需要练达。

冯友兰先生说:人必须先说许多话后保持沉默。第一次看到倪其心老师时,他已经在沉默阶段,像我在青藏三江源看到的长江

---

[*] 千黛,本名王孟群,北大中文系1986级古典文献专业学生。曾著小说《倾城之蝶》,编著《历代诗歌爱情佳句辞典》《史记注译》《天地大美》画集。迷恋诗词与书画,访古寻新,潜滋静修。"劝君莫作玉颜看,曾经沧海泪阑干。云暗五湖无觅处,鬓影依稀满千山。"楚王台榭,阿房宫影,不迷不寻。在世一日,诗文一日。人生唯有真情义,尽己能,亲所亲,爱所爱。真善美教派的坚定信徒。

黄河,平静,缓流——倪老师是二、三年级才开始给我们上课的。他沉默,53岁与18岁的我们之间,更是无言地沉默着。早知道北大兼容并蓄的教授特色,不拘一格,唯敬真知。但是,领略了裘锡圭先生的天真执拗,金开诚先生的古木深潭,袁行霈先生的玉树临风,程郁缀先生的汪洋恣肆——到倪其心老师这儿,也是够独标一格的:他面色黑黑,不苟言笑,常常"凄然似秋"。本来五官英俊、身形标准的人,却那样不修边幅,似乎还爱驮着背。上课时从来不看着学生,目光长望窗外,似乎在找他时空远隔的什么。语音含混不清,颇费耳力!因此,我总是要早早地去抢占第一排的座位,可是,这座位,一下课就得熏他的烟气!我自小看过赵丹的《林则徐》后痛恨一切的烟。所以,我喜欢上裘、袁、程老师的课,不喜欢金老师、倪老师以及一切有烟熏味老师的课。每次倪老师的课,上课只能是"忍者",一忍课程枯燥,二忍烟熏扑面。一下课,我便立刻"孙行者",出去透风,没跟他有过太多课程之外的其他交流。每天上完课后,他会将自己所有的粉笔板书粘在自己的后背上带走,不论冬夏春秋!B型血白羊座的我,常常替他的夫人发愁如何清洗。

"文章憎命达",人生即文章。如果时光平静美满,后来的我顺利毕业,顺遂留京,顺心工作的话,也许我和倪老师不会再有任何交集,那么我人生中关于"师"这个字,也便难有后来更加珍贵而深入内心的情感。

秋叶落地。进入大四后,其实我们许多的人都已经没有了认真写好毕业论文的沉静。我们凌乱的心,被现实揪扯得四处漂流。本来要念考古系的我,不得不为自己的去路分心分力,拟好了自己《青海上古陶器符号纹样的文化猜想》这样与专业风马牛不相及的毕业论文。惴惴的我,去跟自己的专人指导倪其心老师告窘。看了这个题目,倪老师问:"你是青海人?"当知道我父母是自愿"到祖国最需要的地方去",我根白孔孟之乡时,他简单地"噢"了一声,并无他言。我一边写论文,一边找工作。在当时北京籍的同学出路亦不如意的情况下,我想要留在北京,谈何容易?!倪老师知道了我的打算后,只说了一句话:"一定争取,献了青春,不能再献子孙。"

一天,倪老师急急地托同学来让我去找他。在古籍整理小组的办公室里,他说:"你的毕业论文写得很棒,猜想灵动,虽不一定是历史源流,但是逻辑的源流,清晰可辨。文字俊逸潇洒,这样的长处和个性,不适合念古典文献的研究生。现在清华附中来要人,我已经把你报给他们了。不要犹豫,先留在北京再说。"我听从了他,去做了面试,去应了人生第一份工作。年轻的我,虽然感谢他,但去清华附中情不甘心不愿的失落下,对于他的深心,并不懂得。

这清浅的不懂得,一下就飞去了快 25 年!2014 年 7 月的一天,陪同将要远洋的女儿逛三联书店,新印的《北大回忆》这本书赫然摆在书店最显眼的位置。北大的 DNA 如此潜行,仿佛上帝的手通过我的手去拿下一本来,像重新打开自己的青春一样,打开了它。此后,我是如何坐到了台阶上,又是如何满眼泪花的,自己全然不知!只记得那些文字又让我回到心灵的最深处,《曾经流放——倪其心》一文,更是将我流放到了一个有生之年从未去过的地方,精神完成了一次三文鱼的回溯。原来,敬爱的倪其心老师,是这样的右派,是这样地被流放到偏僻之地,是这样地真挚长情——当年幕幕全都扑来眼前,我终于明白了他那一声"噢",他说的"献了青春,不能再献子孙"——他对我的句句衷言,以及他对我们班其他类似我这样情况的同学的普遍关心,全部来源于他那不平凡的青春经历,他是将我们当成他自己在爱!他是不想让我们再去体尝他的不幸!可是,当年的他,并不直白地跟我说过半个字!在三联书店的台阶上,我被这本书醍醐灌顶,心海里的一枚碱火石开始沸腾。直到这时,我才知道自己有多愚钝,以往所有的不可一世,全部消解。君子真心,原来比大海要深!我不是真人,不仅不可能"过而弗悔",恐怕此生对倪老师,我真是要"赋得永久的悔!""生欲拜而师不在",何其之痛!杨绛先生在《走到人生边儿上》一书里说劳神父在她九岁时对她说的话,她到九十多岁才明白,何其愚钝!所以,我要感谢《北大回忆》的作者张曼菱师姐,不是她,不是她书里倪老师这一章,我不知要继续愚钝到哪里!如今的痛悔,远比愚钝好!百年之后,倪老师见到深深明白了的我,总比见到一脸无觉的我,要安慰得多。一生历经那么多悲凉秋冬的他,太需要这样的安慰了!

《庄子·大宗师》说:"且有真人,而后有真知。何谓真人?""古之真人,其寝不梦,其觉无忧,其食不甘,其息深深。"倪老师为我们做的事,其息深深而不言一语,真人!真心!真师也!

陆兄　挚语深言

上帝关上一扇门,必给你打开另一扇窗。当年我毕业,没有找到"好工作",但在找工作的同时,认识了后来的先生——北大师兄,陆正之。

第一次见到他,远远地走来,一件绿色棒针毛线衣的他"暖然似春",江南才子之气拂面,我寒冷的心里杨柳依依起来。此后25年,先生无论怎样的遭际,总是一脸阳光,长性长情。说起"情怀",我之前其实不曾真正理解过这个美好的词。自小成绩"卓著"、一路进入北大的我,内心常常将自己奉在"天之骄子"的神位上,自我得可笑至极。遇到先生,是我人生进入"厚重境界"的开始。同修国学专业的我俩,一个得了中华文化的精髓,学以致用;一个不过是文字的皮毛,脱离现实。不真正了解的朋友,会羡慕地说我们"才子佳人",但我却越来越深深地感知到我与先生的差距。其中,中华文化中君子"仁义礼智信"的基本面,在先生身上深深地刻着烙印。他不是只在文章里写些字,而是于现实生活中,一点一滴地奉行着。

千禧年时,身为处长的先生分到了一处两居室的房子,我们的邻居是他们单位的司机。我很不愤、很有意见,外加很有道理:"别的单位都是处长跟处长分同样的房子,司机跟司机分同样的房子。你们单位这算什么?"先生见我生气的样子,开导我:"你这样想不好,司机也是人,怎么就不能住好一点的房子?每个人都有要求幸福生活的权利,都是给国家做贡献。共产主义的理想,是人人平等。"

当时的我,觉得先生真迂腐,这个年代还谈共产主义,便说:"好啊,暂且不讨论共产主义的合理性应该如何评价和实现,就说人人平等吧。平等的真正意思,不应该只是待遇平等单向的吧?每个人的真正平等是不是也应该包括责任平等、义务平等、贡献平等?司机跟你享受同样的房子,那香港回归同英国人的谈判,那么累心累力的活,为什么不让他去?"

看着振振有词的我,心中一定觉得幼稚无比的先生,突然转向了另一种幽默和寓深于浅的表达方式:他将自己的角色一转,变成了司机的位置,一脸无辜地说:"谁说人家不想去?人家可想去了。可惜你们不让去。"眼神委屈无奈。

我的愤怒之心立刻软化,笑而有所思。先生也笑,笑完郑重地说:"亏你念过圣贤书,跟人家司机计较。不错,我们是比人家聪慧、念过大学,但不是所有没念过大学的司机都不聪慧、都不好好念书,很多人是没条件而已。当年如不是我父亲有远见,我就学了木匠,今天连人家司机都不如。不错,我们有智慧、有能力,但我们更要有情怀,现在社会上有性别歧视、种族歧视,我们的智慧、能力,是用来服务社会、建设世界的,不是用来歧视比我们不如的人的。别说歧视了,就是在别人面前表现出优越感来,都是一种浅薄,都是真正的君子所不齿的宵小之为。聪明加勤奋,有了我们的今天。许多人也像我们一样勤奋的,但没有我们的今天,可能比较笨一些。聪明和笨是上帝给的,如此幸运的我们,怎么可以用上帝给的这么好的礼物,去歧视不如我们的人呢?君子与天地精神同在,对所有不如我们的人,更应秉持一份悲悯情怀。"

后来,先生在港澳回归中,做了许多开创性的工作,曾得到美国一所著名学府的全额奖学金邀请。先生没有跟我商量便放弃,后来面对我的诘问,他说:"你想想,光我们北大,多少人都出国了。以后会出现一种什么状况?我害怕看到以后我们国家面对的都是这个状况:我们的一流人才为别国所用,回过头来跟我们谈判,跟我们讨价还价。我不敢冒夸自己有多一流,也管不了别人怎样考虑。但我自己,且还是让我为自己的祖国尽力吧。"这个年代,听到这样的话语,似天外之音。我忽然想起梁思成先生当年拒绝留在美国时说:"我的祖国在受难,我要回去跟她一起承担。"不同的时空,不同的说话人,但同样的爱国志,报国情。看到先生写的毛笔字不好时一定会批评的我,听到这样的话语,也一定会哭。

《南渡北归》一书中察人至微的金岳霖,在写民国名媛沈性仁时,这样描述:"认识性仁的人免不了要感觉到她确雅,可是她绝对不求雅,不但不会求雅,而且还似乎反对雅。——"不求雅而自雅,乃大雅也。后来的诸事,先生似乎也是这样,不求君子而君子,真君子也。

前两日,先生推荐,一起看赵孟𫖯《寿春堂记》,此文分别由客、翁、少年和松雪先生四人谈话交替,似说一个"寿春"堂号,而言心所在,岂止一个堂号啊!其中"夫冀时之无事,已得安居而暇食者,善人也;冀时之多艰,已得行险以徼幸者,小人也。"深得我们的心。

我说:"此文如此朴厚,不着一字,却是深深的家国情怀,是另一种'先天下之忧而忧,后天下之乐而乐'的平实表达。仁贤如此,静水深潭。我们如今不好好地学习，却总有人叫嚷'中国人没有信仰'！可叹！"

先生说："正因如此，我们更要让自己坚持。陈抟老祖骑着毛驴行于华山，闻赵匡胤得天下登大位，大笑而跌下驴背，人问其故，言：'天下从此定矣。'连隐居的老祖都还是在关心天下苍生，我们更不能放任自己的心。即便单纯为学，也是'知世上疮痍，方成诗中圣哲；通民间疾苦，挥洒笔底波澜'啊！"我深知先生此言不虚，三十多年，先生在任何岗位、任何地方、任何境况下，都在竭己之力，因他给自己一生的坚定定位，就是时当中华贞下启元之际，应放下所有个私关切，同为国家和民族中兴再起奉献补天心力。

此文如果先生看过，内敛含蓄的他一定不让刊发。他与倪老师的沉默出奇地一致：默默地做，不发一言。可能在他们的内心深处，早已"不患人之不己知"，患不为也！患时不我待也！我总有一个理想：真君子不誉己。可是那些沾溉君子风的人，当将这样的风描绘出来。"父作子述"，"师兄且作之，弟子应述之"。我于是还是写了出来，一慰己心，二立标杆，让自己有朝一日，也能如他们一样"慷慨天地间"。

大宗师，其出不欣，其入不距；翛然而往，翛然而来而已矣。不忘其所始，不求其所终；凄然似秋，暖然似春。

（2015 年 12 月 29 日）

怀念恩师王庆吉先生

刘青崇*

1993年冬一个周末,洛杉矶,阳光照在成排的棕榈树上,校园里的草坪绿里泛黄。我在实验室里度过一天,背起书包走回宿舍。晚饭后,我照常给在新墨西哥州的吴老师打电话问安。吴老师在北大教过我课,也常和我们一起打篮球。来美访问不到一学期,一个人在荒凉的远方,不知道她是否已经习惯了。拉了一段家常后,电话那边的吴老师沉默了。我问:"老师您身体不舒服了?"她说:"没有。有件事,我一直不想告诉你,怕影响你学习。迟早还是要告诉你的,我就说了吧,王老师过世了。""啊?"我说不出话,眼泪止不住地滑落下来。王老师正是壮年,去年8月我们见面时他气色还好,怎么就离世了呢?吴老师告诉了我王老师患病的大概经过,我泪如泉涌,不能自已。此后的几周里,我做事总是走神,和王老师在一起的日子一幕一幕地又回到眼前。

1986年秋季开学报到,校学籍处马处长说我报考的专业与工作经历不对口,按国家规定要求我去无线电系。我自以为对无线

---

* 刘青崇,1990年获北大电子学学士学位,1996年获美国南加州大学电子工程博士学位,1996—2000年任休斯卫星通信总体设计部高工,现任美国维恩州立大学终身教授,创立了阳光通信公司。有三项美国专利,是八项通信技术世界纪录保持者,在国际期刊会议发表论文六十余篇,有专著一部。

电已经很熟悉了,想赖在核物理这个很棒的专业。通过考试,两门课免修,我课时不够,只好到无线电系去选课。在系办,一位高个子方脸老师微笑着接待了我,问我上过哪些课,做过哪些电子工作,然后建议我和1984级的同学一起上电子线路课。他就是无线电系副系主任王庆吉老师。

于是我有了两个专业。一年后,我发现所学的两个专业相差太远,核物理太偏理论,便把这想法汇报给了王老师。他说:"你高考成绩很好,和84级一起上的课成绩也好,你就在我们无线电系继续读,争取和85级一起毕业。"从此我专注攻读无线电。1988年底,我全部的课已经修完了。春节后高高兴兴去系里申请做论文,在同一间办公室,与我谈话的是另一位老师,他说1985级论文都已经安排好了,我要到下一年才能做论文。这位老师上学期刚教过我课,我的成绩也不错。失望之极的我到未名湖边转了好几个圈,觉得三年来的努力似乎白费了。当时王老师在美国做访问学者,假如他在,我一定会在1989年毕业。

1989年秋,我去郑乐民先生的实验室做论文,研究原子滤光器。当时这个题目很新,斯坦福大学几篇博士论文发表了实验数据,谱线展开与已知理论都不符。系里师兄的实验也测出了谱线数据,与斯坦福结果一致。我查了校图书馆和北图所有的资料,都无法解释实验数据。王老师每月寄回来的最新文章就成了我们当时了解国际前沿最宝贵的资料。1990年春节前,王老师回国了。春节刚过,他立即回到实验室,和同事学生们一起攻关。我们知道他身体欠安,都希望他好好休息,但他总是冲在科研工作最前沿,忽视了自己的健康状况。王老师平易近人,对我们本科生的想法都能认真听完,还采用过我们对实验过程的一些小建议。

论文终于写完了。通过痛苦的反复思考尝试验证,综合当时最权威的外文资料,请教系里相关的诸多学者,在多次失败以后,我最后终于建立了一个系综合多种原子质量比例加权平均法,理论上算出来的谱线竟然和实验得出的谱线对上了!王老师在和原子滤光器的发明人 Shay 教授通信时,提到这个结果,Shay 教授回信中问我是否愿意去他那里读博士。这简直是天上掉馅饼,我立刻答应了。毕业前,我拿到了新墨西哥州立大学电子工程系助研全奖。没有海外亲属,按当时的政策,连申请护照的资格都没有。送走了留学的同学们,我只好留在北大计算机所专心读硕士做科研。

1992 年,论文提前圆满完成,导师动员我留北大计算机所。北京生活六年,我感觉自己并不属于这个城市,于是回到家乡上班。8 月初,我的护照历经波折终于批下来了,匆忙坐火车去北京见老师。签证下来了,一问机票,傻了眼,只有 UA 一家还有机票,而且必须用美金买。我一分美金都没有,也不知上哪儿去借,觉得只好回西安继续工作,无奈中去实验室向老师说再见。王老师听了我的难处,说:"你打电话把那张机票订下来,我明天给你把美金带过来。"第二天来到实验室,王老师给我一个信封,里面有一千美金。他说:"去美国好好学习,等你攒够了钱,给实验室买些常用元器件,托人带回来,把发票留着。"恩师的一千美金,是我来美国留学的全部盘缠。第一学期,我把借王老师的钱还清了,给他寄了圣诞卡,写信汇报了我的学习科研情况。恩师回信,表扬我学习科研认真,鼓励我继续努力。春节我打电话给恩师拜年,问候他身体,他说一切正常。我每学期给恩师写两封信,他都很快回信。1993 年春天,听说王老师身体欠安,我请一位回国的老师带去微薄心意给老师买药。1993 年秋,我去洛杉矶读书,临走前,向美国导师介绍吴老师去了新墨西哥州立大学的实验室。

王老师英年早逝,他像蚕一样,过早吐尽了丝,滋养了学生们和他所热爱的科研。我们这些学生每每提到王老师,总是觉得万分惋惜。多年来,每当我想起王老师,心里总是痛痛的。在我的眼里,王老师是一代宗师,桃李满天下,他帮助过的学生在许多行业都做出了成就,有院士、知名企业家、教授、科学家。我做科研和对待学生,一直以恩师为榜样,不敢懈怠。经过多年努力,我也做出了一些成果。国际海事卫星组织的第四期工程中实现了我发明的中低轨道卫星通信同步方法和设计,这个结果是世界首创,迄今还是最优的,一直服务于全球国际航线的飞机和船舶。我发明的抗高失真相位调制解调器使得这类设备能够使用丙类微波功率放大器,这也是世界首创,并为前东家休斯公司赢得了一大桶金。我发明的移动实时数据通信设备是世界首创和汽车急救通信的核心设备,性能高出所有竞争对手的产品一个数量级。这些算是我对恩师的报答,但愿他在天堂里能看到这一切,并为他的学生自豪。

"师者,所以传道授业解惑也。"王老师对学生们的爱心和为师之道,中外罕见,好在这些已经为他的学生们继承和发扬光大。至今,我还是时常想起他的音容笑貌。提笔落泪,谨以此文纪念恩师。诗云:

> 负笈求学入燕京,
> 博雅塔前遇先生。
> 学容百海鲸吸水,
> 德馨万树筑长城。
> 醉心科研却染病,
> 续登高峰率军征。
> 当年手栽幼稚苗,
> 岁岁望月思君声。

(2016 年 2 月 26 日
于美国 Rochester Hills, Michigan)

迟到族迟到的问候：每忆师恩泪如倾

无　痕[*]

不知从何时起，社会上开始流行"迟到族"一语，来指称那些在该做某些事的时候没有做，从而不得不在后来补课的人们。我本来不属此列，16岁上北大，19岁谈恋爱，20岁参加工作，23岁读硕士，25岁首次出国，即使不算早到族，想必离迟到族的标准应相差甚远。后来事情起了变化：30岁结婚已有迟到的苗头，36岁考博士，37岁要小孩意味着迟到成分的加深，43岁拿到博士学位意味着已是不折不扣的迟到族，而在同班同学事业有成、准备退休时我还在想如何创业，简直可以说已到达迟到族的最高境界了。细思迟到族形成原因，不外以下四点：没有规划、努力不够、先天条件限制或运气太差。我之所以成为其中一员，盖以上四者兼有之。参加此次征文即是迟到一例，在截止时间只有区区16个小时之际，才下定决心坚决完成。鉴于本人能力有限，除保证情真意切外，不敢奢望能履行其他承诺。

大凡人要回忆往事，必定借助媒介或契机，所谓触景生情、睹物思人之类。恩师宋成有先生七十华诞庆祝活动正是这样的契

---

[*] 无痕，本名邓伟权，1986年入北大历史系，至2013年博士毕业。永安宾馆销售员，兼营卖酒、翻译、写作、讲座。琴棋书画，惟弈为能。余生再接再厉，愿其精彩。

机,它打开了我记忆的闸门,和老师相识二十六年来的种种情景像放电影一样在我的脑海里轮番上映。将这些影像全部转化成文字,显为篇幅所不许,只能选取最能体现宋师风采的几个片段与大家分享。

与宋老师的最初接触是在1988年的秋天,我选修了他的"日本近代史"课程。那时正值"史学危机",历史无用论甚嚣尘上,我受其影响几乎不读历史专业书籍。宋师的课重新燃起了我对史学的兴趣,决定好好研究一下这个邻邦的历史。课程的作业题目已忘记了,大致记得内容是关于中日两国人的现代化问题的,老师的评语甚长,我清楚地记得其中的一句是"在人们在孔方兄面前患了软骨症的时代,能够用功如此,难能可贵"。受此鼓舞,决定毕业论文也选和日本相关的题目,以便继续得到先生的指导。通过先生的授课,感觉福泽谕吉这个人在日本近代化的过程中比较重要,于是题目就定为《论福泽谕吉在日本启蒙运动中对国民思维方式变革的贡献》。在老师的精心指导下,顺利通过答辩。由于毕业的那年(1990年)比较特殊,没有正式的硕士入学考试,且先生当时尚是讲师,便与先生约定两年后考他的研究生。当年,我到佳木斯工学院当政治辅导员,临别之际,先生鉴于我少不更事且是性情中人,反复嘱咐我要"夹起尾巴做人"。

1992年,我如约参加硕士入学考试,不幸的是日本史招两人,我却考了第三名,被宋师戏称为"邓老三",好在各科均已上线,经老师运作,保留入学资格一年,免于再考之苦,此为刘宏、康慧敏由学弟、学妹变为师兄、师姐之由。读硕期间情事,已见于跃斌兄回忆文章,不再赘述。那时我左右眼视力交替下降,无法继续考博,遂到永安宾馆工作。工作期间,参与了《日本十首相传》和《日本史研究概述》的部分编写工作,并未与学问完全脱钩。2005年,屡得销售冠军的我又如宋师常说的那样自负起来,想在工作之余读个博士，通过电话与师沟通考博想法，电话另一端的他在沉默足有一分钟之后说"好吧"。得到首肯之后，便开始准备，并且决定选择后学的日语而不是较有把握的英语作为考试科目，原因只有一个，自己觉得考日本史博士不选考日语不好意思。2006年，终于以优异的成绩重归宋师门下。当时的系主任牛大勇先生惊奇于一个宾馆的销售员考出如此成绩，亲自打电话询问，得知我是宋师弟子，才相信了成绩的真实性。

顺利入学并不代表能顺利毕业。毕业论文的题目是我自己选的，宋师表示同意，用他的原话来讲就是"尊重人民的自由选择"。读博期间，学业与工作常常冲突，进入论文写作阶段以后，眼睛又开始闹事。这时才明白老师何以在得知我要考博时会沉默一分钟。事已至此，只能咬牙坚持。经过综合考试、开题报告、预答辩和匿名评审，我终于在2013年6月9日通过了答辩。期间印象最深的是预答辩之时，老师对我的批评，"此前对你的论文提出了修改意见，有的地方直接进行了修改，没想到这次交上来的，第一章和原来一样，第二章还一样，我就够拧的了，你比我还拧，你还挺自负"，随后他将再次修改过的论文递给我，上面布满了老师红色的字迹。答辩前与老师闲聊，他说，"这是你最后一次聆听老师们的教诲"。那一刻，我知道长达七年的读博时代即将结束，平静的外表下早已心泪如雨。

在老师的弟子中，我给老师添的麻烦和所得照顾远远超出平均水平，这并非老师偏心，而是因为我有两点比较特殊。一是由于上大学太早，没有很好地完成自身的社会化，接人待物多有不周，记得硕士时代与师谈话时，我一口一个"老罗"，师不解所指何人，我说就是罗荣渠教授，师即风趣地教育我道："这样不够礼貌，叫罗教授或罗老比较合适，否则我岂不成了小宋了。"二是眼睛不好，老师曾为我填写了上十字的申请奖学金的表格。尤其令人感动的是,老师还暗中为我做了很多,一些是事后听别人说的,还有一些我可能永远不会知道了。老师无私的爱,让我在最困难时候也相信这是一个美好的世界。

年过不惑,一事无成,每念师恩,心泪如倾。在恩师七十华诞即将到来之际,不肖弟子邓伟权祝您身体健康、长命百岁!我将继续努力以期有所成就,能报如海师恩于万一。

(2015年1月为庆贺导师七十寿辰而作,
曾收录于《有成集》)

我与明义士

曹 楠[*]

我大约是在1997年第一次接触明义士这个名字的,那时我住在纽约曼哈顿。由于对中国古代玉器感兴趣,所以常常出入于纽约公立图书馆,尽我所能把所有与中国古代玉器有关的书籍都借出来看,其中就有多仁文德写的《皇家安大略博物馆收藏的中国玉器》(*Doris Dohrenwend Chinese Jades in the ROM*)一书。在序言中,多仁文德提到皇家安大略博物馆收藏的中国古玉主要有三批,其中一批就是明义士(James M. Menzies)收藏。我当时不知道 James M. Menzies 有中文名字,叫明义士,就称他为孟先生,梦想着有朝一日能亲手抚摸这批藏玉。

2009年春,一个偶然的机会使我得知明义士家族中国古代文化研究基金,每年邀请一位中国古代历史与考古方面的学者到皇家安大略博物馆整理、研究明义士捐赠给该馆的藏品,为期6个月。对于我来说,这真是个千载难逢的好机会,既可以扩大学术视野,又可以实现昔日的夙愿亲手抚摸那批藏玉。由于对明义士的

---

[*] 曹楠,北京大学1986级考古系本科生。1990年毕业分配至中国社会科学院考古研究所工作,下过田野发掘,研究过古代玉器。目前主持《中国考古学》(英文版)的管理、编辑、出版工作。

生平一无所知,我的内心又是一片茫然。

明义士何许人也?为何收集中国古代玉器?带着一连串的问题,我开始阅读方辉为明义士写的传记《明义士和他的藏品》。记得那是个下午,在北京的孔庙,古庙森然,阒无游人,藤花开得正盛,香气馥郁。我女儿在国学馆弹古琴,我则坐在大成殿西侧的台阶上,眼前古柏森森,阳光灿烂,古香古色的建筑熠熠生辉。从容地翻开书,一下就被那张照片吸引住了,一双眼睛炯炯有神。接着是明义士的手迹,一手漂亮、娴熟的毛笔字让我既敬佩又惭愧,然后才知道明义士的身世。

明义士1885年出生在加拿大安大略省西南部休伦湖畔的小镇克林顿,家庭有浓厚的基督教氛围,18岁时考入多伦多大学应用学院主修土木工程。在校期间,加入长老会中心教会。大学毕业后进入Knox神学院,学习希伯来语和希腊语。1910年毕业后,明义士告别亲人,开始前往中国的漫长之旅。来华后,学习汉语,醉心于中国古代文化,邂逅殷墟甲骨,开始收藏、研究、著述甲骨文,与殷墟结下一世情缘。

这时,我正人到中年,失去了年轻时的激情,经常羡慕那些有理想、有宗教信仰的人。而明义士,这个加拿大人,离开家乡,不远万里,来到中国,到底是什么样的理想与信仰才能让他勇往直前呢?带着这个疑问,我开始了我在中国的寻访明义士之旅。

河南安阳殷墟是中国田野考古学的摇篮与圣地,我曾经与家人一起走马观花似地参观过那里。课本上、百科全书中、发掘报告上的殷墟在我的眼前飞过、笔下流过,没在心里留下任何痕迹。而明义士却把我与殷墟连在一起,我用他的眼睛重新看殷墟。我如饥似渴地阅读任何与殷墟有关的资料,从《李济传》《陈寅恪与傅斯年》到史语所出版的《小屯》《侯家庄》殷墟田野发掘报告,《殷墟妇好墓》《花园庄东地54号墓》以至于《封神演义》,用点点滴滴的传说、文献记载、实物资料想象三千多年前洹河两岸商代晚期都城的景象。读着明义士的早期收藏、研究卜辞名作《殷墟卜辞》，跟随明义士的足迹，重游殷墟小屯，冥冥之中似乎看见明义士骑一羸弱老白马沿彰德城北洹河南岸徐徐而行……

2009年秋，我背着背包，来到了安阳，走访了明义士当年工作、生活过的豫北差会安阳传教总站旧址。教堂、居所俨然，明义士的照片还挂在墙上，目光依然炯炯有神。后来，我又漫步穿越了侯家庄西北冈王陵区、武官村、小屯、洹河，想象明义士曾经在这里传教、办学、收藏，二十几年如一日，捡拾甲骨、青铜、玉石碎片，细心记下出土地点的信息。正如他在致皇家安大略博物馆第一任馆长克雷利（Charles Currelly）的信中所说："我的收藏之道很简单，亲自前往被盗掘地点，从劫后的遗物中收集有价值的文物及其残片。对于一位有良知的科学家来说，亲手收集的一枚琉璃珠残片却价值黄金……这是一个艰苦、缓慢的过程，收藏成果也不那么惊人，然而，我收获了知识。"这些朴素的话，不断地鼓励着我探寻明义士这个艰苦、缓慢的获取知识的过程。

从1928年史语所第一次发掘殷墟开始，殷墟八十多年的连续发掘，积累了大量的资料，为中国考古学培养了一代又一代的学者。明义士又把我从安阳带到了考古所图书馆阅读殷墟，中国第一代田野考古学家的风采跃然纸上。读着李济、梁思永、石璋如、高去寻的报告、论文，聆听着他们叙说当年的发掘小屯宫殿区、126甲骨坑、侯家庄西北冈王陵区；在抗日战争的战火硝烟中，跟随殷墟文物流亡西南；在四川深山中做民族学考察，观察当地老百姓建筑民房、手工艺制作的过程与方法，然后将这些观察融入对殷墟商代晚期建筑、手工业的研究中。感受着老一代考古学家扎实的功底、求实的态度、有理有据的研究方法，体会着考古学的理论、方法与实践，对他们肃然起敬。2000年，我去台湾参加海峡两岸古玉研讨会,有幸见到石璋如先生,当时他已经 98 岁高龄,还坚持到史语所上班。他是我见到过的年龄最大的还在上班的老人。现在读着他的论文,咀嚼着他的妙语:每一件文物就像一部机器上的零件,只有回归原位,才能了解它的作用。倘若辗转落到收藏家或博物馆中,失去原有的共存关系,就失去了意义。而今我将到加拿大整理这样一批玉石器,它们离开殷墟,孤独地沉寂在多伦多皇家安大略博物馆。庆幸的是殷墟八十多年的科学发掘出土了大量的玉石器,为收藏品的比较研究奠定了坚实的基础。而我的工作,就是让更多的人了解明义士收藏的这批殷墟玉石器,恢复它们的功能。

当我得知我的申请被接受,已经成为明义士中国古代文化研究基金的首个获得者时,兴奋的心情久久不能平静。夙夜的梦想即将成真,我将有机会亲手触摸明义士藏玉,并且沿着他的足迹,踏上加拿大那片土地,了解他的故乡、文化、宗教、心路历程。

带着对加拿大的梦想,带着十一岁的女儿,我来到多伦多。

初到多伦多,是个冬夜,从远处看,灯火辉煌,而我的心里却一片茫然,不知怎样探寻这座城市的节奏,了解它的文化,融入它的生活。

我是 2 月 18 日星期四晚到达多伦多的,星期五一早就到博物馆报到,我被它的中国馆镇住了:商代殷墟、东周金村的青铜器、玉器,汉代洛阳的画像砖,辽金时期大同的佛教雕塑,元代山西的寺庙壁画,明代的祖大寿墓上石建筑、石五供、石人、石兽,明清的瓷器,慈禧的袍服,让我眼花缭乱、大吃一惊,不知它们的来龙去脉。周末我与女儿徘徊在这座陌生的城市,读着生疏的英语街名,仰视着庄严的教堂,偶然看到熟悉的麦当劳、星巴克、赛百味,感到一丝安慰。然而这是明义士生活、工作过的城市和博物馆,我渴望了解它。

读万卷书,行万里路,一直是我的人生理想。如今,明义士把我引到多伦多，我就从博物馆开始我的加拿大探索之旅。

上班时，我就到库房里拉开抽屉，一件一件地寻找明义士的玉石器；晚上，在家里阅读董林夫用英文写的明义士传记。随着时间的流逝，我与那些玉石器互相熟悉起来，有时坐在库房里静静地与玉石器相对，听它们诉说前世。闲时寻访多大明义士的应用学院和瑙克斯神学院（Knox College）。今年正好是明义士从多大毕业、前往中国传教一百周年。物是人非，瑙克斯神学院俨然。回想明义士的一生，在加拿大出生、接受高等教育，在中国传教、成家、养育儿女、收藏、教书，是宗教信仰与理想改变了他的一生，使他从一个土木工程师变成一位海外传教士、收藏家、汉学家。明义士为何信教？为何选择到遥远的中国传教？好奇心又一次把我带到一百年前加拿大的宗教。

宗教，尤其是基督教，极其复杂。我在多伦多的时间、精力有限，只能限制自己了解明义士所在的长老会（Presbyterian Church），多伦多大学的瑙克斯神学院即属于长老会。一百年前，教会依然把持着教育，多伦多大学最初就是由五所神学院合并而成。与博物馆和中国收藏有关的三位人物分别毕业于多伦多大学的三所神学院，怀履光毕业于维克利夫神学院（Wycliffe College），属于英国国教（Anglican Church）；博物馆创始人之一、第一任馆长克雷利毕业于维多利亚神学院（Victoria College），属于巡理教（Methodist Church）。《金色的希望》（Golden Hope）、《从马礼逊到司徒雷登》都有章节介绍当时加拿大传教士在中国的传教活动。

博物馆是明义士工作过的地方，也是他的部分藏品最后的归宿。为此，我仔细阅读了博物馆的创业史，了解博物馆后面的人物与故事。第一任馆长克雷利是位埃及考古学家，他当年拿着介绍信到英国闯荡，巧遇英国著名埃及考古学家皮特里，从此开始他的埃及考古、收藏生涯，最终把埃及、西亚、希腊、罗马文物运到加拿大。沃克爵士(Sir Edmund Walker),加拿大商业银行(现在的加拿大帝国商业银行)行长、多伦多大学董事会主席,热心公众教育,为建立博物馆四处游说、筹划,是加拿大最伟大的公益人物。克鲁福特斯(George Crofts),一位早年驻守天津的皮货商人,醉心中国古代文物,心甘情愿地把他最好的收藏运到多伦多。正是这三驾马车创立了博物馆。而博物馆的中国藏品,更离不开怀履光和明义士。他们曾经是驻中国河南的加拿大传教士,收集中国文物的搭档,博物馆工作的同事,加拿大的汉学水平与此二人息息相关。

面对他们留下的古代物质文化遗产,我怅然若失。如今走进博物馆的中国馆,那些大型、让人惊奇的藏品几乎都是怀履光的收藏。殷墟,金村的玉器、青铜器,汉代的画像砖,辽金的佛教造像,元代的寺庙壁画,可以想象怀履光在河南不择手段收购中国古代文物的贪婪,在博物馆呼风唤雨的霸道,在多伦多大学东亚系教室的神采飞扬。明义士去世后捐赠的甲骨、青铜器、玉器则静静地放在库房,只有几十件玉石器、甲骨陈列在展柜里。而明义士本人1936年回加拿大休假时,因中国的抗日战争爆发,再也没能回到他魂牵梦绕的中国,没能登上让他挥洒学术的齐鲁大学讲台,没能与他用毕生精力收藏的中国文物团聚,直到1949年才有一部分文物辗转运到多伦多。明义士日思夜想他收藏的殷墟文物。二十五年间,无论是在安阳还是在齐鲁大学,他都与殷墟文物朝夕相伴,收藏殷墟文物、研究中国青铜文化,已经成为他的生活方式和工作方式,怎能割舍?为此,他来到博物馆,一边义务帮助整理博物馆远东部收藏的中国文物,一边攻读多伦多大学中国青铜文化研究方向的博士研究生。如今,博物馆收藏的中国青铜时代文物,如青铜器、玉器、石器、陶器、甲骨等都经过明义士的鉴定、分类。可惜,他的博士学位论文《中国青铜时代文化研究》最终未能完成,只有《商戈》一文在他离世后由博物馆出版。

如今，明义士的儿子明明德出资设立"明义士中国古代文化研究基金"，旨在一方面整理、研究明义士捐赠给博物馆的藏品，另一方面沟通中加文化交流、促进加拿大汉学文化研究。我渴望见到明明德。不幸的是，明明德在2010年3月离世，享年94岁，我无缘相见这位在中国安阳出生、在美国哈佛大学攻读博士学位、在加拿大从事外交的德高望重的老人。为了表达我对明义士的敬意，我曾经驻足位于多伦多提尔森路（Tilson Road）62号的老宅，走进为他举行葬礼的位于布洛大街（Bloor Street）上的加拿大联合教会（United Church of Canada）教堂，步行至怡山墓园（Mount Pleasant Cemetery）寻找他的墓碑，寄托哀思。

回国之前，我到墓园与明义士告别。我想明义士在加拿大出生，在中国生活、工作，最后葬在加拿大，他的一生正应了我们中国的老话——叶落归根。然而，他是多么渴望回到中国，他把中国当成了他的家乡。可怜明义士晚年滞留在多伦多，他用一生的努力获得的中国青铜时代文化知识却无用武之地，郁郁而终。

窗外一直在下雨，雨点噼噼啪啪地打在玻璃屋顶上，更显出室内的安静。夜色昏暗，灯下漫笔，只有我自己，备感惆怅。

（2010年8月于多伦多）

流金岁月

杨 晨[*]

  天际一边是落日,深秋的晚霞洒着柔和的光,而另一边已是夜幕笼罩了。音乐会结束,大家三三两两地从大厅走出,有的还在兴奋地评论,有的孩子捧着家人送的鲜花。我挽着孩儿爸的胳膊,看着兄弟俩并肩前行,脚下踩着厚厚的金黄落叶。今天是上高中弟弟的秋季音乐会,已经工作的哥哥特地从城里赶来参加的。兄弟俩边走边聊,哥哥半开玩笑地说弟弟乐队的表演比他们当年要差,夫妻俩听了不禁莞尔,说起了 2016 大学入学三十年将在北京聚会的事情。

  三十年前,那是什么样的时光。

  1986 年秋,两千多年轻学子从各地汇聚燕园,成为这座学府大一的学生。从南门进校,沿路有各系的接待站,热情的老师和高年级学生帮忙。我们宿舍,36 楼 138 室,在一楼最西边,三个地质和地理系的女生,我、江苏来的风风火火的戴永红和北京大方美丽的方青。忘了哪一次三人嬉笑,沿用《阿 Q 正传》中老 Q 的说法,互

---

[*] 杨晨,北大 1986 级地质本科,美国伊州大学芝加哥分校地质硕士,西北大学 Kellogg 商学院 MBA。在美国从事环境评估、污染勘察和修复工作,是棕地污染治理和经济再发展行业专家。现任美国 Terracon 环境地质咨询和工程公司高级合伙人,区域总经理。

相开始称呼老红、老青和老晨,颇有江湖气概。老红有个老乡师姐,中文系或英语系研究生,短发,戴眼镜,文静又多愁善感,听我们咋呼地老这老那,曾慢悠悠地说,"你们真是不怕老的年龄"。当时想,我们才多大呀,怎么会怕老!而现在想想,那位师姐也就二十多一点,何尝不是强说愁呢。

我自小在北京的四合院长大,出生在景山附近的碾子胡同,后来家搬到鼓楼烟袋斜街东的辛安里胡同。虽然父母是读书进城,但我耳濡目染的可都是老北京,一嘴的儿化,看《四世同堂》《骆驼祥子》,觉得说话的就是邻居们。而同是北京的方青来自丰台,父母是军医,那讲的就是标准的普通话了。大一上普通化学在化学楼做实验,和老红一组。我拿着两个配好的试管,问她"是什么色儿(读 shai'er,北京方言)"。老红疑惑地问"什么什么 shai'er?"让人忍俊不禁。老红对北京儿化有极大的兴趣,经常在她略带江苏口音的普通话里强加儿化音,十分可爱。多年后我们在北京相聚时,她会很自然地带儿化,虽然还是有点南方音,但俨然是北京的主人了。

老青漂亮而端庄,热情且爱帮助人,成绩好还会拉手风琴,经常参加文艺活动。不仅在地理系闻名,在北大的文艺圈子里也受欢迎。经常有男生以各种名目来找方青,抄笔记,讨论功课,练习唱歌,等等,等等。老青不在宿舍时,我和老红总是很认真地接待并转达,偶尔也会为某个男生惋惜。好像有个文科系研究生歌唱得好,经常独唱,有时老青手风琴伴奏。研究生对老青倾心,大概是表达未被接受,极为沮丧,一次演出竟然没唱完就回后台不演了,我和老红听说后煞是感慨了一阵。但过一段时间就云淡风轻,忘了这茬了,那会儿是多么的没心没肺呀!

大学生活离不开爱情,各式各样,我们138室更是得天独厚。不是我们的故事,而是窗外的惊心动魄。我们宿舍在一楼最西,窗外一片小树，然后就是有路灯的马路了。情侣们大概最喜欢未名湖边，通宵教室，但我们宿舍的窗下也会好戏连连。无声息的就不提了，有时男女们激烈的争吵，男生揪心揪肺的陈述，让熄灯后的我们大气不敢出，却又兴奋不已。某次窗外实在影响我们，老红索性摸黑一盆凉水隔窗泼出了事。不知读这篇小文的读者里有没有当年的她和他。

大三后"考托"风刮起，我、老青和众托友们开始准备。图书馆占位子，我们占位的书被扔掉，我们再扔别人的书。老红志不在此，和其他同学（包括我的"他"）参加北大登山队，成为后来山鹰社的第一批成员。我和老青们学英语，做各种模拟题，老红们登山、攀岩，周末活动于怀柔等国家体育基地，各得其所，不亦乐乎。燕园的最后一年很"疯狂"。周围同学一般分两种，联系国外学校，申请护照，签证。那年新规定，办护照需侨属证明，和非直系侨属需要补交培养费。全家发掘所有资源，在母亲工作的教育系统和侨办之间周旋。多年后在美做公司，跑项目，寻求各种关系把事情办成，还会联想起办护照的情形。不出国的同学自然是就业，考研，留京。每人多少都会有些心酸。尘埃落定，我要远走美国，老青去亲戚很多的加拿大，老红和很多同学一样留北京教中学。自此三人天各一方，各按各的轨迹，恋爱，结婚，生子，在生活中写自己的故事。

以后数年，每次回京都会见到老红，听她欢乐的笑声，讲述各种趣闻。老红总是精力充沛，与先生开食品机械公司，日子和她的名字一样越来越红火。老青因家人都在国外，不太回国，三人再相会于北京已是2008年夏秋的奥运会时了。那会儿老红和家人的公司已风生水起，产品远销东南亚。我和燕园时的他带着两个孩子回国探亲，登华山，看奥运，在王府井拥挤的人群中享受北京欢迎你。老青则代表加拿大卑诗省来京工作，借北京奥运会为来年加拿大冬季奥运会造声势。当老红和我在前门加拿大办事处见到老青时,那个短发、干练、穿一字裙的女子和十八年前没什么两样。十八年好像只有十八个月,十八天。

岁月荏苒,匆匆又是多年,各家孩子们长大成人。我家老大已大学毕业工作,老红极具才华的女儿读设计,她的作品总是让我们惊叹,老青漂亮的大女儿也读大学一年级了。2016年的夏天我们将又相聚北京。

毕业后的三十年正是经济高速发展突飞猛进的时代,同龄人享受着机会的快乐、起伏的刺激、辛苦耕耘的收获,和平平淡淡又是真的幸福。我们当年一起在未名湖边博雅塔下畅游,后来在世界各地留下印记。生活未辜负我们,而我们也没辜负生活。

深秋的风略带寒意,把思绪拉回这个暮色中美丽的傍晚,不知不觉许多人已走远。两个男孩儿在前面步子加快,身影青春而矫健,像当年的我们。脚下的落叶厚厚的,柔软,伴着刷刷的声响。晚霞里,落叶金黄,如同过往的流金岁月。

(2016年1月31日)

人生点滴之北大篇

朴艺花*

我的室友

"我来自吉林省延吉市,朝鲜族。"

这是我第一脚迈进北大宿舍,发现第一个室友赵文杰(一学期后调到心理系)时说出的第一句汉语,像小学生背课文似的生硬。当时,对我来说汉语是一门外语,只在课堂里读过。

我那在延边大学做老师的父亲爱女心切,担心我的语言能力,坐了34小时火车送我到学校,看我跟赵文杰汉语交流无大碍,才放心地踏上了回程的路,我向往已久的北大生活就这样开始了。

我们寝室里共6人,分别来自3个边疆城市和3个直辖市,内蒙古的张作梅、新疆的朱锦江、北京的胡文捷、上海的张红、重庆的钮阳(其中有两位室友在一年后调到了别的系)。地域的差别也带来了性格的差异,各有各的特点:张红心地单纯但呼噜厉害,就连草原般宽厚的张作梅一时也吱喝着睡不着,胡文捷朴素大方但管大家的卫生太严厉,钮阳也许是因为长在长江边的原因总离不开

---

* 朴艺花(1968—2015),女,朝鲜族,1990年毕业于北京大学地球物理系天气动力专业。山东威海明洲服装有限公司创办人和服装设计师,设计的服装畅销欧洲。生前当选威海市优秀女企业家。

水,一天要喝两壶,而我特懒不愿打热水,但这些都没有阻碍我们之间的友情,真诚而含蓄,并随着岁月越积越厚……

过了汉语关却总迈不过英语关

学业上,我不是一路顺风,比一般同学要多闯两道关。

两个大障碍都是语言问题。第一是汉语笔录。靠初高中时的汉语水平,我在表达上没有大问题,但上课作笔录可急坏了我,记不下就胡乱画上几笔,到晚自习时经常认不出自己写的字。第二是英语。因我学的是日语,我就要从 ABC 开始学,当别人都在准备四级、六级统考时,我还在背 My name is PIAO。

中学成绩一直第一的我,自尊心受到了很大的伤害,觉得英语再努力也赶不上别人,就渐渐地失去了学习的兴趣。

没能努力学英语,是我人生第一大憾事。最近业务上离不开英语,时不时临时抱佛脚翻看英语速成,那些单词就同过路客总是背了即忘,更是后悔莫及。

我的闺蜜——晓蕊

方晓蕊不是我的室友,而是因为我们都来自吉林省从而开始接触的。可在后来的相处中我俩发现我们竟是惊人的互补,非常谈得来。我们从此形影不离,直到毕业。

每天早餐,我俩买一个鸡蛋,她永远只吃蛋黄,而我只喜欢吃蛋白;第一节课后我俩再买两个包子,她永远只吃馅,而我只喜欢吃包子皮。她成语连篇,而我结结巴巴;她经常丢三落四,而我总是井井有条。

想想现在各自从事的职业,我严谨有序搞服装贸易属于外包装,她随意浪漫搞艺术品出口属于内修养,看来一切应了一句著名的哲学论断:性格决定命运。

我们一起吃饭,一起上课,一起上自习,星期天一起逛街购物。我跟她学汉语,学交际。我俩像影子一样走在了一起,直到现在仍然是交流最多的大学同学。

大一我就盯住了老公

记得当时大学生都流行看琼瑶的爱情小说。9月份刚入学,因语言障碍失去学习热情的我,便对琼瑶的小说产生了极大的兴趣。

刚好十一国庆节,我们的85级高中校友举办了86级新生欢迎会,被琼瑶那浪漫的爱情整得昏头昏脑的我一下子就对风度翩翩的主持人产生了好感,真像小说中的一见钟情。回到寝室后,连夜赶制了一封长篇的求爱信(好在汉语过了关),收信人就是我现在的老公。

满心的期待换来的是无情的拒绝。理由是他是医科大学生,要专心学习。在我无助沮丧的时候,是晓蕊给我勇气,说不要泄气,盯住不放。终于,我的热情和真诚感动了他,到现在还把他牢牢地拴在了我的身边。

我最尊敬的学者

金教授是第一批公派日本的留学生,1986年回国后在北京国家教育部研究所研究教育学。因他夫人和我对象是远亲,大二的一个星期日我们拜访了他家。1987年国内还很穷,经济条件好的家庭刚流行添彩电,而在他家却是样样都有。

我第一次感受到了富有的冲击。

不仅是因为亲戚关系,作为学生和教授,我们都非常欣赏对方。他欣赏我老公思想开放、大度(当时就已打工挣钱),喜欢我聪颖、贤惠;我们很佩服他的超脱与博学。

此后的三年时间,我们一有空就往他家跑。他一度想帮助我们到日本留学,是我们俩不想离开改革开放的中国才放弃了出国留学的机会。现在回想起来,假如当年去了日本,那我们将会过着与现在截然不同的另一种生活。

我们现在的成功,与金教授的帮助与引导是分不开的,他是我最尊敬的恩人之一。

别人爱"民主",我爱漂亮服装

1988年下学期刚一开始,各所院校纷纷躁动不安,课也不上了。

我一向对政治不关心,趁这个机会和晓蕊一有空就出去逛街。动物园服装一条街、西单、王府井、东单服装城等,只要有漂亮服装的地方几乎都去过。当时兜里钱也不多,只能是 EYE SHOPPING(眼购物,逛街),那也是一种享受。我们有时能一直不停地逛街八个小时,虽然是两手空空地回来也很高兴。

我对服装的热爱也在潜意识里萌芽了。从直接买衣服穿发展到亲自选购面料,然后在时装杂志上选好款式送到五道口的一家服装店委托制作套装穿。

我在色彩的搭配、流行时尚方面逐渐地提高了自己的眼光,也许这种锻炼正好为我现在所从事的服装行业奠定了根基。

我也下海了。

1990年,虽然中国和韩国没有建交,但民间往来已很活跃,大批韩国游客涌向北京,韩语翻译一下子成了热门。

天生我才必有用。语言原来是我学业上的障碍,现在却变成了我的强项,我的母语终于能用上了。尤其因我是北大学生,大小旅行社争先恐后地找上门来,给我介绍散客(因我无导游证,不能带大团)。

当时的散客,就是1—2人,他们对社会主义国家的好奇胜过了自然景色,这就好办多了。

虽然我无法讲解故宫、长城等名胜的由来,但我能介绍开放中的中国现状,他们给我介绍韩国近来的发展情况。每天我收100美元导游费,但几乎大部分时间是他们讲,我听。我还带他们到工艺品店购物。他们对中国商品的廉价都觉得不可思议,知道我是北大学生,非常尊重我的建议,大包小包地购物,但他们不知道其中30%是我的收入。现在回想起来有些不好意思,不过那是国内外旅游行业的潜规则,我也只是身在其中。

大四下学期,除了写论文那一段时间,我几乎都在外面跑,我忙着与韩国人交流,忙着挣钱,忙着购买衣服,当然也忙着跟老公谈恋爱。

我老公也和我差不多。虽然北医大功课很紧,可是他还能抽空出来打工。他主要是给旅行团销售工艺品、药品等,比我挣得多好几倍。

我们把攒下来的钱汇到我父母家里,我父母都是延边大学的教授,一生清贫,家里连彩电都没有。母亲用那些钱还了买房时欠的钱,又给家里添置了各种流行家电。我母亲对女儿的超前自立感到欣慰,当教授的老父亲却很是失望,因为女儿没有选择学者之路而太早下海。

从念小学的时候起,父亲总是对我说"你一定要上北大"。我迈进北大校门时父亲那欣喜的神情,还有他看到我带来的钱时失望的表情,让我记忆犹新。

直到1999年,当我成为拥有600名员工的企业家时,父亲总算是原谅了我的选择。让我内疚了十年的心中疙瘩终于解开了。

正是那段导游经历,让我了解到了社会各界的方方面面。那些客人给我介绍资本主义经济下国家发展的种种形式,我学到了课本上没有的知识,也见识了许多优秀的企业家,突然领悟到我人生的理想、人生的路有很多选项。

扎根威海

北大毕业后，校友们都各自为了自己的前途奔波，有的接着读研究生，有的当上了教师，大部分都忙着为出国做准备。我天生对历史、地理不开窍，考过导游证但没考上，还是跟以前一样接散客，继续我的"导游"工作。他们讲他们国外的事，我收我的导游费，收我的回扣。因为我是北大毕业生，这些只对没有错，让我真正领略了北大这块牌子的厉害。

我跟着韩国 KBS 电视台记者采访了东北朝鲜族人们的生活，半个月后一回京，那些记者因涉嫌触犯敏感问题在首都机场一下飞机就被驱逐出境了。在我胆战心惊手足无措时，安全局的人大罚了我的老板，而对我特别"关照"，只是警告了一下。

还有一次接待韩国的国会议员，看他在景点每次遇到韩国人就去热情握手，吃饭时还给不相干的韩国人发美元。我感觉国外政治家竟是这么友好，后来才知道那是为了竞选拉选票。这两件事让我更加不喜欢政治。

在接待韩国电力公司总裁及其夫人时，我们坐的是北京最好的轿车。虽然当时我只是总裁夫人的陪同，一起观看亚运会，几乎没能说几句话，但那种大企业家的威严及风范却深深感染了我，让我羡慕不已。

在毕业后的短短几个月里，我不光免费游览了祖国各地的名胜古迹，还结识了各阶层的有名人士。当我自认为人生这么美好、感觉幸福无比时，有一天老公突然对我说，要放弃北京的一切，去山东威海创业。对我而言，这个决定简直就是个晴天霹雳。

"山东？那不是最穷的地方吗！我不去！"

可老公的回答让我很惊讶："那里有海，有海就有机会。"

当年 12 月 20 日，我在烟台下火车后，坐上小巴士赶往威海，沿途都能看到一望无际的大海。生平第一次看到大海，给予我的是一时的激动，随之而来的是迷惘与失落。

万万没有想到我会像一棵红柳，以强劲的生命力在这里深深地扎下根，并如此迷恋这个半岛小城。

她真的给我们带来了无数的机会和挑战，把我们推上了追求成功的舞台……

昨 夜 星 辰

达 哥*

昨天晚上天是阴的。白天的时候有阳光,但是有几分钟我却在琢磨,拿破仑被英国人关在岛上时,日子是怎么过的。

这两天因为工作上的事心情很不好,是多年来最不好的。本来周三 28 日要去曼哈顿,计划时兴致勃勃,但是到头来选择没去,不愿意让纽约人见到我受到挫折的样子。

记得傍晚漆黑一团,去接游泳的儿子,下着雨,在等的时候把感觉写成了一首十四行诗:

> 初冬的秋天是个短暂的春季
> 冰冷直落的雨有雪的黏稠
> 勾起麻木的草对夏日喷洒的梦想
> 漆黑的夜和光明的月交替着纠结
> 欲言又止欲笑凝眉欲停还促

---

* 达哥,本名汪浩,北大 1986 级物理系本科毕业,后获麻省理工学院博士和哈佛大学公共管理硕士学位。曾任纽约州政府高级官员、埃森哲合伙人和大中华副总裁,兼医疗卫生行业总经理。曾是哥伦比亚大学、清华大学和纽约州立大学的兼职教授。创立了湿瓷绘™(微信号 poetryclub),一个普通人写诗的平台。喜欢写诗、词、俳句、自由体和散文。曾系统阐述了汉语俳句的理论和写法。

思绪突然破碎在雨里
　　丢落的碎片承受着寒雨的敲打
　　思想的火花欲止还燃想远离汽油瓶
　　俊俏的画在变形的框里努力站直
　　满地的坚果在沥青路上填补空隙
　　怎奈不合作的风不时把落叶掀起
　　落叶在转星星在转思绪也在转
　　冬天的冰雪夏天的雷雨都不算
　　眼前是这青黄不接的冷寂和不安

　　儿子接到后我还说，幸亏我没去曼哈顿，要不你妈开车时会紧张。黑冷的夜晚。

　　昨天，聚会看同学的心情已经不允许我再慵懒。搭了火车，但没怎么往窗外看。Hudson，Poughkeepsie，Yonkers，来了又去了。我心仪已久但尚未见到面的雨木，给大家订了座。长岛的钟中也要来，他需要投入单程两个小时的时间。北大同学的友情千金难买。

　　记得三年前我应邀在北大物理学院作过一次讲座，我给当时在校的师弟师妹们的多个建议之一是一定要拥有、维护和依靠自己个人的支持系统(support system)。我举例说，家庭、师长、同学、朋友等等。今天和我聚会的同学，何尝不是我自己的支持系统呢？

　　席间的气氛清淡而温暖，让我把拿破仑远远抛在脑后。16年未见的治国，比我印象中的他要健谈；叶曦热心好客、温文有礼；钟中很安静；光照很像王维；可爱的雨木；豪爽的玉景；有点心思不透的叶菲。

　　北大的故事也是淡淡的，像韩国小菜一样有趣。情爱是个不朽的话题。我们为年轻干了杯；为北大；为微信；为彼此。大家谈了诗，谈了书，谈了其他的作者，刮了明年聚会的脑风暴，大家照了相，雨木删了相，我看了窗外……

窗外，曼哈顿是灯火通明的，衬着黑夜的背景，像星光下永远向前流的河。远近楼阁相间，次序和谐井然。人生的搭配是需要这种淡淡的有距离的友情的，是给潜水员的间歇，也是给登山者的一捧清泉。短暂的几个小时，把积聚的脑热散尽了。

在叶菲和玉景送我回酒店的路上，有的是北大同学的友情，心灵上无言的支持。我们在一起，通明的是路，不在乎天是阴的，也不记得天是不是阴的。

(2015 年 10 月 30 日)

附录：

英文 14 行诗

Sonnet

By Hao Wang 10.28.2015

Autumn of the early Winter disguised as Spring

Chilled rain fell vertical, pregnant with snow

Grass in numbness longed for Summer sprinkler

Darkness of the night wrestled with the Moon and human mind

People forgot their tongues; their smiles; and their moves

Focused thoughts scattered in the rain

Quiet shards took the beating by the chilled drops

Sparks of the ideal struggled to keep away from the gas jar

Handsome painting stood tall inside the deformed frame

Pine nuts tried to fill the void of the path

Non-cooperating wind, toying leaves, interrupted

Pyres and pyres of leaves; stars; and thoughts

Winter's icy snow or Summer's thunder storms did not count

There is only the green-yellowed restlessness and the emptiness

中秋诗会记事

马小隐

2015年9月27日,时值乙未年中秋,是日晚,北大湿瓷绘八位同仁仙聚于京城酒仙桥畔法国红酒中心。列座八仙为:国伟,大力,伟权,曼菱,剑峰,小隐,千黛(携其千金楚颜),王琳(携其千金夏璠)。

中秋之夜,可惜并无朗月,秋雨霏霏,缠绵日久。但诚如千黛所言,"月微,友热",八仙济济一堂,笑语欢歌,谈古论今,品书作诗,足堪慰矣,明月之爱,又岂在一夕之间?

当晚7时许,八仙陆续到来。进得大厅,见长桌上书香墨宝,列列铺排,原来是千黛夫君所辑湿瓷绘诗友们的诗文。诗词风雅,翰墨生香。

中秋佳节是传统的团圆之日,一直主张忠孝两全的大力,从家宴上匆匆赶来,参加同学们的雅聚。

当晚的惊喜是曼菱师姐的到来。她刚刚从俄罗斯旅行归来,不顾旅途劳顿,欣然赴会。她与我们是第一次见面,却毫无隔阂,一见如故。

八仙聚齐,酒宴开席。首先由红酒中心的人员专门向我们介绍了有关红酒的专业知识。然后上菜:头菜沙拉,主菜是牛排,最后是甜品。甜品造型是一轮明月和玉兔,应和着中秋主题。

牛排,吾所爱也！珍馐美味,红酒佳酿,陪伴良辰美景,同道亲朋,实堪乐也！

当此情景,令我想起京剧《群英会》中雄姿英发的周瑜的唱词:

> 人生聚散实难料,
> 今日相逢遇旧交,
> 群英会上当醉饱,
> 畅饮高歌在今宵！

果然,酒足饭饱之后,开始劲歌曼舞。妙龄楚颜高歌嘹亮,尽显青春朝气;夏璠文静,弹唱吉他一曲;大力多才,清唱京剧《四郎探母》中《坐宫》一段,一人分饰四郎和公主两角,尤其公主唱得好,博得满堂掌声,被楚颜大赞"须眉不让巾帼"！大力说"戏剧是艺术表现的最高形式",我深以为然;曼菱吟唱根据普希金诗作而成的歌曲《假如生活欺骗了你》:

> 假如生活欺骗了你,
> 不要悲伤,不要心急！
> 忧郁的日子里须要镇静,
> 相信吧,快乐的日子将会来临！
> 心儿永远向往着未来,
> 现在却常是忧郁。
> 一切都在转瞬即逝间,
> 而那过去了的,
> 就会成为亲切的回忆。

普希金的伟大无须赘言,而曼菱的演唱如此动人心怀,几乎令我落泪！

歌舞升平,诗歌并行。曼菱一句"居无定所随花香",开启了大家的诗兴。千黛"此心安处是吾乡"相随,并讲述了宇文柔奴的故事。

柔奴是北宋诗人王巩的歌女。王巩与苏东坡交游甚密,因"乌台诗案"被牵连,贬至荒蛮之地宾州(今广西宾阳县)。柔奴只身相随,陪王巩寄居宾州五年,后来随王巩回京师。在酒席上,柔奴为苏轼劝酒,东坡问柔奴:"广南风土,应是不好?"柔奴平静地回答:"此心安处,便是吾乡。"东坡深受感动,当即填下"定风波"一词:

　　常美人间琢玉郎,天应乞与点酥娘。自作清歌传皓齿,风起,雪飞炎海变清凉。
　　万里归来年愈少,微笑,笑时犹带岭梅香。试问岭南应不好,却道,此心安处是吾乡。

郎才女貌,侠骨柔情;才高八斗,璀璨词章。千古佳话,不过如此。

楚颜虽然年少,却已经才情不让,令我感佩。欣赏其父书法的时候,我曾笑言:"人云惟楚有才,信哉!"而楚颜又为楚人增色!受曼菱语启发,楚颜赋《中秋游艺》一首:

　　游离闲笔茸窠臼
　　破绽裂帛断强愁
　　南陆月浮海棠渡
　　中原日照红叶秋

千黛素来饱读诗书,信手拈来,受大力清唱铁镜公主唱段启发,赋诗如下:

　　惊闺托付细擦磨
　　菱花灿灿照秋波
　　即铜即墨两半错
　　依郎依妾一龛和
　　长秋月　银光灼

> 美人空对无言说
> 嫦娥痛悔灵药久
> 人间断桥从此没
> 天上仙鹊簇玄翅
> 徒羡牛女上银河

伟权感遇自身,亦赋诗一首:

> 每逢佳节思故乡
> 恰值中秋黯神伤
> 老母在堂我在外
> 酒伴思绪回龙江
> 慈父别去择良日
> 至今思之犹断肠
> 今夜无月照帝都
> 忍将灯光作月光

诗词馨香,而此香之外,还有巧克力的甜美和鲜花的芬芳。一切近乎完美,多蒙国伟和千黛操持,才有今夜的美好相聚。拳拳之心,深深感念。

快乐的时光总是过得很快。夜已深,筵将散。千黛取出为湿瓷绘诗友们购买的曼菱的书《北大回忆》,请曼菱为大家签名留念。北美的诗友们在地球的另一端,不能躬逢诗会,但也通过微信和我们互动。北大的回忆是我们今生共同的记忆。

乘兴而来,兴尽而返。外面依然有雨星飘零,伴随着我的归路。夜阑人静,凉风习习,多么美好的夜晚!纵然没有朗润的月光,可是诗会的诗情令我心绪涨满,思绵绵而增慕,夜耿耿而不寐!

提笔在手,草就一章:

中秋诗会,余韵难去,如余音绕梁,感慨系之。

昔日读《红楼梦》，读至探春《招宝玉结社诗贴》中有云："今因伏几凭床处默之时，因思及历来古人中，处名攻利敌之场，犹置一些山滴水之区，远招近揖，投辖攀辕，务结二三同志，盘桓其中，或竖词坛，或开吟社，虽一时之偶兴，遂成千古之佳谈……"

又读苏东坡《赤壁赋》："且夫天地之间，物各有主，苟非吾之所有，虽一毫而莫取。惟江上之清风，与山间之明月，耳得之而为声，目遇之而成色，取之无禁，用之不竭。是造物者之无尽藏也，而吾与子之所共适。"

我等诗友，虽非东坡之大才，但物以类聚，因向美之心，文辞之好，汇聚一起，投缘结契，古今一也；又清风明月，荡涤心怀，诗书雅趣，陶醉期间，其乐同也！燕园四年，同窗之谊，此生缘定，实堪珍惜！今夕中秋，良辰美景，珍馐美味，诗书歌吟，诸美皆具，夫复何求！感今宵诗会之盛情，怀同仁词赋之余香，念念不忘，遂成此文。

  中秋月圆夜
  古今凭栏时
  今夕风物好
  偕醉与诸君
  或饮酒一盏
  或吟诗一篇
  夜阑人未散
  八仙共逍遥

北大情怀·微信时代

涂克川[*]

北大的记忆已经很模糊了,只记得那时很勤奋,每天早上起来到未名湖去跑一圈,然后到图书馆占座,中午路过三角地去看看有什么新鲜事,然后就是忙着所谓的远大前程。毕业那年,大家似乎都在忙着离开北大,各奔东西。在北大学到的知识早就还给老师了,后来遇到的北大人都各自精彩,我一直觉得北大对我的影响微乎其微。

从东方逃到西方,再飘回东边,又回到西面。同班的小赵把我拉进北大86大群,推我做了化学系的联系人,让我积极参与做贡献。技物系的玉富不幸早逝,1986级同学一起捐钱出力,浩浩荡荡,一下就成了快500人的大群。因同学的早逝,大家好像彼此更加互相珍惜,世界各地的各自精彩的同学们开始加强联系。各种分舱兴起。写诗的成立了诗社,喜欢唱歌的成立了歌会,讨论宗教的成立了宗教群,喝酒的成立了酒宗,投资的成立了钱庄,旅游的成立了旅行社,八卦的成立了故事会,东方的土豪们成立了东土

---

[*] 涂克川,北大化学系1986级本科毕业,后获美国宾夕法尼亚大学博士。因就业压力,放弃科学家的理想,转行金融。从1998年至今,一直从事大宗商品期货交易。目前定居美国硅谷。

群,据说红包皮都能砸死人。西方的成立了海外群,讨论华人时政。

除了诗歌和远方外,还有美食、运动和朋友。北京有个土豪景跑跑,带个防毒面具,一高兴就是个"半马",跑完就下红包雨。下次去北京一定去看看他的装备。在北大86吃货帮里,一"见"如故,认识了资深的吃货和与我同一天生日的肖妹妹,相约一定要在一起大吃一顿。在"有说有练真把式群"里,见识了盐湖城的大PQ,居然说做家务事不算打卡,据说他家扫雪和扫叶子的劳动强度超大,约好下月到他那儿混吃混喝。科罗拉多的戴妹妹,到山上去越野跑就像到后院去摘把菜一样随意。儿子去了斯坦福的方妹妹组了一个"北大86子女教育&相亲群",北大二代阳光、健康,有思想,有能力,将来大有美好前程。看着地图,我已经计划好了,到东岸的顾妹妹弗吉尼亚家的后院去打猎,组队到达拉斯姚同学家去吃他打的鱼……

最有意思的是,生物系的路书记组了一个"北大好习惯励志群",以发21天红包的形式鼓励大家形成好习惯。好习惯五花八门:每天练腹肌的,冥想的,打拳的,走路的,早起的,早睡的,学外语的,不拖延的。我也养成了两个好习惯:每天12000步,每天下午5点以后就不再进食。小伙伴们互相鼓励,互相提醒,在红包雨和各种献花中居然大家都坚持下来了。据说路书记家书房的地上躺着他太太1991年给他写的情书,有机会一定去拜访一下。好些童鞋没见过,但觉得好像从小一起长大,出校门,一转身,于是有了不同的人生。我们都好像是彼此的镜子,不同的境遇,不同的选择,有了不一样的精彩。

Peter Liang的事件发生了,发现全美各地抗议的中流砥柱中都有北大86级的。蓦然回首,原来我们都还在那儿,曾经的年少轻狂,热血沸腾,追求民主,自由,公平,进步,为理想而奋斗,一直都在我们的血液里,这是北大给我们的教育,给我们的烙印。

亲爱的,一路有你们真好。微信时代,人在天涯若比邻,志在四方有知音。

(2016年2月22日)

从北大谈起

王成朴[*]

我向往北大差不多有十年，大学如愿在北大学了四年本科核物理。以后又在美国求学六年，常常情不自禁地把我所热爱的母校北大放在更大的世界里来看待和比较。据我的观察，北大的毕业生谈起母校来，总是以调侃、批评为主；而清华、科大的毕业生谈起母校来，总是以赞美为主。在纪念我们这届学生入学三十年之际，众多的校友已经唱了不少赞美母校的颂歌。所以我想在此做做恶人，品评一下今天的北大，以维护和继承母校长久以来的自由和批判的传统。

北大是不是世界上最好的大学之一？我想从教学和科研两个方面谈一下我个人的体会。

在北大学的功课，不可谓不深不难。四年中的三年，都是在苦读中度过的。我念书的那几年，读书仍旧是校园里的头等大事。

---

[*] 王成朴，北京人。北京大学技术物理系核物理专业本科毕业。纽约布鲁克海文国家实验室联合培养生物物理博士。现为程序员。业余时间搞科研、做开源代码。主要发明有：(1)一种在生物溶剂里观察纳米结构的原子力显微镜（http://www.lifeafm.com/）；(2)一种解决一般性数组问题的平行计算结构（http://arxiv.org/ftp/cs/papers/0608/0608061.pdf）；(3)一种以统计方法解决浮点运算的一般性算法（http://arxiv.org/pdf/cs/0606103v22.pdf）。

北大理科本科的课程,基本相当于美国研究生的课程。所以北大的本科毕业生到美国念研究生和考试,并不费力气。可能是基于同样的原因,中国留学生在美国念研究生课程并不费劲,也因此而自傲并瞧不起旁人的人挺多。但是在北大的几年里,我对科学的经验只是考试和做题,不要说没有学到如何做科研,听过多少科学报告,就是如何查文献也基本没有学过。有外宾的科学报告总有把门的,大四以前根本没有资格进资料室。

我在美国学习的第一件事,便是学习基本的讲和写。

语言的听和写其实不是主要的问题,语言的内容才是主要的问题。我们大陆留学生说话,哪怕说点儿简单普通的事,也爱"指点江山、激扬文字",弄点什么理论来打底充气。所以在美国,学文科的学"后现代"那几套最轻车熟路。某些北大的老师,爱在莘莘学子面前,将科学讲得高深莫测;用哪本教材和指定哪本参考书也是攀比的题目之一。实验课也是涵盖得越多越好,哪怕学生们其实是在机械地照单照做照抄。比照一下生动活泼的美国的普通物理课,放任自流的物理教学实验,中国的普通物理课一上来便是抽象的教条,既像《易经》又像《圣经》。我在美国,才学会如何将一个复杂的问题讲和写得简单易懂,领略到科学的精神其实就是将一个复杂的问题表述得简单易懂。不信你便去听听诺贝尔奖获得者的科学报告,再去听听研究生的资格考试,一定前者易后者难。可能,讲和写的方式便是带有中国特色的科学精神,我们的老祖宗们便喜欢引经据典地把简单的想法复杂化和神秘化。同样是古代"朴素的唯物主义",中国的"阴阳五行说"便要比西方的"原子说"艰深博大得多。

不仅说话方式不同,学习的方式也不同。一般地讲,北大的专业课程总是绷得紧紧的,老师课堂上往往一句废话也没有,同学们下课便是"消化吸收"和做作业,学得好不好也是看考试成绩来定。

不仅学生如此,老师也是如此。在国内参加科学报告时,我经常看到老师们如众星捧月般簇拥着科学上的名人,曾几次看见因为一个不深入的提问,台下问的人灰溜溜地无地自容,台上讲的人趾高气扬地不屑一顾。偶尔听到老师谈老师,也是某某人某年某月某日向某个名人问了某个愚蠢的问题,或者是某某人曾受到过某位名人的赞赏。一切有点像武侠小说里的高手对掌,一口气喘不对便要粉身碎骨。想必,在北大待久了,在专业上沉默是金;偶尔一开口,也一定要点到穴位上。所以,在北大的几年里,能听到的科学报告很少,倒是关于气功的讲座很多。总之,北大在做学问上,"认真"和"宽容"调和得并不好;学生和老师,在科学的领域里,精神上是不太自由的。

在美国上课,便要轻松得多。课堂上有问有答,老师如鱼得水,学生妙语连珠,彼此汤姆、彼得地称兄道弟。即使是荒诞不经的问题,老师也要借机引申一番。的确,科学上有什么是坏的问题吗?我们如果让中国的"杞人"一直忧下去,不怕他忧变了天——中国便可能是牛顿的故乡和爱因斯坦的故乡。美国学生一般没有中国学生知道得多,问的问题也天真;但好的学生往往能问出好问题,让老师大大地趁机引申一番兴奋一场。和好的美国学生一起上课,仿佛是在看别人做有趣的猜谜游戏,自己因为预先知道了答案而只能旁观,心中充满懊恼和羡慕。美国学生还有一个特色,就是他们十分热爱自己的专业,比如学生物的从小便做野外观测,案头常常放有自己幼时亲手采来的标本,有的假期依然重操旧业;学物理的十分熬得住,四十出头一无所有依然热忱不减。而决定中国学生所学专业的其实是高考分数和毕业分配,所以中国留学生们在这里一有风吹草动便纷纷跳槽转专业。也许过早学了过多的知识让我们早熟了,失去了在科学上的童真和热情。现在,看看国内的教育更加起劲地制造小天才和小专家,我但愿中国未来的人才不个个都是小老头。当然,并非美国到处如此,一般工学院的课堂风格便比较近似于国内。可能,这也正是美国工业界在高科技上拔尖的人物中工学院科班出身的人并不多的缘故。总之,这种培训式的教育严格训练出来的人中,在科技上勤恳有用"成名"的挺多,开辟新路"成家"的不多。

  在美国听名人演讲也是如此。名人自己来自己去,不像在国内总被众星捧月地拥着。并不因他有名,台下问问题的人便显出胆怯,演讲后小研究生也有机会提幼稚的问题。在美国,自由的含义之一便是尊重每个个体,哪怕他默默无闻。相反,我们做个孤独的普通人,是最危险和最寂寞的。一个人稍微在某件事上与众不同一点,便可能引祸上身。我们老祖宗的智慧,便是尽量消灭自己的个性,多往人多的地方站。我们做学问,也要依附成理;大学各系里的老师往往都是本校本系毕业的同门,学术上以校为派。在美国学界,年轻人总想独树一帜,弄一套自己的理论体系来玩玩。留校教书被当作"近亲结婚"而被人不齿。热爱自由的人说起话来,当然少有顾忌而充满个性,即使说的是科学上的术语。

  我在美国学习的第二件事,便是如何读文献。

  我们读书最适合用来读课本和考科举。似乎书中的每一条都是真理,因为每一条都可能被考到。老祖宗传下来的读书方法是:读书要以书为主,掌握了一个"正确"的理论体系,就是掌握了真理本身,就像武侠小说里的真功夫,都在"秘籍"里一般。迷信理论体系,也是我们的特色之一。我们几千年曾捧着孔孟之道不放,孔孟不行了,便去找其他的主义;找到了救国救民的马列主义,以及民族主义,却屡屡因为过于教条而犯错;现在又过分热衷于拜金主义和后现代主义之类的玄学。"现代化"便意味着当官的都要去弄文凭,"和国际接轨"使北大给一些乱七八糟的人送地位和送文凭。辩证唯物主义的理论体系被奉为学科学的指南,反过来,大学里同学们昏天黑地地看弗洛伊德、康德、尼采和萨特的理论体系,把他们当作"救国救民救自己"的武功秘籍一般。在北大,"科学"是被当作"真理"来看的。更不幸的是,在其他地方,"科学"是被当作"技术"的工具来看的。而"技术"更是搞"政治"的工具,比如芝麻大一点的成果,甚至是抄袭照搬引进别人的,也要和政治联系上、和民族的尊严联系上,这成了某些人谋取私利和保护落后的借口。

而林林总总的科学文献中,有对的,有错的,有谎言,也有虚言,所以读科学文献要择要、要怀疑、要分析、要推理、要就事论事,还要旁敲侧击——要"不信邪",要以"我"为主。结合自己的实践多读文献,读书人个人"不信邪"的个性自然就出来了。美国的研究生课程中,读文献才是重头。发展快一点的学科,如生物,研究生课程常常没有教科书,只有文献,甚至于像听科学报告一样,十几位老师轮流传,每个老师讲他那一方向的科研,留一堆令人头痛的文献。美国的教育体制似乎并不在乎给学生一个完整的理论体系,而在乎给学生一个分析信息的方法,"少谈主义,多谈问题"。我因转学生物物理而旁听了一年的遗传学,就是这种风格;第二年正式选课时,发现内容已经有了许多更新,文献有一半是新的,老师有一半时间脱离教科书,根据文献讲课。有的老师还要故意给学生指定"牛屎"文章请学生分析,让学生上上大当,让我们明白即使是科学也有不完美的地方和撒谎的地方。遇到问题,美国学者的第一本能便是想想"图像"——想想已知的事实的前后顺序,而不是像我们中国人那样开始一头扎进理论体系,或是像俄国人那样开始解方程式。在美国,一个好的研究生不光要做好项目,还要会看文章、能拿主意、懂得究竟为什么要做这个项目,并能放眼未来。而一个研究生如果只被动地读导师指定的文献,他不会成为一个真正的科学家,最多只能成为一个科学上勤勤恳恳举一反三的"跟屁虫"。可惜,读文献的意识在我们留学生中并不十分强烈,许多人一说便是个人手头的项目做得有多好,但对其他人在做什么却所知甚少。在西方,"科学"不是从理论体系开始的,而是从事实和信息开始的;人与理论体系的关系是自由平等之下人人玩理论体系,而不是像我们那样理论体系一直在玩人。我这里并不是说理论体系在科学上不重要,而是说理论体系不应管得过宽过细,成为主宰人的思想的东西。东西方的思维概括起来,就是东方首先想什么是"对"的,而西方首先想什么是"真"的。半个多世纪以后,我终于理解了北大老校长胡适忠告要"多研究些问题,少谈些主义"的良苦用心。

我在美国学习的第三件事,便是如何做一个自由的人。

记得在北大参加"草地沙龙"时,北大学生对北大不自由的一致定义便是:①晚上要熄灯;②早晨听大喇叭;③食堂太定时。在美国几年后,我对自由的理解完全变了,自由不是无法无天、随心所欲,或是御风而游、心驰神往等。自由包含着义务、责任、尊严、尊重、法治、平等和社会的公正。自由不再是一种个人的状态,自由其实是一种社会的公德。

首先,自由的第一要素便是平等。

如前所述,我觉得我们国内的教学是在培养科学上的奴仆。那么科学研究又如何呢?我有一个很有天赋的同学,在北大跟一位平时言论上非常崇尚自由的教授做研究生,常常私下抱怨老师管得太严了,事必躬亲,不容任何不同的想法,当研究生简直就是在当计算器和仪器的按钮。

与此相比,在美国立志从事科学研究的中国留学生便要幸运得多,一上来便能挑大梁,两年以内便在最权威的学术杂志上发表文章的人很多。同样的中国人,在海外当当响,在国内很窝囊,我想学术体制是主要的原因。美国的研究生导师一般只给学生提供钱和给项目上开个头,其他由学生自己去闯去做。学生遇到问题,老师给出点子和打气。学生做不下去了,老师帮忙转向。学生和老师是平等的。有几次我和我的导师有学术上的分歧,两人拍着桌子对吵。我的导师平时是一个非常温文和蔼的人,也是学术上一个方面的权威。如果导师见的确说服不了我,便会与我共同分析一下我的方法会不会损坏仪器、浪费过多的经费和耗费过多的时间,然后让我自己去试去体会。果然,有一半情况下我最终明白了导师的意见是对的。但是也有一半情况下我能向导师证明我的想法是对的,导师这时便很是高兴,认为我为项目带来了突破。几年以来,我与导师既有争论的时候,也有共同庆贺的时候,导师真心地希望我能超过他,师生的情感日笃。美国人一般十分尊重有主见的人,更看重能坚持正确己见的人。

当然,导师和学生也可以有利益上的冲突。本系与我同届有一位中国学生,不到三年就完成了博士论文的课题,但他的导师不让他马上毕业,阻挠,并在他的论文答辩上使坏。该同学一状告到学校,结果不仅他顺利毕业、由系主任推荐找到了不错的博士后,而且他三年来的成果属于他个人,而与他的导师不再有关联。所以,自由的第二要素便是法治保障下的社会公正。表面上"金钱至上"的美国社会有《反垄断法》和《遗产法》等限制个人财富和自由的立法,以及税率随收入上升,就是为了保障个别人的影响力不过度地干涉社会公正。相反,在法律上少数民族可能拥有更多的个人权力,美国的新闻也更加关注社会上的弱者和受害者。退一步讲,美国是一个自由的社会,在一个地方待得不痛快,大可换一个地方继续干。所以,我认为北大校友卢刚二十几年前枪杀师弟、导师和博士论文答辩委员会全体并伤及无辜的行为,既是卑鄙的和残忍的杀人犯行为,又是对"自由"的完全无知——而不是像网上某些自封的"爱国狂"所说的那样是个"自卫"的"爱国"的行动:因为他杀了不认同他的美国白人。其实我们的另一位校友张益唐,在导师明显不公不当的情况下,已经用自己的努力给出了最好的回答。

其次,自由更加重视个人的尊严和个人的责任。

司马迁在伟大的《史记》里,为"其言必信、其行必果、已诺必诚"的人专门做了一篇《游侠列传》,并且为"其义或成或不成,然其立意较然,不欺其志"的人专门做了一篇《刺客列传》。反过来,几千年的封建专制独裁之后,做重信义、一诺值千金的人非常少。敢于仗义执言的人是那么少;相反,随波逐流、爱撒谎的人是那么众多。在我,刚上学便开始学写"在马路上捡了五分钱""给军属李奶奶挑水"式的日记,写过无数的决心书和誓言,批判过无数一无所知的人和事,现在想起来都感到脸红。

所以,我到美国的第一个震惊,便是美国人对"撒谎者"的极度鄙视。个人的言行一致、前后一贯,是美国老百姓判断一个人的"试金石"。几年以后,可能是被"西化"了吧,我对许多同胞的办事方法实在不敢恭维。比如这几年国内的 TOEFL 和 GRE 成绩越来越高,许多人便另辟蹊径,给个别教授写决心书式的自荐信,言辞诚恳、声情并茂、五体投地;并千方百计找到在这里素不相识的校友做他的联系人;其实另一面已经在暗中着手转校和转专业;来了不到一年,便神秘地失踪,把系里和恩师急得团团转——以为出了什么刑事案件;该人千里之外打个电话过来让联系人去给他擦屁股和邮寄行李,苦劝之下也绝不给系里和恩师打个电话说明情况和给联系人留个电话号码。言而无信、过河拆桥,这样做其实很伤人心,许多教授已经发誓不从中国大陆招研究生,一些系开始像防贼一样地防大陆来的留学生,老生再也不愿给新生做联系人。其实在美国,转校和换专业是天经地义、受法律和校规保障的。许多人这样做的小算盘,只是多拿一两个月的资助。在美国,真正的自由是无法"法定"的,多数自由基于人与人之间的信仕与默契。而撒谎的人是无法让别人信任的，我们不尊重自由的结果将是作为整体地失去部分自由。我个人有时觉得在美国最受不了的"妖化"，便是被别人在内心深处当作说谎的种族。

最后，自由是建立在尊重他人的社会基础上。

"以恶度人"的态度，被许多同胞用来看美国。比如认为美国人笨，做题和考试远不如自己，却看不到在最高层次的研究领域，中国来的学者并不多。同胞们关起门来私谈，说白人多是男盗女娼，称黑人必叫黑鬼，但对任何对中国人的不利评价都要跳，动辄就是"围堵中国""妖魔化中国"等帽子。别人说了什么，是不是事实，有多少是事实，都不重要，只要不是正面的报道就不行。总之，非议中国就像阿Q头上的癞子：赵太爷摸得、别人摸不得，百姓能骂、政府不能骂。说实话，每个人到了海外，都有一段对有关祖国的事过分敏感的时期。在改革开放以前，一伙极"左"分子以革命的名义搞闭关锁国，给我们灌输了过多的"受害教育"和社会达尔文主义者的"民族至上"的旧货，从未客观地分析、看待中华民族历史上与其他民族的关系，而是一直把自己当作别人的家长和恩人，或是纯粹的受害人。与此相反，稍与美国文化接触一下就会感到它的自省力量，比如过去的民权运动和现在对非法移民的关怀。其实这应该成为我们自省自身的偏见的良机。但近年来一些同胞到美国并千方百计地留下来，似乎就是专门留在这里"恨"它的。如此，不仅美国先进的东西学不到，中国落后的东西也看不见；留学爱国的目的又在哪里呢？

尊重他人，也包括尊重他人的信仰。在美国，基督教是主流。一些中国人为了增加社会关系和受教会的庇护，便积极地入教和受洗；但私下对宗教并不以为然。同学里在国内政治上的积极分子在这里往往是另一个极端上的积极分子。其实，没有很多人是傻子，西方的传教士早就观察到：很多中国人什么都可以信，实际上什么都不信。一个人信不信教,仅从他的日常行为上便能观察得出,极端的语言其实掩饰不了什么。中国留学生应该认认真真地学习美国人深刻自省、平等博爱和切实奋斗的精神——这些我们传统文化中缺少的东西。在美国,个人的权利充分地受法律的保护,"与众不同"并没有危险和压力,为了一点小小的利益和安全感实在不值得把自己弄得这么虚伪。

对自由的理解,更在社会实践之中。我常常想,北大究竟要为过去的历史事件负怎样的责任。从北大发起的历次政治运动,几次改变了中国的历史。历次北大的学生运动,冲锋陷阵的都是最年轻的学生。而当你一旦看到这些运动的领导者,都是一些刚上大学的"青少年",你便不再奇怪这些运动"非理性"的特征和悲剧的结局。如果说这里有例外的话,第一次是一个世纪以前北大发起的"五四运动"提出的"科学、自由与民主"的口号,是北大历史上的最高点;第二次是抗战爆发前"一二·九"运动北大学生为国家和人民所发出的历史诤言;第三次便是三十年前我们这代学生所经历的改革开放运动。然而此时,北大已经既不会尊重对手,也不会尊重自己,更不尊重人民群众,把国家民族的大事和历史的百年契机当作儿戏和做戏——不讲理性和相互进步式的妥协,十分追求戏剧的效果,"跟着感觉走",模仿那伙教条主义者那套极"左"的作风,自己对前途感到迷茫却喜欢号召别人、陶醉于登高一呼;甚至成了少数人出风头、实现个人野心的机遇。另一方面,很长时间以来,北大的老师们太爱做学术、太独慎其身了;特别是在压力之下,做学问普遍成了不问社会责任的挡箭牌,让少数敢于讲真话的老师独自站在寒风之中,也让青年学生在社会活动中接触不到成熟的理性思维、不顾大局地躁动,造成了一场民族的大悲剧。从这点上讲,北大的学生和老师在历史的责任面前都是失职的。我记得中国有一位受尽苦难的老歌唱家,在北大某年校庆时,带着对北大的深深的敬意来为北大歌唱。他人老了,一个高音没有唱准,立刻引来台下的一片嘘哄之声。我因恰巧坐在前排,而看清了他眼中老花镜后的泪水。不知有多少读此文的北大校友还记着这一幕。所以有时我生气地觉得,北大80年代的"民主"热与"自由"热,不是出于对基本人性的追求,而是出于时尚的偏好。现在,北大人中想为历史尽责任的更少了,在北大通过科学来向学生们揭示民主的老师更少了。长此以往,北大就要纯粹成了出国的跳板,或学做"精致的利己主义者"的大学。我认为民主与自由,在北大也将成为历史。

好了,我从北大谈起,已经谈到民主、自由和道德。我希望我所谈的,是北大和我们同胞身上不好的一面。我在美国,遇到过许许多多献身科学、有所建树和道德高尚的同胞和校友。北大和北大的老师留给我的记忆其实是十分美好的,对我的培养也使我个人终身受益不尽——我写此文,就是缘于"北大精神"的感召,就是希望整个世界像北大的未名湖那般纯洁和秀美,就是希望中国的老百姓们明天有个幸福的生活。我的议论一定有很多偏激的地方和不切实际的地方:比如西方现在流行的"政治正确"的文化,就是先问对错、后问事实的文化;又比如美国社会也有很多弊端,只要有机会,美国人也会显示人性中丑陋的一面——只不过美国的制度、法律和传统比较好,这样的机会没有那么多,普通人像阿甘那样凭良心老实干活也可以活得比较滋润。所以我文中的对比,也是不完全公正的。谢谢读者们耐着心思地读完我以上不成熟的一点"炮筒子"想法。望多批评指正。

(写于1998年,改于2016年)

在世界面前

给我一个虫洞*,好带罗马回家

达 哥

  罗马是热。八月底了,还三十多度。少雨,多是晴天白云,又缺风,干热着。最常见的树是石松,就像大热天松树要把自己剪成小平头一样。估计年轻人不会长脚气,因为太干了,连树都不长蘑菇。小孩子也不会哭,哭也没用,泪到眼角也就干了,也不用妈妈擦。

  但是罗马人很会用水,在人群聚集的地方,总要有个喷泉。在晒得干干的罗马广场边上,有一个水龙头,水是冰冷的,像是地下有个大冰箱,水从冰箱里流出来。游人把手鞠成碗,一碗水后,便气定神闲,脱胎换骨。

  晚上九点以后气温就降下来了。人总是多得很,一直要玩到深夜两点。每个广场上都有玩耍的孩子和欢乐的父母,还有各类小商贩,用手轻轻一搓就把发光的玩具送到天上。

  罗马是牛,有世界上最多的雕塑。有些是从古埃及抢来的,比如圣彼得教堂广场里的尖方石塔,高 30 米,重 300 吨,是古埃及

---

  * 虫洞是一个物理概念,也叫时空洞,或者爱因斯坦—罗森桥。它是宇宙中可能存在的连接不同时空的涌道。物理学认为穿过虫洞,可以做瞬时的时空转移,可以做到单一时空不可能做到的时空挪移。

2000年前的产品,见证了埃及被古希腊征服和古罗马统治之后被移到这里;还有的雕塑是用石头把古希腊的青铜像拿来重做了一遍,比如很多广场的石雕;更多的是罗马的创作,比如米开朗琪罗的玛利亚怀抱刚去世的耶稣("圣母怜子"),还有那高大的维托里奥铜像。

罗马更是牛,自古以来管理了世界上很多国家的精神文明,拥有世界上最大最重要的天主教教堂,这就是五百余岁的圣彼得大教堂。还没进教堂就是一个巨大的广场,环绕着广场的是284个擎天柱,上面再摆满140位天主教有名长老的雕塑,有哪个国家能同时摆出这么多的贤士文人的雕塑呢?这些柱子圈出一个巨大的椭圆广场。教堂本身就比两个足球场还大,能容纳六万信徒。教堂的穹顶有130多米高,是米开朗琪罗的杰作。在没有计算机的16世纪,米开朗琪罗计算设计得分毫不差,才能让这教堂拔地而起,真可谓鬼斧神工。更牛的是人可以通过石阶攀登到教堂穹顶之巅。551级台阶,很大一部分是在穹顶的夹层里。如果有个巨人,看着穹顶像鸡蛋,不小心打开蛋壳,会发现这鸡蛋是空的,但是蛋壳的夹层里爬满了人。

罗马是像北京。乘车一进城就觉得罗马都是墙。人的院子被墙围起,政府大楼被墙护着,教堂就更别说了。很多街道是夹在高墙之间的。车都很小,像是吉利,却是小奔驰、Fiat、克莱斯勒、小标致、Mini Cooper、小Smart,等等。罗马人热情好客。吃饭很重要,很多饭店外面有推销员和领座员,人多得熙熙攘攘的时候,吵闹得也像北京。在市场上,人山人海之中,有打把式卖艺的,有兜售小货物的。罗马的夜市也像北京,旁边的小店铺都充满了小商品,外面有卖水果杯的,还有小吃。问了七岁和十三岁的儿子,都说罗马人说话吵吵嚷嚷,很像北京人。公园也像北京,没修得多细致,但是粗有粗的别致,小小的湖上有船划,公园里有双人和四人自行车骑,公园的厕所要收费,到里面发现还是蹲坑。

罗马是法西斯的故乡。两千多年以前,罗马是个城邦,在抛弃了作恶多端的王以后,选择了共和制。罗马有元老院(像现在的参议院),还有大家选出的两个执政官。执政官平时外出各有12位打手或护卫,手持武器,武器就叫法西斯。法西斯是一束棒子里插着一个斧头,如有人不敬,护卫会先棒打,后斧斩的。后来法西斯被人用来代表"团结就是力量",又言云:"个人服从集体,集体服从领袖。"20世纪初墨索里尼创党,就取名法西斯。希特勒便把法西斯发展到反人类,作恶多端。

罗马是共和的发祥地。现在罗马还到处都是SPQR的标志,是"元老院和罗马人民"的意思,这该是世界上最古老的商标品牌吧。这还得从两千年前说起。罗马人开始贵族制民主共和时,选出的执政官执行市民代表制定的政策,为市民服务。执政官换得勤,施政小心。开始时只是元老院辅佐执政官,后来有钱人也要参政,就有了另一个叫公民大会的团体。慢慢地公民大会主持立法,执政官来执法。

罗马的民主传统从街道里就看得出来,除了雕塑,高楼之外就是广场。广场做什么用呢?是人群聚集辩论的地方。一个鼓励、容忍讨论的地方,阴谋就少一些,理性就多一些,民主就自然一些。即使是罗马变成帝国制之后,元老院、公民大会和人民的参政也是重要的。

后来罗马征服了英国,治理了400年,很有可能也把元老院和公民大会的理念带到那里。但是英国近千年来的君主制,有浓厚的人民参政的风俗,是英国再次独立发明了罗马式贵族共和的过程。在极端时为了保护议院的独立,英国市民曾经把国王查尔斯一世安上叛国罪名斩首。几个世纪以来,英国一直实行着类似罗马式的三权分立——君主、元老院、公民代表人会,反叛的英国殖民者再把这个理念带到美国,稍加修改成了今天的行政、立法和司法的分立。所以,罗马发明的共和制从来没有消失过。

罗马既懂得对生命的践踏,也懂得对生命的怜悯。传说创建罗马的两兄弟就是从小被遗弃野外,被狼养大。后来的罗马皇帝建造了那巨大的角斗场,在节目中场休息时没有乐队转接,就杀基督教徒来取乐,因为基督教徒居然敢有自己的思想和上帝,居然不和主流意见一致。那时的罗马人也许不懂"对邪恶无动于衷有如是邪恶帮凶"这一说,但是罗马人最懂得纪念死者。在罗马博物馆看到许多精致的石棺,有一些是给小孩子的,外面刻有美丽的石雕,石雕上有人首马身的神、慈祥的女子、端正的狮子、安详的天使,纪念和陪伴逝去的孩子。"圣母怜子"是对生命逝去的不公最好的公诉吧?只可惜日前逝去的叙利亚三岁小男孩再也没有妈妈的怀抱了[①],也没有人做个让他安息的石棺。

罗马还是像北京!老被野蛮人侵略。不过近期有人跟我说罗马的灭亡也是由于中国造成的,据说汉武帝击败匈奴后,匈奴西迁,之后气候变暖,草原消失,匈奴就再往较冷的西方迁移,把日耳曼人挤出原驻地,日耳曼人就南下灭了罗马,云云,好像洛阳打了个喷嚏,罗马就感冒了。

此事真假不知,但是我要是丢了家园,也会来罗马,因为罗马就像我的家。这里的房都是砖砌的,房顶都是瓦,瓦不是灰色的,是我们常见的黄色琉璃瓦,罗马的地都是砖铺的,灰黑色的。罗马的城市也是方和圆的集合。罗马的院子就是四合院,少了大门和影壁,多了几层楼房。罗马太阳热,四合院就多了一圈长廊遮阳。

---

① 2015年9月2日,一个三岁的叙利亚男孩,在随母亲和哥哥从土耳其到雅典的逃难途中溺亡于地中海。孩子尸体面朝下、身穿红色T恤衫和短裤、被冲到海滩上的照片引起了全球的关注和对战争的谴责。

小时候在四合院里长大,后来在北京老想买个四合院,没买到就老想看人家的院子,但是人家的都有门,门总是把我们挡在外面。罗马的院子总是开放的,是可以看的,楼上都是有风格的结构,院子总是方方正正,也是种树、种草、喷泉、养鱼、育石、设物、弄花的。

　　传说中的罗马有很多马,但是这次没看见,见到的都是石头雕的或青铜铸的,最显眼的是维托里奥纪念堂上的几个青铜马车,每个车四匹铜马载着一个胜利女神,让我想起了秦始皇的四马青铜车。如果物理学中常谈的虫洞是存在的,就请为我开个洞,让那胜利的马车,把罗马和我载回家,停靠在那梦中开放的四合院。如果虫洞是存在的,就请为我们开个洞,让那肃穆的马车,也把那早逝的叙利亚小男孩载回家,为他供上精美的石棺,刻上安详的母亲、伦敦的摩天轮、瓶装的橘汁、温柔的布娃娃、美丽的游戏、扎实的汉堡,再加上忏悔的人群,还有罗马那稍瞬即干的眼泪。

(2015 年 9 月 3—5 日)

生命中不能承受之重
——捷克与布拉格

子 明[*]

浴火重生

1918年10月的奥匈帝国风雨飘摇,岌岌可危:四年前那个夏天,一名塞尔维亚民族主义者在帝国刚吞并的波斯尼亚首府萨拉热窝刺杀了帝国皇太子夫妇,由此引发的第一次世界大战此时已经昏天黑地打了四年多;两年前,皇帝弗兰茨一世、这位欧洲在位时间最长的君主也撒手而去(1848—1916年在位,第一任皇后就是小名茜茜的号称欧洲第一美人的伊丽莎白·阿马丽亚·欧根尼,1898年她遇刺身亡)。这时的奥匈帝国已经被战争折磨得筋疲力尽,1917年以来粮食等生活物资日渐匮乏,百姓食不果腹、长期以萝卜、蔓菁等充饥,境内十几个操不同语言的民族早已民族主义高涨,帝国在战场上节节败退,分崩离析在即。这时候的奥匈帝国末代皇帝卡尔一世当局已经准备接受美国总统威尔逊发出的十四点

---

[*] 本名陈向,1967年生于北京,父母是在北京的外地人,1986年夏从北京西城区第35中学考入北京大学历史系世界史专业。1990年毕业后在北京图书馆(现国家图书馆)工作。1993年春自费出国赴捷克布拉格,进修外语。后工作、成家、定居至今。"好读书,不求甚解",业余从事世界和外国历史及文化的学习。

和平建议的部分条款,在保留自己奥地利皇帝和匈牙利国王双元头衔条件下允许捷克和南斯拉夫人在联邦体制下自治。10月28日星期一早晨,此消息一见报,布拉格市民便自发地涌到市中心瓦茨拉夫广场聚集,随即以"捷克国民会议"为首的捷克民族主义者在没有遇到任何阻拦的情况下和平接管了奥匈帝国在布拉格的数个行政机构。广场上到处是沸腾的捷克民众,他们手里举着红白蓝三色旗帜,集体唱着《哪里是我的家乡》这首低沉而又抒情的歌曲(出自1834年捷克剧作家的一部捷克语歌剧,后流行全国,最后被定为国歌至今)。在群众的一片欢呼声中,奥匈帝国的国旗和双头鹰徽记一个接一个地被从各个建筑物上拆下来。10月28日这一天被定为捷克斯洛伐克的独立日。不久,长期在境外(英国、法国、俄国和美国等地)从事捷克民族独立运动、极富名望的领袖人物,维也纳大学哲学博士、前英国伦敦大学教授托马斯·马萨里克先生也率团回到阔别四年之久的祖国(一战期间他持塞尔维亚护照,在协约国俄国、法国等地组织和训练了数万名由海外捷克斯洛伐克人组成的武装军团)。他团结境内各族各界人士,建立起统一的捷克斯洛伐克共和国 Czechoslovakia,并于1920年正式被推选为第一任总统,从此捷克人民摆脱了自14世纪以来德意志日耳曼王公贵族近六百年的长期统治,建立起捷克斯洛伐克民族自己的国家。

1993年初,捷克和斯洛伐克分别建国。(位于斯洛伐克东部喀尔巴阡山区的鲁西尼亚已于第二次世界大战结束后被割让给苏联,现在依然是乌克兰的一个州)。今天的捷克共和国国土面积约79000平方公里,居欧洲第14位,和重庆市面积差不多大。人口只有一千万出头。第一大城市便是首都、著名历史文化名城布拉格,现有市民120万人。

捷克和布拉格近年来已被越来越多的国人所熟知了:提起捷克,人们会联想起憨傻滑稽的"好兵帅克"的文学和影视形象;老一辈的人还会想到二战时反法西斯英雄伏契克的《绞刑架下的报告》、动画片《鼹鼠的故事》，会想起北京20世纪五六十年代街头的斯科达牌大巴车；军迷们不会忘记曾为我抗日战争立下功勋的那种弹匣在枪身上部的一代名枪"捷克造"轻机枪；文学爱好者会想到20世纪80年代末风行一时的小说《生命中不能承受之轻》及其作者米兰·昆德拉，还有作家卡夫卡、克里马、曾经获得诺贝尔文学奖的诗人塞菲尔特，以及捷克共和国"文人总统"、剧作家哈维尔；音乐方面，音乐之乡奥地利维也纳金色大厅每年的新年晚会都还保留的经典曲目之一就有19世纪捷克音乐家斯美塔那的《美丽的伏尔塔瓦河》。移民美国的捷克作曲家德沃夏克更是以一首《新大陆》不知扣动了多少海外游子的心弦；喜欢艺术史的朋友更是醉心于捷克包括布拉格在内的很多古城浓郁的历史建筑文化氛围。

相比这金色的布拉格和丰富多彩的文化成就，捷克和布拉格的历史是悠久而又令人心情沉重的：就像现在和曾经在这块土地上生活过的捷克人、犹太人、日耳曼人、匈牙利人、意大利人等族群的人们的感受那样：生命中总是有那么多不能承受之重。

捷克人、波希米亚人、斯拉夫人和日耳曼人

在今天包括布拉格在内的捷克数个旅游热点城市街头，徜徉着来自世界的游人，给他们最深的印象之一恐怕就是当地民众清一色的捷克语（一种号称世界上最难学、既不像英语也不像德语却有些像俄语的语言）和他们带着口音、字母R经常发成卷舌音的英语了，能讲流利德语的捷克人已经凤毛麟角。

然而，在1945年5月之前，布拉格却好像20世纪50年代之前的老纽约，是个典型的多民族、多元文化的都市，有近十分之一的市民讲德语，这些德语居民及其祖先有些已在这个国家和城市生活了数百年，他们之中既有像作家卡夫卡及其堂兄弟那样母语是德语的犹太人，也有日耳曼人、马扎尔人（匈牙利人）和意大利人后裔。不仅是布拉格，当时整个捷克斯洛伐克全国总人口的五分之一、近三百万居民讲德语，第二大城市布尔诺更是有近一半的市民讲德语。散居在乡村的犹太人则多半讲捷克语或犹太语。可以说，历史上捷克斯洛伐克地区是一个多民族、多族群聚居的多元文化地区和国家。

由于 1938 年底到 1945 年纳粹德国对捷克斯洛伐克的侵略和直接占领，导致德语、匈牙利语族群与捷克斯洛伐克语族群关系恶化以至破裂。德国战败后，这三百万土生日耳曼少数民族几乎在一夜之间被赶出家门：无论老弱妇孺，全被驱除出境，成为难民，丧失了土地、房产等几乎所有财产，只带着随身的换洗衣裳被赶往德国和奥地利。二战后，捷克斯洛伐克变成了单一的捷克斯洛伐克民族国家，所剩无几的父母或配偶双方都是犹太人的所谓纯种犹太人多半移民以色列或美国，余下的都融入捷克斯洛伐克族人中了。关于捷克历史我们听到两种不同的声音：

捷克国家中小学历史教科书如是说：捷克斯洛伐克历史上就是我们的国土。

一位德国民族主义史学家却这样说：波希米亚（捷克）历史上就是我们日耳曼人的土地，只是我们没有那么多农民把这块土地填满。

捷克地形四面环山，西部中间是易北河上游及其支流伏尔塔瓦河（流经布拉格）的冲积平原，中部和东部主要是丘陵，东南方有摩拉瓦河（向南流入多瑙河）的冲积平原。捷克人又被称为波希米亚人，令人惊奇的是她并不是这块土地上最早的居民：最早的拉丁语历史文献记载公元前 5—前 3 世纪，这里以至德国南部生活着被罗马人称为高卢人即凯尔特人的各部落，其中一支称波伊人（Boii），居住地因而名为波希米亚（Bohemia），因此后来的德语、法语、英语等也称捷克西部地区为波希米亚。公元前2世纪到公元后5世纪，这里的居民主要是代凯尔特人而起的日耳曼人诸部落，而凯尔特人已迁徙到高卢/法国、西班牙、不列颠和爱尔兰等地了。

斯拉夫语民族/斯拉夫人（Slavs）大家比较熟悉：捷克语、俄语和塞尔维亚语在语言学上都属于同一个斯拉夫语族，可分别代表现代斯拉夫语民族的三个分支，即西部、东部和南部斯拉夫语族。斯拉夫语族和周边的日耳曼语族、拉丁/罗曼语族、希腊、阿尔巴尼亚语族以及东方的伊朗/波斯语、南亚次大陆上的梵文/印地语、乌尔都语（巴基斯坦）以及我新疆古代居民的吐火罗语等都属于广义的印欧语系这个世界上分布最广的语系。既然日耳曼、斯拉夫等语族都同属一个语系，那说明他们祖上一定有关系了。当然，就像今天同属于日耳曼语族的只会说自己母语的英国、德国和瑞典人彼此不能交流一样，同属于斯拉夫语族的捷克人和俄国人除了彼此做买卖讨价还价之外（因为数词从一二三到百、千、百万等同源词发音几乎一样），双方进行深入交谈还是很吃力的。和捷克语最亲近的莫过于被大多数捷克人看做是捷克语一个方言的斯洛伐克语了，我感觉斯洛伐克语和捷克语的差别是远远小于汉语普通话和广东话的差别的，大致相当于北京话和河南话的差别。波兰人也属于西部斯拉夫人，两族历史上关系来往也很密切，同源词高达一半以上，因此19世纪捷克民间传说有历史上斯拉夫人三兄弟分别到三地成家立业成为捷克、斯洛伐克和波兰人三个民族先祖的说法。

关于斯拉夫人，最早的文字记载见于1世纪末和2世纪初的古罗马文献，曾分布在西起今波兰境内的奥得河、东抵今乌克兰境内的第聂伯河、南至匈牙利罗马尼亚境内的喀尔巴阡山、北濒波罗的海的广大地区。今日波兰境内的维斯瓦河河谷，被认为是斯拉夫人的故乡。4—6世纪，斯拉夫人中开始出现部落联盟。由于公元

4世纪中叶开始的民族大迁徙（匈人、东西两部哥特人等）的冲击，原始斯拉夫族群逐渐分化为三大支系，并出现不同的名称：西支称维内德人，东支称安特人，南支称斯拉文人。后来，由于南部斯拉夫人同拜占庭帝国联系密切，多见于史料记载，所以"斯拉文人"或"斯拉夫人"就成为各斯拉夫民族的统称。这里需纠正一个误解：有人误以为英语中奴隶（Slave）一词是由斯拉夫人 Slav 演变过来的（因为他们历史上经常被贩卖到罗马帝国或后来的拜占庭帝国做奴隶），这是完全错误的。英语中奴隶一词在中古英语叫 sclave，是从中古拉丁语 sclavus、slavus 引入的，而中古拉丁语的词源又是拜占庭帝国通用的另一种语言希腊语（称奴隶为 sklabos）。现存最早的公元 9 世纪的古斯拉夫教会文件斯拉夫人却自称为 slověnin 复数 slověne，现在多数俄国、波兰、捷克等国学者认为 slověne/斯拉夫人作为民族自称来自于古斯拉夫语 Slova 一词，就是话语（words）的意思，也就是说 Slověne（斯拉夫人）就是彼此能够进行口语交流、有共同语言的族群，相反，那些只会嘟囔却听不懂说啥的人就是外族（Němcí），历史上特指斯拉夫人的近邻——日耳曼人。直到今天，无论是俄语、乌克兰语、波兰语、捷克语还是保加利亚语，都仍然称德国人为 Němcí。

公元 5 世纪随着东、西两部哥特人、日耳曼诸部落主力潮水般涌进西罗马帝国境内并于 476 年正式灭亡了西罗马帝国，西部斯拉夫人也乘虚西进到易北河上游今天捷克地区和中下游地区，估计兼并了一些弱小的日耳曼部落（今天德国东部德莱斯顿附近乡下几个村庄依然生活着一万多的索布人（Sorbs）就是当年西迁的斯拉夫部落后代，他们作为德国一个少数民族历经千年的被同化和纳粹的迫害，依然保留着自己的斯拉夫母语和风俗）。7 世纪到 12 世纪，各斯拉夫民族先后开始建立国家。最早的斯拉夫国家出现于捷克地区，号称萨摩公国，建于 623 年，据说是当地斯拉夫人部落"邀请"一个日耳曼法兰克商人萨摩建立的。830年,捷克东部摩拉瓦河流域部落首领莫伊米尔(Mojmir I)建立了大摩拉维亚公国,该公国一度雄踞中欧且兼并西部的波希米亚。为与东法兰克王国对抗,863年,君主罗斯提斯拉夫邀请拜占庭帝国派出传教士西里尔和美多德兄弟前来传教,当时斯拉夫人普遍没有书面文字,西里尔遂以希腊字母为范本为斯拉夫人创造出被称为西里尔字母的古斯拉夫文,但不久摩拉维亚公国君主又投向罗马天主教会,驱逐拜占庭的传教士,所以古捷克文使用西里尔字母不过几十年就转成拉丁字母文字并一直沿用至今,西里尔字母斯拉夫文字则保留在和拜占庭帝国及东正教会关系密切的东部和南部斯拉夫民族,如俄罗斯、乌克兰、保加利亚、塞尔维亚等。大摩拉维亚公国衰落不久,捷克西部地区波希米亚兴起了以布拉格为首都的第一个王朝普列弥修王朝(893—1306)。

关于捷克历史上这个王朝的早期历史记载不多,在其势力尚未壮大之前,臣服于西边的查理曼帝国或东边的摩拉维亚公国。在宗教方面亦是如此,845年即有14名捷克贵族前往德国南部的雷根斯堡晋见罗马教皇路易二世并接受天主教。拜占庭帝国派遣的传教士西里尔和美多德兄弟前来传教时,东正教也获得不少人信奉。大摩拉维亚公国瓦解后,波希米亚王国开始逐步扩大疆域,包括斯洛伐克及西里西亚等地。最著名的国王是瓦茨拉夫一世(Wenceslaus I,920—929年在位),因生前致力于传播基督教教义,死后被封圣,至今仍被视为捷克人的民族保护神。他身着盔甲、骑着骏马并四周伴随着神父修女的青铜组像今天依然耸立在布拉格市中心以他命名的广场,享受捷克人民和游客的敬礼和瞩目。929年也被视为捷克的建国年。14世纪初普列弥修王朝灭亡,波希米亚王位虚空,而周边的日耳曼人势力逐步深入境内,政权落入东法兰克王国加洛林王朝的卢森堡家族手里,史称卢森堡王朝。卢森堡家族还以波希米亚国王的身份一跃成为神圣罗马帝国七大选帝侯之一。在国王兼神圣罗马帝国皇帝查理四世（1346—1378年在位）执政时期，捷克波希米亚享受了中世纪时代最大的繁荣顶峰：布拉格变成了欧洲领先的大都市之一，仅次于罗马、君士坦丁堡（拜占庭）成为欧洲第三大城市，布拉格也升格为大主教管区。查理四世于1347年创办了中欧德意志和捷克地区最古老的大学——查理大学；他还搞了很多城乡建设，如迄今依然横跨在伏尔塔瓦河上面的巨型石拱桥——查理桥（按照占星术士的推算，查理四世本人亲自于1357年7月9日晨5点31分奠基）。查理广场位于布拉格城堡上面的中欧第一个哥特式大教堂——圣维图教堂，在离布拉格四十公里的山区营建了宏伟的城堡——查理堡。据说查理四世还娶了位捷克人妻子（原配是青梅竹马的巴黎的西法兰克王国贵族女子）并鼓励子女说捷克语，他死后领土平分给三个儿子，导致王朝逐渐衰微。

1402年起，查理大学的神学教授扬·胡斯在布拉格一间小教堂伯利恒教堂用捷克语布道，让平民信徒与神职人员同领圣体和圣血，此举招致保守的天主教会反对并被教廷定为异端。1415年他被天主教会召至德国南部参加辩论，结果遭教廷逮捕并被判处火刑杀害，改革者、殉道者扬·胡斯的惨死引起捷克全国人民的无比愤怒和抗议，不久便爆发了轰轰烈烈的被称为胡斯战争（1419—1434年）的捷克中下层的人民起义。起义军以基督教原始共产主义的平等理念为号召，他们和自己的家人在捷克旷野地区集结，放弃个人财物，在一些基层教士的指导下过着"平等"的集体主义生活，他们训练有素、英勇善战，多次打败神圣罗马帝国皇帝及诸侯前来讨伐所谓异端的十字军——日耳曼骑士们，起义虽然最后失败了，却书写了捷克人民为争取自由和民族独立而英勇斗争的光辉篇章。

布拉格:金色还是黑色?

布拉格是一座拥有千年历史的文化名城,也是一座著名的旅游城市,市内拥有为数众多的各个历史时期、各种风格的建筑,从罗马式、哥特式、文艺复兴、巴洛克、洛可可、新古典主义、新艺术运动风格到立体派和超现代主义等林林总总,其中特别以巴洛克风格和哥特式建筑更占优势。布拉格建筑给人整体上的观感是建筑顶部变化特别丰富,屋顶竖立着轻巧而别致的小尖塔,建筑材料从屋瓦到墙体色彩极为绚丽夺目(红瓦黄墙),因而拥有"千塔之城""金色城市"等美称,号称欧洲最美丽的城市之一。1992年,布拉格历史中心古城区被列入联合国教科文组织的世界文化遗产名单,这也是目前世界上唯一的整个城市中心区被纳入世界文化遗产的城市。每年高达三四百万人次的游客慕名而来,是欧洲最受欢迎的城市之一。

布拉格也是欧洲的文化重镇之一,历史上曾有建筑、美术、音乐、文学等诸多领域的众多杰出人物,如来自德国南部地区的巴洛克风格建筑大师克里斯托弗·蒂森豪芬父子,作曲家沃尔夫冈·莫扎特、贝多伊奇·斯美塔那、安东尼·德沃夏克,作家弗兰兹·卡夫卡、瓦茨拉夫·哈维尔、米兰·昆德拉等人在该城进行创作活动。今天该市仍保持了浓郁的文化气氛,拥有众多的歌剧院、音乐厅、博物馆、美术馆、图书馆、电影院等文化机构以及层出不穷的年度各项文化活动。

自1526年至1918年,整个捷克地区处于日耳曼人哈布斯堡王朝的统治之下(斯洛伐克大部分地区则被匈牙利人统治)。鲁道夫二世在位时(1576—1612年),布拉格第二次也是最后一次成为日耳曼人神圣罗马帝国的首都。皇帝除了热衷于占星术和魔法,还热爱艺术,收藏了包括意大利文艺复兴大师们的绘画、雕塑等在内的许多艺术珍品,使得布拉格成为欧洲的文化之都,聚集了布拉赫、开普勒、阿齐波尔多、布鲁诺等一批天文学家、数学家、画家和哲学家。花花公子般的鲁道夫二世对马丁·路德宗教改革后的新教也持宽容态度,他在位期间,捷克地区新教事业蓬勃发展,但教派矛盾和冲突已显出端倪。1617年,狂热的天主教徒,皇帝斐迪南二世登基,决意不再容忍新教徒。1618年,布拉格城堡皇宫里,两名皇帝的使节被愤怒的新教徒人士从一扇窗户扔了出去,虽然他们都落在草地上、只受了一些皮肉伤,却成为后来席卷整个捷克、德国和波兰等地区长达三十年的天主教和新教诸侯之间的残酷战争(史称三十年战争)的导火索。

1621年,在城外不远处进行的白山战役中,捷克军队被从德国南部天主教地区赶来的日耳曼人打败,捷克人推选的新教徒国王弗里德里希五世和王后(英国斯图亚特王朝国王、新教徒詹姆斯一世的女儿)弃守布拉格,慌忙逃往德国新教徒地区,再也未能重返捷克国土。日耳曼天主教徒对新教徒进行了疯狂的反攻倒算:27名捷克新教徒贵族在老城广场被处死,全国一片喋血恐怖,包括捷克著名人文学者、教育理论家夸美纽斯在内的数万捷克新教徒逃亡德国新教地区,全国两千多处贵族采邑、地产被天主教会及其权贵瓜分。

1648年,北欧信奉新教的瑞典军队也趁火打劫攻占并洗劫了布拉格城堡,抢走了很多鲁道夫二世皇帝的艺术品收藏。神圣罗马帝国哈布斯堡王朝将宫廷迁往维也纳,此后捷克和布拉格进入一段相当长的经济文化衰落时期。直到18世纪后期开始,该市经济持续上升,到1771年也只有8万居民,其中有许多是贵族和富裕的商人。

从公元10世纪末布拉格建城之初,犹太人就是这个城市最古老的居民之一。公元965年,来自西班牙地区的犹太商人兼旅行家易卜拉欣·本·雅各布的游记就对布拉格这个当时中欧的商业交通枢纽城市有描述。迄今仍然伫立在布拉格约瑟夫犹太社区的那座犹太教堂,建于 1270 年,是目前德国奥地利捷克地区保存最好的也是历史第二悠久的犹太教堂。布拉格历史上也多次发生过由天主教极端分子煽动的反犹运动和暴乱,其中最血腥的一次是 1389 年的复活节,暴民焚毁了大部分犹太人聚居区,几乎所有的犹太居民(近三千人)被残杀。自 1620 年以后天主教势力独霸捷克地区,不愿改宗天主教的新教徒为免于受迫害,要么逃亡,要么皈依犹太教,成为当时可以合法居留的犹太人的一分子,这也是个非常独特的犹太历史现象。1708 年的人口资料显示布拉格三分之一的居民是犹太人。

1848 年欧洲革命震撼了整个欧洲,同样也震撼了布拉格,但很快被镇压了,这一年的布拉格依然是个德语居民占多数的城市,捷克语居民多生活在中部、东部广大乡村和小城镇中。第二年,捷克民族主义运动开始兴起,到 1861 年捷克语居民已在市议会中赢得多数席位。

19 世纪是捷克民族觉醒和民族复兴的重要历史阶段,捷克知识分子成立了不少民族主义色彩的民间团体,开始比较系统地对捷克民族的历史、语言、民间传说、童话等文学作品以及音乐舞蹈等进行研究和整理,文人们用捷克语进行了大量的诗歌、小说、散文、戏剧等方面的文学艺术创作。布拉格的城市化发展也吸引了大批乡村捷克族人涌入城市,极大地改变了各个城市的居民成分:在犹太族作家卡夫卡出生的那一年——1883 年,布拉格市讲捷克语的居民有 13 万,而讲德语的居民只有 42000 人,到 1910 年只剩 37000 人,只占全市人口的 6.7%。19 世纪末布拉格几乎所有街道标识都改用捷克语了,德语居民则抱怨布拉格市议会都被捷克人和犹太人占据了,他们连一个席位都没有。1861 年,历史悠久的布拉格查理大学也被一分为二：分为使用德语和捷克语的两个教学单位。

第一次世界大战导致奥匈帝国战败并解体，布拉格成为新成立的捷克斯洛伐克的首都，布拉格城堡则成为总统府。托马斯·马萨里克总统时期的捷克斯洛伐克（1920—1935年）是当时中欧最民主的国家，他的个人魅力和自由民主理念把全国除了少量匈牙利人之外的绝大多数各族人民——捷克人、斯洛伐克人、日耳曼人、犹太人、鲁西尼亚人等团结在一起，各少数民族族群都依法享受到自治并得以保留自己的语言和文化。官方的国歌《哪里是我的家乡》也有个德语版本。1930年布拉格人口达到85万，到1938年更增加到100万。这一年捷克斯洛伐克国民生产总值排名世界第十位，工业产值则居世界第七位。

狼与绵羊

1933年德国希特勒执政后，德国狂热的民族主义和扩张主义甚嚣尘上，并蔓延到捷克斯洛伐克近三百万日耳曼少数民族聚居地区。1938年3月纳粹德国吞并了奥地利，又把矛头直接对准捷克斯洛伐克。捷克西部和北部的苏台德山地等德语居民地区的日耳曼少数民族在激进的分离主义和纳粹主义所谓苏台德德意志人党徒煽动下，一再向共和国政府提出苛刻的自治以至独立要求，纳粹德国给予分离主义分子大量的援助。1938年9月，在把捷克斯洛伐克政府代表关在门外的慕尼黑会议上，英法两国政府首脑作为捷克斯洛伐克的盟国竟背信弃义地答应了纳粹德国的无理要求，要求捷克斯洛伐克政府把占捷克地区近四分之一的国土割让给纳粹德国。捷克人民悲愤地谴责这一卑鄙的交易和赤裸裸的出卖。《慕尼黑协定》公布后，对德国持强硬立场的捷克斯洛伐克总统贝奈斯见大势已去，辞职后带上家人和重要文件，飞往法国并最终在英国成立捷克斯洛伐克流亡政府,后被英、美、苏联、中国国民政府等承认为捷克斯洛伐克唯一合法政府。捷克议会则匆忙推选出时年 67 岁、本人已准备退休的大法官哈赫为新总统。这时已经丧失了苏台德地区大片国土的捷克斯洛伐克又面临斯洛伐克地区民族主义兼纳粹分子的独立活动和危机。

1939 年 3 月 14 日中午,没有任何外交经验的捷克总统哈赫突然接到外交部的通知:德国元首希特勒本人邀请他去柏林商谈棘手的斯洛伐克独立问题。当晚十点他带着女儿(夫人已逝,女儿打算充当第一夫人角色)和外交部长等一行乘火车到达柏林,刚刚下榻酒店不久便被来访的德国外交部长里宾特洛甫要求去面见"元首"希特勒,这时已是凌晨一点了。希特勒刚看完照例的晚间电影,兴致甚高。这位德语流利的捷克老总统和他的外交部长两人连翻译都没带就上了德国人的车子,结果一夜未回酒店。

在希特勒的元首官邸,迎接他俩的是一身黑色戎装的纳粹党卫军仪仗队,不同于先前柏林火车站上迎接他们的德国国防军仪仗队。双方寒暄之后,希特勒像狼一样盯着这位语气谦卑的捷克老总统,直截了当地说他对斯洛伐克独立危机没有任何兴趣,并告诉哈赫总统纳粹德国的军队将于数小时后也就是凌晨六点向捷克斯洛伐克进军了。"什么?"捷克总统几乎不敢相信自己的耳朵,在这之前,他还准备了一肚子的客套话,还想表白自己不是像前任贝奈斯那样的人。结果捷克总统及他的外长经不住希特勒和戈林的通宵逼迫,被迫于凌晨 3 点 55 分在希特勒早已准备好的把整个捷克降为纳粹德国属下的所谓"波希米亚与摩拉维亚保护国"的条约上签了字。身为德国空军司令的戈林还狞笑着威胁捷克总统说:你不想看到你们美丽的布拉格化作一片废墟吧?可怜的捷克老总统随后被叫到一间办公室,深夜打电话给国内的捷克国防部长及军队将领,要求百万捷克武装军人和民兵放弃任何抵抗(曾有数名将军在电话里以辞职来抗命,未果)。几乎与此同时,早已在边境地区集结准备好的纳粹几十万大军已从三面涌入捷克境内,到 15 日中午德国军队已不费一枪一弹地占领了整个布拉格及附近要地。得意忘形的希特勒本人随后也出发并于 15 日晚 8 点抵达并下榻在布拉格城堡总统府,当晚他呷着著名的捷克啤酒,享受了布拉格最有名的一家餐厅主人 Lippert 的火腿晚宴。希特勒上午从柏林出发时捷克总统一行还被拘留在柏林,借口是他们的火车有技术故障,目的是让希特勒早于他们入住布拉格总统府。

从 1939 年 3 月 15 日到 1945 年 5 月 9 日,捷克沦为所谓"波希米亚和摩拉维亚保护国",还保留着哈赫为总统的伪政府。在这期间,捷克斯洛伐克大约 345000 公民死于纳粹德国的迫害和杀害,其中 277000 人为犹太族人。1945 年 5 月 9 日德国正式投降的第二天,苏联坦克开进了布拉格。同时,一队反水的捷克警察闯进布拉格城堡的总统府,已经风烛残年的伪总统哈赫被逮捕,被作为"捷奸"投入监狱后死在那里(他的无家可归的女儿只好硬着头皮去敲响数年前离异的半个犹太裔的前夫家门。看见是她,前夫没有多说一句话就接纳了她)。许多捷克人真诚地感谢苏联士兵。随后,一场大规模的驱除三百万德国人和日耳曼少数民族的清洗开始了,据说只有大约 25 万日耳曼族人因战争期间参加或同情抵抗纳粹的活动被允许留在故土,不过多数人后来也自愿离开了捷克斯洛伐克这片土地。

宽容与博爱

一个场面:20 世纪 90 年代中期的捷克西部原日耳曼少数民族聚居的苏台德地区的著名温泉城卡莱罗伐利,游人如梭。只见一队银发苍苍的德国老年团员走过来,多数团员在听导游讲解,这时一位老妇人看见旁边同样也白发苍苍的我的母亲,微笑地走过来搭话聊天,我听见她用英语以缓慢而似有几分自豪的语气说道:I was born in this city(我就出生在这个城市)。

1973年,时年64岁的联邦德国新闻工作者玛丽昂·登霍夫女士出版了她的回忆录。她出生并成长在当年的德国东普鲁士一个日耳曼老牌贵族公爵家庭,从小受过良好的教育,她的家族拥有大片的庄园:一眼望不到边际的森林、牧场,有村舍、小河、湖泊和池塘,小时候她和兄弟姐妹们在庄园里骑马、野餐,无拘无束地玩耍,生活就像是田园诗一般浪漫而甜美。然而到了二战末期,纳粹德国在苏联红军的反攻浪潮下节节溃退,她和母亲姐妹等女眷被提前送往后方,而留下的父亲、兄弟以及家族里几乎所有的男丁都战死了。战后,东普鲁士地区被全部割让给苏联,首府哥尼斯堡也改名为加里宁格勒至今。她一夜之间从女公爵变成难民,成为那些战后典型的从东普鲁士、捷克斯洛伐克、波兰等地区被驱除的上千万计的日耳曼难民的一分子,最终被安置在联邦德国定居下来。她失去了几乎所有的亲人,所有的土地、房屋和财产。面对德国社会一些所谓复仇的暗流,她在回忆录里这样写道:"我从不相信那些仇恨别人抢占了自己家乡的人会真的热爱自己的祖国和故土。每当我想起自己家乡东普鲁士那些幽静的森林和池塘,想到那宽广的牧场和美丽的林荫大道,我都深信她们依然会像当年我在家乡时那样无与伦比的可爱。要知道在这个世界上,只有没有占有的爱才是最完美的爱。"

感　言

1993年3月,时年25岁的我在北京工作单位办了停薪停职手续,借探亲名义怀揣着父母给的几百美元,提着行囊乘廉价的波兰航空经华沙转机来到了布拉格这个千年文化之都,开始了我多年的半工半读的"洋插队"生活。那时的捷克布拉格,除了日渐增多的西方游客,依然笼罩在战后几十年苏联计划经济模式所带来的经济、文化和技术相对滞后、消费品短缺、经济体系向私营市场经济转型的阴影和困难之中。3月份布拉格的天气也只相当于北京的2月份,春寒料峭。除了打工的艰辛,也只有那早晨清新的空气和蔚蓝的天空给了我几许慰藉:春天的脚步近了,阳光明媚、万紫千红的布拉格之春毕竟不远了。

主要参考征引文献资料

1. Zdeněk Beneš & Josef Petraán, *České dějiny I*, ALBRA, spol. s. r. o. & SPL-Prace, Praha, 2007.
2. Robert Kvaček, *České dějiny II*, ALBRA, spol. s. r. o. & SPL-Prace, Praha, 2007.
3. Jaroslav Pánek & oldřich Tůma, *a History of the Czech Lands*, Chales University Press, Prague, 2009.
4. Derek Sayer, *The coast of Bohemia: A Czech history*, Princeton University Press, USA, 1998.
5. Harald Safellner, *Franz Kafka and Prague*, Vitalis, EU, 2007.
6. Hugh Agnew, *The Czechs and the lands of the Bohemian Crown*, Hoover Institution Press & Stanford University, USA, 2004.
7. Mary Heimann, *Czechoslovakia: The state that failed*, Yale University Press, New Haven and London. 2009.
8. Peter Demetz, *Prague in balck and gold: the history of a city*, Penguin Books, London, 1998.
9. Peter Demetz, *Prague in danger: the years of German occupation 1939-45*, Farrar, Straus and Giroux, New Nork, 2008.
10. Peter Marshall, *The theatre of the world: Alchemy, astrology and magic in Renaissance Prague*, Harvill Secker, London, 2006.

(2016 年 3 月 20 日)

祖先的节日,子孙的节日

王丹凝[*]

前　言

2016年的头十天我是在挣扎、疲惫和告别中度过的。从小带大我的姥姥终于没有抵过常年糖尿病的侵蚀,于1月6日离开了我们。料理完她的后事,回到香港得到家人的消息却是,日后安葬她回老家的时候,作为外孙女的我,名字有可能上不了她的墓碑。莫名的悲哀、揪心的怨念深深地裹挟着我,使我无法面对现实。好几个夜晚,在梦里和她又见了面,可醒来依旧感到无比的悲凉。唯一能在此时安慰自己的话竟然是一起研习了多年中国家族文化的"台湾"师姐的一句忠告,"规矩是不考虑感情的"。

真的吗?冰冷的规矩真的能够无视感情吗?我离开北京出国读书之前的23年里,她在城南的家是我最温暖的记忆。在我的心里,她一直是比父母还要亲近的人。多少次午夜梦回的家是她的

---

[*] 王丹凝,女,1986年从北京二中考入北京大学社会学系就读。1990年毕业获学士学位,1991年赴美入读纽约市立大学人类学系,后获博士学位,先后任教于两所美国大学人类学系。2007年随家人来港工作,任职香港中文大学人类学系至今。2012年起出任海外华人妇女研究会主席,以家庭性别、中国文化、城市、商业研究为主。育有一女,业余喜好阅读、音乐、烹饪、宅。

四合院,耳畔最亲切的声音是她带着浓重河北饶阳口音的呼唤。无论自己走得多远,心里牵挂最深的人总是她,而她也总在惦念着我。可是按族谱算,我是外姓,父亲老家在遥远的辽宁海城,自己又嫁给了浙江萧山蔡家的后裔。如果后世的规矩真的是无法顾及现世的情感和恩情,那么流淌在她、母亲和我身上的血脉就会被散在三个不同的陌生地方。再想到在美国读书、工作的女儿,和自己日渐深爱上的香港的家,忽然间,世界于我是如此广漠而茫然,前世今生,心无定处,倍感无力。

2016年在我还有另外一个特别的意义。三十年前,2112位来自全国各地的新生收到了北京大学的本科录取通知书。为了纪念我们86级入学三十年,四散在世界各地的同学们在微信上聚集起来,准备发行诗集《博雅诗笺》和文集《博雅漫记》以表达对母校培育之恩的感激之情,同时抒发自己过往三十年成长的感受。许多同学在诗作、文稿里表达了同一种感受——进入北大仿佛获得新生。母校兼容并包、思想自由的办学理念,科学民主的育人精神,以及同学间守护相望的关照,多年来一直陪伴着我们走南闯北。母校对于我们不仅是永远的精神家园,同时对我们的培育之恩也是永远要回报的。

短短的2016年1月,我经历了这样沉重的对"生"与"死"的体验和思考。当我终于有机会坐下来,将零碎的思绪诉之于文字,我想借我在香港新界锦田乡的田野研究,以及自己多年在香港中文大学人类学系教习"中国文化与社会"的思考,来表达自己对姥姥和母校养育恩情的感激。希望文化中国的概念和智慧可以给我足够的力量,穿越地域、生死的界限,传承爱并报答恩情。让我曾经深深感受到的来自姥姥和母校的爱和恩情,可以因为我的存在继续下去,那么这也就真的不枉我们在这茫茫世间如此短暂的交集但又如此珍贵的缘分了。

香港新界锦田乡十年一度的酬恩建醮庆典

2015年的冬天,我有幸参与并记录了香港新界锦田乡十年一度的酬恩建醮庆典活动。历时数周的奢华庆典召集了邓氏家族的子孙们,为逝去的先祖祭祀,同时为邓氏的家园祈福。

醮,祭也。乡土社区举行的醮典通常会被称为打醮、造醮或建醮。醮仪在汉之后成为道教主要的祭祀仪式,是中国乡土社会中最重要的节日仪式活动,醮仪会被许多经典记录下来。提到祭祀时,《高唐赋》会如此描绘,"进纯牺,祷琁室。醮诸神,礼太一"。《隋书·经籍志》也会提到"夜中于星辰之下,陈放酒脯、饼饵、币物,历祀天皇、太乙,祀五星列宿,为书如上章之仪以奏之,名之为醮"。这个节日的主要目的是"保护社区,令社区从危险的'阴'的处境重新回到'阳'的境界"。而达到这个目的的手段就是救赎那些区别于"祖先"的"先祖"们,即"孤魂野鬼",而使得人间世界重新回复洁净,去除那些人们日常生活里无可避免犯下的罪孽和受到的污染。

香港新界农业社会的醮一般是十年举办一次,一般都包括杯卜缘首、上表三界四府诸神仪式、取水、扬幡、迎神、启坛建醮、斋戒、三朝三忏、分灯、禁坛打武、迎榜、行香、迎圣、祭小幽、走社书、放生和祭大幽等步骤。各个社区除了这些基本的步骤外,还会有一些自己的特色。

比如锦田乡十年一度的醮仪就明确地提出是为"酬恩"而建,用以感恩清朝两名广东官员周有德和王来任。自康熙四年(1665年)始,周王二位为当地百姓福祉着想而屡次上书康熙帝,要求废除为了打击郑成功势力而颁布的迁海令,使得新界沿海的居民可以脱离流离失所、田园荒芜的生活,回到家园恢复生计。康熙八年(1669年),经过周王二位不懈的努力,清廷终于批准复界,允许居民回乡。康熙廿七年(1684年)锦田乡的居民为了感激周王二位的恩德,在村内建立了周王二公书院,并于翌年(1685年)搭台酬神,举行打醮活动,以后每十年举办一次,超度迁界亡魂,祈求社区平安。到了2015年,正好是举办第330届酬恩建醮庆典。

因此,有着感恩和超度迁界亡魂双重含义的锦田乡酬恩建醮庆典,除了过去十年间嫁入村内的媳妇会在正醮日这天穿上裙裾到醮场"告祖"外,还会有道士举行"八门"的仪式,拯救沉沦炼狱的祖先。在这个类似于丧礼上的"目莲救母"的仪式里,祖先是被救赎者,子孙们是救赎者;而且被救赎的祖先是以集体形式参与醮事的。

祖先、幽灵和节日庆典

参与观察锦田乡打醮仪式的收获有三。

其一,传统乡土智慧在界定祖先和子孙关系的时候为生者留下了充分的余地,祖先和子孙的关系绝对不是单一的孝顺、遵从和服从的单向关系。相反,祖先和子孙都有多重的身份,如同蔡志祥在文章里所说的那样,"子孙有多重的身份:祖先的子孙,生育子孙的成员,未来子孙的祖先。祖先也有多重身份,他们是子孙福祉的赐予者,也可能是子孙祸患的加予者"。这些多重的身份通过乡土祭祀节日的安排体现出来。

正如蔡志祥对粉岭打醮仪式的研究显示,年初洪朝登记生者人口的时候,祖先是不出现的。但是到了清明、重阳祭祀个体的祖先感激他们对子孙荫蔽保佑的时候,那些劳苦功高的祖先们得到了子孙最隆重的祭拜。而到了以再生为主题的打醮的时候,先祖们以集体的形式被救赎,用以产生社区的洁净生活。如此精细的对祖先层层分类显示了乡土智慧对家族文化的丰富理解和完善。这套严密的分类体系和节日祭祀安排,在不断地重复实施中界定了现世长辈与晚辈间的关系,对彼此的行为规范都起到了有效的规范作用。无论谁在现世里懈怠、无所作为,都会在逝后失去个体存在的意义而得不到子孙在清明和重阳最为隆重的祭奠。对于那些作恶、不仁的先祖,他们逝后甚至需要子孙的救赎,而且是集体的救赎。从这个意义上讲,醮仪有着更为深刻的教育社区、规范社区的作用。由醮仪传递的消息更具备了惩恶扬善、警醒世人、教化子孙的作用。

其二,锦田乡打醮中类似于"目莲救母"的"八门"仪式蕴含着如此深刻的文化含义,使得这个乡的酬恩建醮活动超出了其他社区的醮仪,具有了更为深刻的家国意识。佛教中"目莲救母"的故事讲的是刁钻自私的母亲青提夫人因为吝啬贪财,侵吞善款,致使去世后被打入了地狱。而目莲在得知这一消息后决定去救赎他的母亲。虽然他费尽力气,但是罪孽深重的母亲依旧没能够转世成为人。在这样的情况下,目莲依旧执着地救赎她,直到他的努力感动了神灵,终于使得他的母亲得以再生。

这个被人们视为至孝的故事被用在锦田乡酬恩建醮的活动中,用以救赎当年在迁海过程中逝去的亡魂,初看似乎有牵强的部分——说到底,目莲的母亲青提夫人是因为克扣善款、贪财自私才导致被罚入地狱的。而锦田乡的亡灵们是因为被迫迁海而流落他乡,成为孤魂野鬼的。因此他们自己并非作恶,而真正在整件事中要为这些亡灵担负责任的反而是当时的朝廷。如此看来,采用"目莲救母"的仪式,就有了一层更为深刻的寓意,即为百姓带来如此不幸生活的清政府如同作恶的母亲,即使有难以逃脱的罪责,她的子孙们依旧执着地救赎她,希望她的再生可以为社区带来洁净的生活。这一层更为深远的含义,是多么无怨无悔的一种执着。

其三,锦田乡的酬恩建醮活动还特别明确地昭示这层超越了集体祭祀先祖的文化意义。它是香港所有醮仪里唯一为了感恩两位真实的历史人物而设下的仪式。到今天,醮仪都是在周王二公书院外的广场上进行的。在过去的330年的时间里,每隔十年,锦田乡的民众们就以打醮的形式,超度亡灵,感恩迁回故土,同时感恩这两位为他们请命的巡抚。就像族人们在牌楼的对联上写的"光前须积书中粟,裕后选耕心上田",他们愿意送自己的孩子去周王二公的书院里学习,而后再在自己心爱的家园里幸福地生活。对周王二公的敬仰和尊重深深地融进了族人们教育子孙后代的传统里,他们希望邓氏的后世子孙都可以求学上进,得到功名,以此酬谢周王二公对社区的贡献和恩德。因此,在这样层层递进的仪式与寓意表达中,我们看到乡土社会的传统是如何使得这里的人们求得心理上的平衡,同时找到家族、地域以及国家的多层次社会认同的。

小结:文化中国与家族文化传承

1993年,香港中文大学人类学系主办了"文化中国展望:理念与实际"研讨会。来自海峡两岸及香港的学者聚集一堂,探讨这一文化整合的概念,同时希冀文化中国的知识与实践可以成为主体建构的资源体系,使得生活在海峡两岸及香港、澳门、新加坡以及海外华人社区的人们可以共享这一包含了中国饮食习惯、家庭伦理以及人际行为准则的知识体系,在实践的过程中找到均衡与和谐。

构成这一知识体系的一个主要方面是规范中国家庭人际关系的知识,其中最为主要的是人间和超自然界之间的祖先崇拜传统,而居于该传统最核心部分的是孝道的精神。对于孝道的理解,我们通常强调的是子孙对祖先长辈的尊重、孝敬和服从。但是更为细致详细的研究则显示,存在于祖先与子孙之间的实际上是更为互惠的理念,即祖先对于子孙的恩情、荫蔽、保佑和惠泽,以及子孙对祖先的回报、尊重、孝敬和顺从。这层最为理想的互惠关系在不同的时代经历着各类严格的考验和筛选，而后以不同的节日庆典祭奠着、纪念着。

如此细致深入的研究显示，所谓的规矩、传统其实并非一成不变的条文和礼俗，拥有禁锢人们思想和行为的绝对权威和魔力。恰恰相反，是现实生活中的人们的情感和对生活的满意度决定了逝者和生者之间的关系，使得生者有选择地祭奠那些带给自己最多幸福和福气的至亲的人。

锦田乡延续了330年的酬恩建醮庆典以其隆重的仪式和明确的感恩意识向我们展示了，对于一个生活幸福的社区，族人们除了清明、重阳的祭祖，用以回报祖先的荫蔽，中元醮仪上的超度亡灵，用以洁净社区，驱恶辟邪，邓氏族人更通过对周王二公的感激以及对作恶的朝廷的救赎，展示了乡间生活同国家的关系以及百姓内心无比淳朴的感恩情谊。族人们感念的是周王二公对社区的关注，执着的努力，同时对一度制定恶法的朝廷给予了最大的救赎和宽恕。如此深厚的文化情感，在报答、祈福，同时教化后人的长达330年的重复中反复地告诉我们，情感永远不是条文规矩可以禁锢住的。那些对我们有恩情的至亲、恩人和师长们永远都会得到我们最深的敬意，感激和报答。在时间的长河里被活在世上的子孙们传唱着他们的故事，传承着他们的爱与保佑，好好地生活，以便自己可以有资格做未来子孙的祖先，而不是失去个体特性的集体的需要救赎的亡灵。

走好姥姥，我会像您一样爱我的孩子们。

感恩北大，我会像您一样对待自己的学生。

（2016年3月20日）

硅谷的人和事

綦正菊[*]

1991年9月24日,旧金山湾区依然是蓝天白云,风和日丽。这一天,却是我生命中的里程碑,我踏上了硅谷的土地,从此硅谷便成了我的第二故乡。一晃将近二十五载,一些有趣的人和事仿佛就在眼前。

山姆的故事

我的第一任老板山姆是新加坡人,富家子弟。在读博士的时候遇到我们项目的负责人,觉得他技术太领先了,应该一起做公司,于是就辍学创办了这家公司。我们项目组出技术,他来筹资金。凭着对事业的执着和良好的口才,他从他父亲的朋友那里筹了一千万美元。

在硅谷创业是非常艰辛的,为了赶进度,除了休息之外几乎所有时间都泡在公司了。我们从国内刚过来的三个同事,都是刚出校门不久,对美国一无所知。山姆是CEO,非常能鼓舞士气。他当

---

[*] 綦正菊,北京大学1986级计算机系学生,1990年本科毕业,毕业后到南开大学计算机研究所工作。1991年赴美,一直在硅谷工作,从事计算机软件开发工作20年。2010年辞职,专心持家。关注并积极参与社区公益和华人争取权益活动。

时是孤家寡人,对东西方文化又非常精通,为了让我们尽快适应美国生活,周末经常抽空带我们出去。他开 BMW 850,当时这个型号刚出来,全世界也没多少辆。我们当时没有车,每次出去都坐他的车,从他车里下来的时候着实享受了不少羡慕的目光。

他父亲当时是新加坡有名的富豪,多年前已经和他母亲离了婚。他父亲再婚后又给他添了几个弟弟妹妹。他祖父当年闯南洋去的新加坡,刚去的时候非常苦,到他父亲这一辈才有了好转。他父亲虽然没上过学,不识字,但对他和他妹妹的教育却有独到的见识。当年新加坡全盘西化,打压中国传统文化,可是他父亲却坚持让他和他妹妹上中文学校。他中文很好。我们公司还有一个新加坡人,中文一句不会讲,也听不懂,就是当年新加坡全盘西化的产物。

每每说起他的父亲,他都是一肚子怨气,他母亲是他父亲家的童养媳,非常贤惠,他父亲产业做大了却抛弃了他母亲。可是他祖母还是认同他母亲和他这个长房长孙。对他父亲后来的子女,他总是一副轻蔑的样子。轻蔑归轻蔑,据说他父亲的产业还是由他同父异母的弟弟在掌管。

20 世纪 90 年代初硅谷有些公司利用外籍员工没有绿卡之便,对外籍员工待遇比较苛刻,HP 曾出现廉价雇用大陆员工的丑闻。山姆让人尊敬的地方就是从来不在薪酬和身份上乘人之危。但后来由于种种原因,包括山姆本人作为富家子弟的花钱风格,公司经营了几年,在烧完一千五百万美元之后,倒闭了。

公司的倒闭却成就了山姆的婚姻。有一个他们世家的女儿,一直追求山姆,山姆却无动于衷。据说有一晚那个女孩在他家门前站了很久。不知是对创建公司的灰心还是被女孩感动了,公司倒了之后山姆很快和那个女孩结婚了,随后就搬离了硅谷。前一阵子听以前的同事讲,山姆婚后挺幸福的,太太很贤惠。

山姆筹到一千万美元的时候是1990年。当时美国正处于经济危机。那时Cisco总部还是一片荒地，一到春天就开满了油菜花，黄黄的一片。记得当时山姆说过，要是光想赚钱他有的是机会，但那不是他的理想，他的理想是做成一个华人背景的一流的软件公司。成败不能论英雄，对山姆，我除了感激，还有由衷的敬佩。

马克和埃尔文的故事

我工作年头最长的公司有两个创始人，马克和埃尔文，当时大概都四十出头，未婚。他们俩是土生土长的硅谷人，从高中就是好朋友了，难得的是还能一块儿创业成功。在20世纪80年代末90年代初的那场经济危机中两人都失业了，索性就在马克家车库里做起startup了。马克做软件开发，那套软件的核心部分都是他写的，所以宝贝得很，谁都不能碰。埃尔文做推销，他应该是我见到的最好脾气的人了，脸上从来都挂着笑容，说话慢条斯理的，不由你不信任他。

当时我答应来这个公司上班，除了薪水比较高，公司盈利不错之外，还因为这个公司装饰得比较讲究，一进去就觉得非常舒适。每个工程师都有自己的办公室，墙上的画也很有品位，不像别的高科技公司有一种分秒必争的紧迫感。

据说马克和埃尔文做第一笔买卖的时候就把买主给镇住了。马克自己做的软件，就像自己的婴儿一样，怎么看怎么顺眼，而且号称市面上绝对没有类似的产品。于是漫天要了个价，并且表示不还价。吓得对方采购人员没敢当场说什么，只是说要拿回去评估。几天之后对方打电话来了，说是个好产品，但如果按你们说的价格，你们就要按我们的要求给我们公司修改成专用的。马克和埃尔文一合计，不行，不能做专用的，只能做通用的，哪怕价格上降下来。就这样，以要价几分之一的价格，他们做成了第一笔买卖，也确定了公司的方向。

他们做的这个领域确实是崭新的,有一位硅谷著名人士在未成名之前,来这个公司借面试的机会,获取了他们的创意,出去拉投资开了一家做同样产品的公司,因为资金充足,产品畅销,很快做上市了,成为硅谷 90 年代末一家很有名的公司。2002 年硅谷科技泡沫之后卖给了 Oracle。当然这是后话。

每当有人提起这件事的时候,马克都会咬牙切齿,但也无可奈何。人家只是来面试一下,谁让你把整个思路都告诉人家？况且马克和埃尔文引以为自豪的从第一天就盈利的模式,也注定上不了市的。我 1996 年去的这家公司,同一年那位硅谷著名人士的公司上市了。也正因为那家公司的上市,才把这个行业的饼做大,客观上讲也帮了我们这家公司,生意红火了好多年。

埃尔文这个人很有意思,喜欢收藏。不管去哪儿出差,都会带回些收藏品,有的是字画,有的是饰品。1998 年他有一次去上海,带回来一幅画,是一个唱京剧的旦角,手里却拿着一罐可口可乐。上面还有两行字,他拿来让我翻译。那两行字我忘了,但那幅画却印象深刻。

有一天早晨我一到公司,就听到公司前一天晚上被小偷光顾过,丢了不少手提电脑。那是 1999 年,手提电脑还值点钱。我看到公司外面在装监视设备,里面每个进出口也装上了。我心里觉得好笑,该偷的已经偷了,难道小偷还会再来光顾不成？

答案在公司被卖掉那天才揭晓。宣布公司卖掉那天,员工一到公司,以为又遭贼了,墙上所有的画以及公司里摆的饰品,全部不翼而飞。原来这些画全是埃尔文挂在公司的真迹,价格不菲。可怜硅谷小偷,耳闻目睹都是高科技产品,就知道偷个手提电脑,当时要是搬走几幅画,估计就可以几年不用上工了。而我们员工也都面面相觑,还笑话人家小偷呢,我们不也是几年如一日地没看出来嘛!

马克一直不声不响,因为是工程师出身,对编程情有独钟,做CEO多年仍然坚持自己修改他的编码。最让大家吃惊的是他和女朋友分手之后,和我们公司一位越南女同事谈上恋爱了,那位越南女同事有家庭有两孩子,听说家庭也因此破裂。越南女是做软件测试的,因为影响了工作被解雇。被解雇的时候她非常生气,扬言要告公司,因为马克的劝说才没告。后来她也和马克分手了,不知马克花了多少钱摆平的。

马克最终还是找了一个越南华人结婚了。他太太和他年龄相仿,有两个孩子,据说有点背景也挺能干的。婚后的马克终于找到了归宿,有一次在电梯碰到他,他说他太太现在每天中午给他带饭,因为他血糖有点高,不让他到外面乱吃了。他一副很幸福的样子,还让我看了看他太太给他缝的带饭的袋子。马克结婚后不久就把公司卖了,退休了。

简的故事

简是我们软件开发部不多的女性之一。当时是 90 年代末,我们软件开发部二十多人,原来只有我和另外一位北大学姐是女性。简比我小两岁,看上去非常年轻,精力充沛,根本看不出是一位有五岁女儿的妈妈。软件公司在出产品的时候比较紧张,最怕的是雇的人不胜任。因为我们做的是系统软件,能读懂就不容易了。开发组已经走马观花似的换了不少人,有不少人还是博士毕业,以为可以触类旁通,结果远不是那么回事。简只念过计算机本科,有过几年工作经验。但她与众不同的一点是对工作极有热情。只要是交到她手里的活儿,很快就能做完。有一次为了赶进度,干到凌晨三点,第二天还照常来上班。

简十四岁才来的美国,在旧金山中国城长大,中英义都很流利。当年开发组华人、印度人、白人都有一定的比例,简开朗的性格,高超的沟通技巧,很快得到了老板的赏识,没多久就开始负责项目的进度了。

  简自己的成长史也是经过了磨难。十岁的时候父母离异,她和弟弟妹妹跟着父亲和祖母。她父亲是跨国公司的高管,后来再婚。她是家里的长女,从小就要照顾弟弟妹妹。二十岁的时候结婚了,婚后就把十岁的弟弟接到自己家里住。所以她尽管开朗乐观,却有非同龄人可比的成熟。简一家是虔诚的基督徒,我去过她家一次,她婆婆和他们同住。

  在简负责项目进度期间,我们组的项目进展得前所未有的顺利。简也得到了进一步的晋升,开始负责整个软件的开发和测试。

  不得不说一下简赢得大家信任和赏识的过程。要知道在我们这样的软件公司,软件开发部是公司的核心,开发部个个是能人。不说别人,我自己当年刚进这个公司的时候,就把那个项目别人讨论设计了半年的方案全部作废,自己又重新设计,因为我觉得前面的设计有结构性的错误。我们同组的一位资格最老的工程师就感慨,说做软件知识更新太快,只能是年轻人的职业。

  简从技术上显然不如我们组大多数人,但她非常聪明敏锐,学东西非常快。最突出的是她的沟通技巧,跟她聊天总有一种非常愉悦的感觉。她不但和我们同组的人,和公司其他部门的人都很谈得来。软件开发不是单打独斗的项目,是彼此要合作的工程。我们几个早进公司的人都负责过某个项目的进度,但都没有简做起来那么得心应手。从设计、编程、测试、纠错,到产品发布、售后支持,简一次又一次地展示了她卓越的沟通技巧和领导才能,让我们不得不佩服。最重要的是,在又好又快地完成项目的同时,组里主要成员普遍感到从薪水、股权到奖金都令人满意;在2001—2002年硅谷泡沫破裂之后的很长一段时间,不管别的组怎么裁人,她手下的人就没动多少。有一次一块儿吃饭，简笑称她就像母鸡，拼命护着自己的小鸡。

公司被卖的时候简已经是负责开发部门的副总裁了。她到了新的公司很快做到了高级副总的位置，负责更多的部门。后来买这个公司的公司又被卖掉，反复多次，每卖一次，公司变大一回，而每次简都能在新的公司做到高级副总的位子。真心祝愿简在职场能一直辉煌。

明的故事

明是比较典型的硅谷人。在国内学的计算机软件，我第一家公司同事，比我早一年来的硅谷。明的最大爱好就是做软件。各种软件杂志应有尽有，没事就翻着看。拿到绿卡后去斯坦福又修了一个计算机软件硕士，从此踏上了做 Startup 之路。

创业对别人来说恐怕是苦差事，但对明来说就和打牌、打游戏一样，是爱好，上瘾。从斯坦福毕业后去的第一家公司是 Netscape。明是做技术的，做了一段时间之后，不知是因为没受重用还是给的股权不够，就跳槽了。

明离开 Netscape 不久，Netscape 就上市了。正当我们为明惋惜的时候，听说他又在做 Startup，这次他是软件部主管，估计既受重用股权也不少，所以明一直在那儿干了很长时间。这次没白干，公司最后被收购了，明也得到了在硅谷创业的第一桶金。

明是那种除了做程序什么也不会做的人，当年和我在一个公司的时候，他和另一位同事合租一个两居室公寓。那个同事做饭，明只会吃。作为回报，明经常帮那位同事调程序。在硅谷这种女职员极少的高科技公司工作，明自然也没有女朋友。有一次聚会碰到了明，知道他们公司被收购了，他又出来做 Startup，我们就调侃他说，别那么玩命，该找个女朋友了。明心不在焉地笑笑。我说我给你介绍个女朋友吧。一听要给他介绍女朋友,明的眼睛一亮。我后来还真给他介绍了一个女孩,是做软件测试的,我觉得挺不错的,可是明没动心。

再次听到明的消息的时候,他已经是一个很有潜力的公司的创始人之一了,而且已经从国内娶回了漂亮太太。明这家公司不简单,可以说是大陆背景的华人在硅谷创业的最成功的一家。公司最后以当时非常高昂的价格被卖掉了,在硅谷成为一段佳话,是华人硅谷创业史上的里程碑。

最后一次见到明,知道他已离开那家让人瞩目的公司,又在做另一个 Startup 了。记得有一次我问过明,要那么多钱干什么?明挠挠脑袋,笑了笑说,这不是钱的事。是啊,不是钱的事。硅谷的魅力,不就是千千万万个明造就的吗?

异域·庄周之蝶

白　夜[*]

一

在秘鲁马丘比丘遗址以南十小时的车程，悬卧着的的喀喀湖（Titicaca），印加文明的母亲湖。一直到现在，印加人的直系后裔克丘亚人（Quechuas）和艾依马拉人（Aymaras），仍生活在附近。三点六公里海拔的玻利维亚高原，从这里向东南延伸，绵延成为整个南半球和西半球的屋脊。

湖内浮着四十多座用芦苇编织的人工岛屿。近千年来，乌鲁斯人（Uros）为了躲避外敌的迫害，一直在湖泊里生活。他们自称是有黑色血液的民族，不畏惧任何艰难与困苦。在最外围的这座岛上，住着六七户人家，岛屿由插穿芦苇打入湖底的木柱固定，岛上全是芦苇房。公共区域内，几个烟熏得发黑的铁锅和水壶散落在地上，旁边的芦苇岛面挖出一个取水口，取水口由一块芦苇盖塞住。头人的家可以参观，十几个平方米的芦苇屋，一张芦苇编织的床，一块太阳能板，一个篮球大小的电视。头人的一家三口，包括一个近成年的儿子，就住在这儿。岛上的个别年轻人，为了更好的

---

[*] 白夜，本名王明光，1990年毕业于北京大学政治学系，曾在政府部门工作，1995年赴美留学，现在北加州从事IT业。

教育，已定居在岸上，但上了一定年纪的不会，毕竟一切都习惯了。习惯就是安心、踏实、舒服，连续的习惯就是文化传承，芦苇岛提供了乌鲁斯人的一切：抵御敌人的屏障、代代相传的家园、衣食的父母、族人的纽带、自我认同的载体、民族生存的图腾。

船继续驶向湖的深处。船长来自湖内的太阳岛，是玻利维亚的艾依马拉人，船上除了旅客白夜之外，其余十二位，大多数是法国人。白夜不断向船长抱怨，船走得不稳，吃了晕船药都不管用，很多人因为高原反应，仍在旅馆里躺着，他不想自己也晕倒。他厌倦了纽约的气氛，自称被那儿的时尚阉割了味蕾，麻醉了嗅觉，不得不在全球寻找恢复味觉和嗅觉的东西，至今也未找到。在普诺（Puno）已经住了好几天，连想吃的玉米饼都没吃到，羊驼肉倒是有，但他不想吃，与其吃羊驼，还不如让善良的羊驼吃了他。

根据船长转述的传说，在很久以前，这儿是一个巨大的盆地，水草丰美。有一天，一只猎豹吞食了一窝出生不久的幼兔，兔妈妈撕心裂肺的哭号震动了上苍（Viracocha），上苍一怒之下，把猎豹化为一泓清水，汇入盆地，责其终生侍奉草地与高山。幼兔中唯一幸存的那只，遍体残疾，交由大地母亲帕查玛玛（Pachamama）抚养，长大后被封为的的喀喀湖的女神。

湖的东南部，月亮岛上，一个截面金字塔倒立在湖边，塔体的一半没入地下。沿着金字塔的台阶缓缓而下，可以一直走到塔底的大殿。大殿的后墙上，绘着一幅巨大的画像，一只双耳残缺、失去后肢的幼兔端坐在母亲的肚子里，母亲是一只硕大慈祥的洁白羊驼，神像上方画着狄奥多拉（Theodora）几个字符，想必就是神的名字。

"欢迎来到狄奥多拉之家"，大殿正方，四位侍者抬出一位青年女子，紫色的宽大长袍，雪白的布衣罩着深红的披巾，深蓝色的平毡帽上插满五彩的羽毛，乌黑油亮的长发，由正中分开，左右两条发辫一直垂到胸前。第一民族的高原肤色,填充加高的贵族鼻梁,一剪眉下鹰一样如炬的目光,透露着男人般的刚毅。

旅客白夜似曾相识,"你不是狄奥多拉,是 Copacati,帕查玛玛的女儿,的的喀喀湖的主人,妇女儿童的保护神"。

"不是,我是蒂瓦纳库(Tiwanaku)的荡妇。"

"那只不过是男权对你的污蔑,而我不支持任何特权。"

"也罢,既然远道而来,请欣赏一下我的画作。"

大殿两侧墙壁上,画满湖神的作品。第一幅肖像画,一个东地中海人的脸,白发蓬松,浓密的山羊胡微微上翘,睿智的眼睛流露出浓浓的书卷气。第二幅画,波罗的海人,宽厚的脸庞泛着生意人的似笑非笑,身背后一堵巨大的墙壁上,农人、信徒、断头的石雕、追逐太阳的神祇、丰茂的玉米树、吸吐雪茄的火山、抢夺孩童香蕉的松鼠猴,组成一幅波澜壮阔的画卷。

旅客白夜很兴奋,"这两个人都非常眼熟"。

"是,一个是战神,陀洛次基,他的民众和兵士撼动了所有的山川湖海,另一个是财神,洛科费雷,他的生意如天上的繁星,草原上的驼群。两位都来自远方,他们彻底改变了世界,我彻底改变了他们。"

第三幅画,枝叶茂盛的智慧树上,悬挂着前两幅画中的主人公的标本,使徒巴托罗缪(Bartholomew)的三把利刀深深插入中间的树干。

"在我的作品里,从来没有梦想,只有现实。现实永远选择我,而梦想永远无缘。如果有美好的憧憬与未来,我不会沉浸于现实与尘世;如果有健康与愉快,我不会拥抱痛苦与悲伤;如果有真灵与实魂,我不会悲愤于残肢与断肠;如果有亲情与温暖,我不会鉴赏孤寂与情长。"

"健康与温暖早已不能激发你的创作欲,病痛、残缺、破碎、折磨、愤怒、报复、绝望也许可以。在创作欲孕育、形成、暴发、消退、循环、枯竭的过程中，正常的欲望，包括食色，早就失去了强度，你追求的是创作冲动，包括在死亡前对死亡的无限渴望，死亡后对永生的无限留恋。"

"创作欲就是没有做完的性，还没有使人进入幻觉的古柯碱，对于永久性死亡的迷恋是它的助产婆，对永久性生存的无奈才是亲生母。战神和财神从我这儿得到的是魔幻与魅力，失去的是尊严与生命，他们只不过是我作品里的两粒可可豆。"

"从你的作品和言谈可以看出，你早已经越过正常的界线，进入扭曲。凡有天分的人，或者干脆就是天才的人，本来就在正常之外，但未必扭曲。实在不清楚，是扭曲造就了天分，还是天分催生了扭曲。我非常担心，愤怒和绝望正在脱离你的控制，滑向病态的牢狱。"

"当你的左脸贴近善的时候，右脸亲吻的就是恶；当你开垦新的土地的时候，必然要抹平旧的壕沟。折磨和作品就是我最美丽的裹尸布，一旦离开这个世界，我必定永不再来。"

第四幅画，几乎是第三幅画的翻版，只不过两个挂在树上的标本双手里，各自捧着一个拳头大小的、血红的腰果，新鲜的血液溅到大殿的地上，猩红的署名芙瑞达·卡洛（Frida Kahlo），耀眼而刺激。湖神已经不在，旅客白夜伏在血泊之中，双腰间绘制的微笑曲线两端，顶着两个手掌大的刀口。大殿在震动，硬物撞击的声音清脆而响，异样的音乐由上方传来……

船头有人在喧嚣，啤酒瓶砸在了甲板上，两个喝醉酒的小伙子，互相争吵，涨红的脸如同张开着的两个鲜艳的猕猴屁股。旅客白夜从睡梦中惊醒，两眼惺忪地望着湖面。高原正午的太阳，煎灼着外来者的皮肤，但湖里的微风，从玻利维亚的雪山方向，徐徐缓缓，跋涉而来，轻轻地抚着众人的面颊，像幼儿的脚丫，掠过人的鼻孔和嘴巴。旅客白夜突然感到,全身的血液内涌动着从未有过的畅快,不知道什么东西拨动了内心最深处的琴弦,长期禁锢的思绪突然释放,扩散,飘扬。尤里卡(Eureka)!他心头一亮:冲动或许就是自己失去的味觉和嗅觉,味觉和嗅觉就是咀嚼与被咀嚼,刺激与被刺激,就是真实与虚假联姻,善良与邪恶交媾。

二

从纳斯卡(Nazca)经利马到昌昌(Chan Chan)的一千多公里海岸、谷地和沙漠,终年少雨,但是安第斯山的雪水和沙漠内的绿洲哺乳了人类的童年,抚育了卡拉尔(Caral-Supe)、查文(Chavin)、帕拉卡斯(Paracas)、莫切(Moche)、纳斯卡、瓦里(Wari)、奇穆(Chimu)四千多年的文明,开掘了人类六大文明之一的历史长河。

最北端的昌昌,位于莫切河与太平洋的交汇处的北面,奇穆文明的古都,繁盛于12世纪到15世纪。传说奇穆人的祖先从鱼卵中诞生,骑着海豚,劈开太平洋的惊涛骇浪,来到莫切河口,最后定居在莫切谷地。与南方崇拜太阳神和北方崇拜雨神不同的是,他们还崇拜海神。奇穆人擅长引水灌溉的农业、近海捕捞的渔业及连接东西南北的商业贸易,他们把持镇守着大洋到山地、山地到雨林的交通枢纽和军事要地。

十几公里以外的东南方,莫切河南岸,雪色火山(Cerro Blanco)的山脚下,莫切人的都城,繁荣喧闹,巍峨宏伟的宫殿,富丽堂皇。城的西北方,耸立着坯砖建造的朱红色太阳通灵塔(Ziggurat);城的东南方,粉红色的月亮通灵塔遥遥在望。

此时的莫切城邦,正面临北方奥尔梅克(Olmec)军队和南方卡拉尔军队同时犯境。月亮通灵塔周围,戒备森严,鹰军、豹军、海螺军三重把守。六层塔顶部的武士神庙,大门紧闭,神庙内汇集了几个城邦的头人、大祭司及贴身随从。

奥尔梅克头人正在向众人陈情："我们在北方海湾的土地连年大旱，饿殍遍野，实在迫不得已，才率整个部族来此，希望地主可以体谅。"

莫切头人："这里是我们的家园，我们在这里生活了几十代人。如果你们只是路过，我们一定尽地主之谊。"

卡拉尔头人："在你们莫切人来这儿之前，我们就已经在此居住了一千多年，是你们夺走了我们的土地。现在的卡拉尔城邦比任何时候都强大富足，我希望你们一定珍惜这次机会，加入这个大家庭，为了你们的神祇，为了你们的安全，也为了你们的福祉。"

奥尔梅克头人的随从，羽水蛇白夜："一两千年前拥有这块土地的人，不必然现在还是主人。无路可走、谋生讨活的人，不能以兵戎威胁。安居乐业、城富民强的主人，也不能把山穷水尽的同类推向饿毙的深渊。无论哪儿的山河湖海，都不是你的、我的、他的。正好相反，所有我们的一切，都是土地的。卡拉尔治理有方，城邦蒸蒸日上，土地辽阔，民众殷实，但这不是吞并邻邦的理由；奥尔梅克远道而来，民众汹涌，对本地主人欠缺敬意，似应后退数日路程，尔后与地主再行协商；莫切城邦，繁荣富庶，务请宽大为怀，张弛有度。"

奥尔梅克头人："说的在理，我一定尽全力约束属下，只是怕饥民失控。"

卡拉尔头人："卡拉尔和莫切唇亡齿寒，如今奥尔梅克大兵压境，我们决不能坐视旁观。"

莫切头人："刀兵相见，只能三败俱伤，喋喋不休，只能徒增事端，希望各部族，集思广益，提出三全之策。"

莫切大祭司："橡胶蹴球比赛（Ballgame）可以消除星宿与人间的隔膜，可以平息人间与冥间的冲突，同样可以解决人与人之间的争端。我建议以蹴球比赛定输赢，赢者取得土地优先分配权。"

经过大半天的协商,终于有了进展。

莫切头人宣布:"三方一致同意在蹴球场上决定胜负。如果莫切取胜,奥尔梅克向莫切提供劳役,以工代赈,卡拉尔租借一块土地给奥尔梅克,等奥尔梅克开拓新的土地后,等量归还;如果卡拉尔取胜,奥尔梅克向卡拉尔提供劳役,莫切租借土地给奥尔梅克,日后等量归还;如果奥尔梅克取胜,它会从另外两方各租得一块土地,以后适时归还;无论哪一方胜负,卡拉尔撤出莫切境外;从今以后,三方凡事协商,世代友好。"

莫切大祭司:"比赛结束后,需要按照惯例祭祀神灵,协议才算正式生效,请各方继续讨论如何举行大礼。"

卡拉尔大祭司:"上苍创造了混沌,混沌演化出万物,上苍通过输送热量、光和火供应生命,热量扩散到四面八方,最终冲出混沌球面,从众星辰中溢出。星辰是热量和光火的泉眼,它们按照一定的顺序,依次在不同的时间,对生命行使不同的权利与义务。我们作为尘世间的仆从,必须时时保持与星辰神宿的畅通交流,才能保住热量的源泉,延续生命的血脉。祭神,正是各部族的生存之大器,按照我们卡拉尔的规矩,黄金是与神灵交流的中介。如果我们取胜,一定用黄金举行大礼。"

奥尔梅克大祭司:"天体星辰在天穹的球体里按照神圣的秩序各司其职,它们同时又存在于人的心脏之中。与人体之外的星辰交流,必须靠鲜血,血液的魔力会帮助人们获取光、热、火、秩序、威严、权威、富足和幸福。如果我们奥尔梅克获胜,我们将用鲜血祭奠神灵。"

在月亮通灵塔和太阳通灵塔之间,彩色的三角形蹴球场格外耀眼。石砌的墙面顶部,可做观众的看台,三个墙面的正中间,各镶嵌一个足球大小的石环,石环位于两米高处,与地面垂直。三角形的三个顶端是球场的三个入口,分别涂着蓝色、黄色和绿色。蹴球由橡胶和其他植物配料制作，略小于足球。比赛时，队员可以用臀、肘、胸和膝击球，但不能用手和脚。三队同时比赛，每队六名队员，先入六球者为胜。

经过两天的角逐，奥尔梅克队最终取胜。各部族首领重新云集月亮通灵塔上。在武士神庙的正堂，四性神——太阳神、月神、雨神和海神高高在上。这四位神，亦即四个星宿，分别为四个不同的性，四者共同交媾结合才会产生生命。月亮通灵塔下的左侧，一块黑色的神石，形状与雪色火山一模一样，神石下埋着奉献者的忠骨。通灵塔下的右侧，树林状排列的木杆之上，挑着奉献者的头颅。塔正对面的广场，人山人海的民众，等待着庆祝与狂欢。

奥尔梅克大祭司："祭祀大礼正式开始，我们奥尔梅克的六名队员及另外十二名勇士将代表所有的部族，向四位神灵供献自己的鲜血与头颅，他们的荣耀与英灵将与山河星月比邻永存。"

羽水蛇白夜："且慢，我有话讲，我既不是球员，也不是部族的族人，不知为何成为十八个牺牲者之一。"

众奉献者："羽水蛇白夜，献出自己的生命是我们至上的光荣，绝不可以胆怯推辞，那只会辱没了勇士的英名。"

奥尔梅克大祭司："你虽不是我们族人，但一路同我们披荆斩棘，跋山涉水，生死与共，早就是我们的战士，为了整个部族的生死存亡而奉献自己，你将成为不朽的英雄，为世世代代的族人所敬仰。"

羽水蛇白夜："族人可以为部族献身，但没有必要做无谓的牺牲。我本人没有义务为奥尔梅克献身，至于荣耀，我并不觉得，更非我所追求。"

奥尔梅克大祭司："你既然接受了我们的保护，就是我们的一员，效忠部族就是你的义务。如果你胆怯或者背叛，必会触怒神灵，受到身败名裂的惩罚。"

羽水蛇白夜："奉献和惩罚都是肉体的死亡，只不过理由有别，一旦道德的遮羞布被扯下，它们其实是同一个裸体。一个部族实施正义，常常就是对另一个部族的犯罪。人的生存与正义，正是其他生命的噩梦与灾难。行为本无高尚与邪恶之分，有分别的是评价行为的标准，而在所有生命对这个标准达成共识之前，善恶永远决定于评判者的私人立场。邪恶常常以正义之名得到实施，正义是邪恶之母，邪恶的恐怖平衡又产生正义。对这种正义或高尚，我毫无兴趣。如果一个婴儿的生命受到威胁，我可以用我的生命去换取，不是为了高尚，仅仅因为发自内心的乐意，而对这种献祭，无论以何名义，我都毫不犹豫地拒绝。"

奥尔梅克大祭司："无论你个人什么意见，这是部族的决定，也是神的意志，你必须服从，祭祀大典正式开始……"

十七位勇士全身涂上蓝色，每人饮下一碗麻醉液，依次躺在献身石上，四个全身涂红的祭司按住其手脚，大祭司高举黑曜石刀，一刀刺下，挖开胸腔，取出心脏，心脏与血液放入查克穆尔（Chac-Mool）器皿，头颅斩下，与身体一齐掷于塔下，塔下祭司用渔网收住，身体下葬，头颅置于木杆之上。下面民众的欢呼声一浪高过一浪，不知道是出于对神灵的崇拜、对英雄的敬仰、对血腥的痴迷还是对人性丑陋的赞颂。

奥尔梅克大祭司："羽水蛇白夜，现在轮到你，还有什么话要讲？"

羽水蛇白夜："给我一把鳐骨刀，我自己来做，不是献祭，而是回归，请四位祭司协助。"

羽水蛇白夜躺上坚硬的火山岩，仰望着晴朗无云的天空及四张毫无表情的脸，自己哆哆嗦嗦的双手握着骨刀，脑袋一片空白，锋利的骨刀刺进了胸膛，竟然毫无痛觉，划了一圈的腔内空空荡荡，既无心脏，亦无血液，只有朦朦胧胧的大祭司的骇然、神灵的震怒、满天的模糊和地动山摇的断裂。

地球的肚脐，几公里之外的雪色火山喷发出脑浆色的岩浆与尘雾，高速旋转的脐带像龙吸水一样把万物纳入遮天蔽日的地球胎盘。月亮通灵塔下，羽水蛇白夜无头无心的躯壳，带着从未有过的会心微笑，汇入了卷向苍穹漏斗的滚滚洪流……

三

两边的河流消失在中间的大洋，帝国大厦脚下的棒槌状岛屿上，汽车与人群一如既往，川流不息。时光恍过千年，小岛成为资金与信息的心脏，时时刻刻把过滤加工的血液输送到全球。在"现代""进步""科技""繁荣""自由"的旗帜之下，民众仍然忙碌在衣食住行的地平线上。劳作者的磨盘已经由石头换成青铜，由青铜换成钢铁，由钢铁换成新材料，唯独磨盘之上的话梅和青草依旧，推磨者的脚茧和足迹依旧。智慧的人类发现或创造了规律和规则，社会的肌体在规律和规则下运行，成为人的神灵，人最终匍匐在自己创造的异物的淫威之下。智慧的人类同时又在"进步"中寻找幸福，但作为遗传物质的载体，自己却一直是他物的肉体工具，"进步"从未把人类改造成主人，仅仅使工具成为更有效率的奴仆。

魂灵白夜继续下坠，离开这个"理性"的物质地带，进入灼热岩浆的流体隧道。隧道的尽头，别有洞天。群山环抱着一泓深青色的湖水，淡青色的天空盖在群山之上。童幻般的特诺奇提特兰（Tenochtitlan）浮在湖上，湖心岛正中的橘色双蛇头金字塔，高贵而神秘，傲然而立，塔庙宫殿之外，棋盘式的街区由运河分隔，街区外围的湖上农田（Chinampa），如众星拱月，环绕整个岛屿。岛的南、北、西三个方向，高架桥和高架引水渠把湖、岛、谷地连成同一个代谢躯体。左上方的天际线上，爱琴海边的阿索斯山（Mount Athos）反射下灼热的阳光；右上方，虎穴寺（Paro Taktsang）吊挂在喜马拉雅万丈悬崖之上。

　　灵性体验的地带之下,踏上更宽厚的路程,全身飘然,无重无力,隐隐约约,来到第十二层,贪图花言巧语贿赂的贝阿翠彩(Beatrice)早已不在,不用通报就悄然飘进地球母亲的最深处,玛雅人的归宿之地——第十三层,这里只有淡淡的乳白色的光,命运之神,亦真亦幻的自己,像一道炫光,一闪而过,然后无影无踪,无声无息。层外的群星退去,层内的无色之幕猝然落下……

　　　　　　　　　　　　(2016年1月29日)

生命的赞礼

特此纪念以下 29 位英年早逝的北京大学 1986 级同学：

地　质　系	李步云，曾曦滨
技术物理系	梁玉富
法　律　系	万霞，金黎明
考古学系	柴生芳
生物学系	崔武，王燕萍，秦岭，顾理
物　理　系	罗杰
图书馆学系	王蔚，李东曼
历史学系	王冰
政治学系	王强
化　学　系	杨建清，曹钧，冯琨，金毅
数　学　系	杨志云
地球物理系	朴艺花，陈东胜
法　语　系	于峰
中　文　系	李晨，李静
哲　学　系	莫学军，索亚军
力　学　系	张恩武
概　率　系	严文

纪念我的同学杨志云

刘念俊*

得知志云去世的消息很突然,也很偶然。2008年1月4日,我刚从一个很偏僻的地方 group retreat 回来,就接到文伏英的电话,说到处找不到我。他说他的太太小李很偶然地从网上一个帖子听说北大数学系1986级的杨志云去世了,因此向我查证。开始我很吃惊,随即又觉得不可能。我在网上搜索了一二天未果,只好请小李将发帖人的联系方式要到,然后我打电话确认。发帖人是Elaine。

Elaine 人很好,在随后志云葬礼的筹备中,她提供了很多信息和帮助。我同 Elaine 说了没两句,就已经知道不幸消息是事实了。Elaine 说当时主要是志云的朋友帮忙筹备葬礼,并且建了一个网站以纪念志云。她说志云的大学同学很少联系到,希望我能告诉认识的人,特别是我们的大学同学,并且希望我能写一些关于志云的文字。我当时一口答应下来。我因为平时和大家联系很少,所以费了很大气力才通知到十多个同学。至于写东西,锱铢累积了几

---

* 刘念俊,1986年自陕西考入北京大学,1990年本科毕业于北大数学系计算数学专业,后又踯躅燕园三载,于1993年硕士毕业于北大数学系信息数学专业。就业于计算机行业数载。后游学美国,于2005年博士毕业于耶鲁大学。旋即举家南迁,蛰居于美国南部边陲阿拉巴马州,任教于阿拉巴马大学伯明翰分校。

个月,才写了这一点。

我和志云是北大数学系计算数学专业 1986 级的同学。进校时我们全班 28 个人,三个北京同学(杨志云、周文闯、马翔),五位女同学(杨志云、周文闯、顾俊敏、张世春、袁文燕)。在大学期间,和志云接触并不多。印象中她是个很活跃、很进取的人。记得我们有次班上新年联欢,女生出了一些谜语,打班里的人名。记得一个是"毛毯里打手电",还有一个是"青面兽说"。前者谜底是李铭老师,后者是志云。我猜中了后者。志云很高兴地专门拿了奖品,一张明信片,给我。还有一件事印象比较深是我们军训的时候。当时女生住在河北正定团部,男生在数十里外的营里。有次我们去团部开会,回来的时候,在军车上远远地看见有两个女生在团部大门口。当车到了门口,才看清是志云和文闯,挥着帽子和我们班的男同学再见。大家当时都很高兴,也都喊着摘下帽子向她们挥舞。

大学毕业后,志云到美国留学,我同班上七八个同学留在北大读研。有一年志云回国,还去北大看过我们班同学。见到志云是在周文闯和张世春她们宿舍。一大堆人聊了什么也不记得了。记得志云唱了一首歌,说是专门写她们那些人(留学生)的。歌很动听,以后我到美国也没有听过。聊了一会大家去吃饭。印象是去了学四。记不得为什么志云和我拼酒。我以前不知道她能喝酒。一杯一杯对着喝最后喝得我吐了出来(是跑出学四吐的),而志云一点事也没有,我边往外跑还听见她在说"你酒还没喝完"。在校时同志云交往不多,了解也不多。更多地了解志云,反倒是在我毕业后的一次出差。

研究生毕业后,我到北大计算机研究所工作。1995 年夏天,我到微软在西雅图的总部出差。上飞机的前一天,才从文闯那里知道志云的 e-mail。文闯还托我给志云带了一卷宣纸。因此在走的前一天晚上,试着给志云发了一个邮件,留下了我到的时间和在微软办公室的电话。我到办公室的第一天，志云就打电话过来。很快她就开车到了我的办公室外面。记得那天我已经吃过晚饭，但志云还是坚持请我吃饭。当时是暑假，志云说她的导师很少在，所以她自由支配的时间比较多。志云带我去了好多地方：海边，downtown（在 Space Needle 下面，我们转了三圈都没有找到停车位，在我的强烈要求下我们放弃了），华盛顿大学，以及 shopping。我刚开始住 hotel。为了让我节省费用，志云帮我找了一个 sublease 的地方住，还把她的加了交通费的学生卡给我，以便我坐公交车，后来还帮我找了一辆自行车。志云当时开的车很破旧，让我吃惊和佩服的是，她的车后厢里有好多工具。她说自己看书学修车。有一次在路上，她说车出问题了。停车后，她拿出工具，打开车盖就开始修。她一个人顾不过来，让我帮着拿一个工具，对准一个地方，然后她来修。但我总是对不准，只好作罢。我开了这么长时间车，到现在还不知道志云当时在修什么，用的什么工具，实在惭愧。

志云同我谈过一点她的科研，还带我去见过她的导师，以及她们系的主管研究生学习的负责人（Director of Graduate Studies），一个被学生称为 criminal 的教授。我当时已经转搞计算机了，他们的科研我已经听不大懂了。我是一个随遇而安、不思进取的人。当时也没有想到把握机会，同华大的教授见见面，联系到美国读书。

志云是一个很有个性的人。有次在她们系的机房中遇见一个美国女生。那女生指着志云紫色的衣服和计算机屏幕（屏幕的背景是紫色）说紫色是志云的颜色。志云的生活很丰富。记得她有一次说过，在美国生活，就得自己找乐子。我去过一次志云住的地方。她和几个人合住。她的房间很整洁。印象很深的是门边有一张铅笔画，是志云画的当时一个电视剧中的展昭，画得很传神。

志云对京剧也很感兴趣。她还有一个学京剧的师傅。志云的师傅，陈先生，是台湾人，当时从波音公司刚退休，又被南开大学聘请。志云带我去过陈先生家几次。陈先生也是一位豪爽之人，这点同志云比较像。每次去他家都很热闹。有一个小女孩，好像叫 Su Bing，也是华大的学生，和志云关系很好，亲若姐妹。她们两人同陈先生学唱京剧。在陈先生家里还见过志云的"师兄"，也是一个台湾人，好像叫 Huang Guoping。但他不跟陈先生学京剧，而是跟陈先生学剑。

在陈先生家里见过各种各样的人：大陆人、台湾人；学生、已经工作的人；还有到美国探亲的人。有一次碰见一个年轻人，是陈先生中学同学的儿子，在台湾长荣公司当飞行员。他人很随和，我和他聊得也很开心。陈先生还有一个哥哥。他们兄弟俩都是早年南开毕业的。陈先生的哥哥当时刚从大陆娶了老伴。好多人前去道贺。志云特意穿上我送的劣质北大 T 恤（我见过的北大 T 恤都很劣质，买不到好的），因为陈先生的兄弟总是穿南开的 T 恤。

志云告诉我李铭老师在温哥华，问我是否想去见一面。李老师是我们大学的班主任，人很好，也很随和。我当然很高兴能有机会见到他。志云带我去加拿大领事馆签证（那是我第一次见识加拿大政府工作人员的办事效率），帮我联系李老师，然后买灰狗票。志云说李老师很喜欢抽烟，因此买了两条烟让我带上，并且告诉我入加拿大境最多只能带两条烟，如果边境工作人员问起，为了避免麻烦，就说我自己抽。我是趁一个周末去的温哥华，见到了李老师全家。李老师和夫人没什么变化，就是孩子大得我已经认不出了。在李老师家里，还意外地见到了滕振寰老师。滕老师当时在 Simon Fraser 大学讲学，住李老师家。滕老师还说到他的女儿滕峻即将从 Stanford 毕业，他有些担心滕峻找工作。在李老师家还见到了一个年轻人，好像叫 Yang Xiaobing，他也认识志云。看来志云交友颇广。本来志云告诉我她可能有事，我回来时没法去西雅图灰狗站接我。但当我准备找车回去的时候，志云也匆匆赶到了。她可能怕我摸不清方向，回不了住处。

在西雅图的那段时间，我和好多在美国的同学都通过话，记得有杨向荣、张凡夫妇、董富春、曾思欣、王晓星等等。王晓星谈到他刚到美国时的艰苦，买了米要扛着走好远回家。他说以后见面了细说。去年听到王晓星得重病的消息，我总觉得还能见到他，听他把故事讲完。这是后话。记得和杨向荣通话的时候，他说到金保侠的去世。金保侠比我们高几级，做过我们的助教，人很和善。我当时很震惊，也很难接受。和杨向荣通完话，我给志云打了个电话。志云知道这件事。那天我们聊了很多。具体聊了什么已经忘了。印象中志云对好多事都有她的看法。

仅有一次，在开车的时候，志云谈到了一点点她的个人感情生活。记得她说有过很多机会，有钱的、英俊的碰到过，好像没有合适的，她也不愿降低标准。记得她说得不多，而我还没和她熟悉到可以谈论她的个人感情生活的地步，所以我只是听她说。

从西雅图回国后，我和志云还保持了一段联系。她博士毕业的时候，还考虑过回国的事。她托我了解北大和清华招聘的信息。1996年前后我生了一场大病。志云还建议我练元极功。当时她的父母正在练元极功，她还专门跟她父母说过。我跟着志云的妈妈马阿姨去了一次，但没有坚持。再后来，因为长时间病情没有好转，我也变得很消沉。加上工作的变迁，我失去了同几乎所有同学的联系，包括志云。

最后一次听到志云的消息，是2006年10月在新奥尔良。开会的时候见到赵宏宇。晚饭的时候宏宇提到志云在Enron。进一步的消息宏宇也不知道。当时想Houston离Birmingham不是太远，以后会有机会见面。没想到这个机会再也没有了。本想去Houston参加志云的葬礼，最后也未成行。Elaine很善解人意，说人去不去没关系，心尽到就行了，这让我多少有些安慰。得知志云去世消息的同学也都很痛心,大家一起给志云送了一个 flower spray。Elaine 从葬礼回来后告诉我,她看到了我们的 flower spray,就在志云的边上。

听说有一百多人参加了志云的葬礼,好多人像 Elaine 一样从外地赶去。十多人在葬礼上讲了话。志云待人真诚,因此有好多真诚的朋友。志云的后事基本上都是朋友们操办的。

志云是我们大学同学中第一个去世的。志云的去世,作为同学、朋友,我们都扼腕痛惜。但打击最大的,莫过于志云的父母。白发人给黑发人送葬,总是让人痛心的事。我虽然见过志云的父母两面,在第一次同 Elaine 联系的时候,她也给了我志云父母的电话和 e-mail,但我实在是没有勇气面对他们。希望两位老人家能节哀,希望我们这些还活着的人活得更好,至于志云,我相信她到哪里都会过得很好。

谨以此文纪念我的同学杨志云(1969 年 5 月 16 日—2007 年 12 月 30 日)。

补记:今年是我们 1986 级同学入学北大三十年,大家筹划了一些活动,也计划出一个纪念文集,遂将这一小篇文字翻出来。虽文笔拙劣,羞于示人,但想着是对志云以及其他逝去同学的追念,所以还是将它拿出来。志云是得乳腺癌去世的。自从志云去世后,我每年以纪念志云的名义给 American Cancer Society 匿名捐一点钱。我知道我的捐款太微乎其微,自我安慰罢了,只是希望以后少些人被癌症折磨和夺去生命,少一些家庭破碎,特别是白发人送黑发人的悲剧。欣慰的是从志云去世到现在,我认识的北大同学再没有去世的。借入学三十年之际,怀念我们青春激扬的大学时光,纪念那些同我们一道入学但已经离开我们的同学。希望我们大家,我的北大 86 级的同学们,都过得好,不管在什么地方,人间或天堂。

(2016 年 2 月 6 日于美国阿拉巴马州伯明翰)

他只是去了远方
——纪念曹钧同学

袁澧涟*

曹钧是我的朋友,北大 1986 级化学系本科,1998 年夏天在美国黄石公园意外过世。直到 18 年后的今天,我依然难以相信曹钧离世的消息,我依然固执地认为他只是去了远方。

认识曹钧是在离开北大之后。1990 年毕业后,86 级大概有十来个学生分到了中科院上海分院几个闻名遐迩的研究所。那时候,曹钧在细胞所工作,我在生理所读研,同在岳阳路的 320 大院。对曹钧的第一印象就是高,一米八几的身高在当时的上海很是凤毛麟角。而他为人温和,讲话轻言细语,与身高形成很大反差。曹钧因为热心助人又是上海本地人,一直是我们一众伙伴值得信赖的兄长似的人物。

在那遥远的求学岁月,物质的清贫仿佛并未妨碍我们的快乐。打探到对门儿药物所食堂比我们的好,曹钧总是叫上大伙同去。我记得我们实验室的技术员一看见他就用上海话说"那个高高个

---

* 袁澧涟,北京大学 1986 级生物系本科学生。1993 年中国科学院生理学硕士毕业后,赴美留学。于 1998 年获威斯康星大学(麦迪逊)神经科学博士。其后一直执教于美国高校并从事生物医学研究。研究方向包括学习、记忆及情感调控的神经机制。

找你去吃饭啦"。物质的清贫更未妨碍我们对未来的构想。我还记得大家一同烈日下骑车去交大考托,寒风中去华师大考G。在上海的最后一个寒假,好几个同学为了准备出国没有回家。我们就去了曹钧家过年,见到了曹钧的爸爸妈妈。天道酬勤,随后的秋天我们大家全部来到了北美读博,我与曹钧还继续保持着联系。后来他的太太JJ在芝大与我的好友一家又成了关系密切的邻居。再后来,曹钧和JJ来过两次我就读学校所在的城市。在我保留的一张照片上,曹钧、曹钧妹妹、JJ、我,还有另外两个朋友坐在湖边,凉风掠过发际,背景是天高云淡的蓝,那是1997年的夏天。

转眼就是1998年的6月,在与曹钧的最后一次电话中,都感觉各自的生活正进入新的阶段,展示着无限的前景。我顺利答辩拿到学位,马上要回国探亲。曹钧则不久就要转到JJ所在的城市读MBA。为了庆祝,他们俩开学前将去黄石国家公园旅游。同为摄影爱好者,我们相约回来后交流照片。

但是,我没有等到曹钧的照片。辗转得到的消息是他在黄石公园出了意外。我不敢打听细节。仿佛只要不知道细节,我就可以相信,我也宁愿相信,曹钧他只是去了远方。

时光荏苒,当年的伙伴们都进入了中年,得以窥见生活的一地鸡毛以及年少时憧憬人生不曾料到的彼岸风景。唯有曹钧,在我记忆中定格在了他最风华正茂的一刻。

(2015年12月28日)

忆阿曾在宁轶事

谢志东

相识在燕园,阿曾最早到,靠窗上铺,我估计是最后,近门下铺,好在是十人大房,外还有一大空房及阳台,十人相处甚欢。

阿曾与我皆来自宁夏,自是相近,寒暑假期,同一辆列车同去同回,阿曾住大武口,我家银川,回时他先下,去时多是他来银川一起走。

我好走动,假期间总会去一趟大武口,住几天。那时无电话,坐火车或汽车看着西边的贺兰山北上一两个小时就到了大武口,再步行二十多分钟,站在阿曾家前敲门,偶尔无人,就转悠一阵回来再敲。曾有两妹,三人各相隔五岁,小妹在印象中好像就一直小小,十岁左右,聪明可爱。曾家住总工楼,联排二层小楼前院后院,厨房盖在前院,内有小桌矮凳,曾叔多不在,曾姨做好饭,我们就拥桌而坐,美味佳肴,其乐融融。走动得多了,曾姨就说我是大哥。

跳舞是去大武口后必去的一项活动。阿曾要好的同学大都是女孩子,所以他可以很轻易邀请到女伴同去。阿曾个小,从小学至中学,与女同学相处甚好,走路腰肢一扭一扭的。大学四年,同班女生太少,就多了许多阳刚之气,到美后跋山涉水,更是。但总少不了女性的细致、轻灵。他的舞步轻灵,可说是好得无比。可能是与那些女孩太相知,这些女孩也就没把他作为唯一的男朋友。阿曾也就只好拿起吉他,唱"我是来自北方的狼——"、"大约在冬季"等,抒发自己的激情。我们通常是骑单车,一行几人同去,交谊舞是最多的,迪斯科是后来兴起的。

打台球是另一项活动,80年代末,大街小巷到处摆了台球桌,更有甚者,在广场中一大片都是台球桌。我开始打时,阿曾已是高手,老哥回忆说,阿曾打得太绝了,如果他要一直学打台球,也可能就是今天著名的台球大师了。当时打台球,有一点小赌,打得好,可以赢一点钱。记得自己似乎还梦想过,我要是水平练到绝顶,可以挣好多好多钱。不知阿曾可曾想。他打球很执着,一招一式蛮专业,肯定交了不少学费。自然是他赢多我偶尔赢,倒也乐乎。

年少轻狂,青春无悔。往事如烟,一缕一缕已经不再清晰,好在阿曾轻灵、缥缈、绝顶,已化作轻轻的光。想起他,倒也欣慰,谢谢给我这皮囊一点浮力。

(2012年2月4日)

阿曾(1969—2011),姓曾,名曦滨,湖南人,1986年入北大地质系,1993年赴美留学。先后在凤凰城、丹佛、西雅图居住,软件工程师。2011年12月中旬携全家及老人至太平洋中夏威夷岛度假。阿曾不幸在海滨遇难。阿曾的离去,使同学们再一次凝聚在一起,中美两地的同学有不少纪念文章和诗词,开设了中文和英文网上灵堂。追思礼拜12月30日在西雅图的郊区小镇市政厅举办,附近的邻居和好友济济一堂,为失去一位好丈夫、好父亲、好儿子、好朋友、好邻居、好员工而举哀追思。葬礼和追思会主要是由在美国的9位大学同学从各地飞到西雅图协助办理。爱是阿曾离去的记忆。
(2016年5月11日后记)

纪念我们大崔

邢金松[*]

转眼我们的大崔已经离开大家近二十个春秋了,回想起这个热心、聪明、勤奋而又幽默调皮的背影依然心酸沉重。

崔武是生物系植物和植物生理生化专业86级的老大哥,1967年生于河北保定,个子也是我们28楼126宿舍的冠军,刚入学没几天大家就称呼他为大崔和老崔。记不得什么时候开始有些男生谑称"死崔",大概因为他会做一些恶作剧。大崔离开后我们男生一起难过自责,如果我们不这么称呼他,也许死神不会那么早就想起他。

我在班上成绩绝对是倒数,主要原因"应该"不是智商,而是不去晚自习,我们宿舍我和大崔就是给自习教室省座位的。记得有一次我俩终于痛下决心去教室看看晚自习到底是咋回事,走到半路,突然间似乎有一滴水飞到崔武的脸上,大崔当机立断:"赶紧回宿舍,天要下雨,别淋坏了身子。"就这样,一滴或许根本就不是来自于天空的水珠把我们俩上自习的工程启动又推迟了好几个

---

[*] 邢金松,2000年博士毕业于Rutgers University(罗格斯大学),先后在美国任职于BASF(巴斯夫)、BMS(施贵宝),2005年回国加入药明康德创立生物分析部。现任上海熙华检测技术服务有限公司和全椒盖尔普健康技术有限公司董事长。

星期。

　　自习不上,考试还是要过关的,我们就一起拼通宵教室,在考试(只有期中和期末考试)前两周结伴去通宵教室,那时候精力真好,两个星期基本上不睡觉。我们班男生除了一两个"败类",没人在考试前有时间找老师去答疑和套口风的,考试成绩可想而知了。每当我准备为80分去庆祝的时候看看我的战友大崔的成绩,顿时取消庆祝计划,我就不明白为什么大崔每门课总是比我高十来分。我努力寻找不如他成绩好的理由:对了,或许是因为崔武喜欢读书?他的阅读速度惊人,夏天中午从来不午睡,我们一觉醒来,他已经读完一本几百页的书;晚上不上自习我总是在打牌,大崔还是在海量读书。但他读的是武侠、历史、军事,反正绝对与专业无关。后来,我渐渐地明白,有些人智商比我高。

　　大崔爱捉弄人,我和他经常在一起,自然受到他捉弄的机会要多,去通宵教室他总是骑车带上我,看到大树的时候,他会把车骑得离大树非常近再拐个弯,侧面坐在后面的我正好被大树挤下来,这时候他突然加速,任凭我在后面大声提醒。几分钟后他会骑回来乐呵呵地说:"难怪一下子轻松了许多,原来你小子想偷偷从车上跳下逃回宿舍呀!"夏天离开宿舍前,我们总是把开水倒到杯子里晾着,有时候我回来稍晚,水杯已经空了,刚要发问,大崔便微笑着高声提醒大家:"同志们,同学们,夏天温度高,室内蒸发量大,以后最好多晾几杯水!"

　　大学毕业,大崔是我们班上男生中唯一的不靠平时努力而推荐上研究生的,而且在本系读研。读研的实验室环境极其恶劣,绝不通风,毫无个人保护,大崔经常用同位素。硕士毕业后又留校,还在同一个实验室。我去北京出差,不管是白天还是夜晚,总要到那个黑乎乎的实验室才能找到他,这为他的英年早逝埋下了可怕的伏笔。

尽管他很忙，但我们班外地多数同学的出国成绩单和老师推荐信都是他帮忙办的。他为那么多的同学出国办手续，可惜等他自己准备出国时，体检单上无情地写着"肺部占位"。大崔硕士毕业后经常咳嗽，校医院诊断为肺炎、肺结核，病情两年没有好转，直到1996年春节回家，他父亲的朋友提醒做肺部肿瘤检查，才发现为时已晚！

作为分子生物学家，大崔知道已经不可挽回，本想去风景区疗养，度过人生最后几个月，也是对自己一辈子辛苦的补偿。可是父母不忍放弃治疗，为了让父母心里好过一些，他接受了一切最痛苦的治疗。同学去看他，他稍微动一下，便痛得汗如雨下，可总是一次次用招牌式的微笑和大家介绍病情和他对人生的看法，仿佛癌症与他无关。在和肺癌斗争了半年后，我们的大崔在1996年的夏天永远地离开了……带着无尽的不舍，离开了痛得撕心裂肺的父母、深爱他的女友、一起梦想的同窗，那一年他的人生定格在29岁。父母遵照他的遗愿，把骨灰的一半撒在了未名湖，让他永远陪伴着挚爱的母校北大！

（2015年12月20日）

爱无止境

王 青[*]

悼念我的爱人

亲爱的,你知道我有多爱你吗?
让我来告诉你
如果你是小溪
我便是那水中的鱼
鱼儿与水不能分离
正如我与你
如果你是树林
我便是那林中的鸟
鸟儿有多恋慕树林
我就有多恋慕你
我的爱
我的眼时时追随着你,因看见你而溢满光彩

---

[*] 王青,1990年毕业于北大英语系,任职于中国银行总行,1993年和1996年分别获美国弗吉尼亚州理工大学社会学硕士和会计学硕士学位。现任美国Capital One银行数据分析师。文中先生康京宏,1987年毕业于北京科技大学。

我的唇常常渴慕着你,因你的亲吻而充满情意
　　我的心切切思恋着你,因你的注视而快乐欣喜
　　我的爱
　　如果你是树
　　我便是那绕树的藤
　　藤与树相属相依
　　正如我与你

一

　　曾有人说过,灾难总是出其不意地降临,对我来说就是如此。
　　我曾有一个和睦美满的家,曾有一个深爱我的丈夫,我曾为此多次感谢上天。然而,在2010年夏天的一个看似平静又普通的夜晚,灾难悄然而至。那一晚成了我记忆中最不堪回首的一夜,就在那晚,一粒劫匪的子弹带走了我的丈夫,给我留下了三个未成年的孩子,就在我们刚过完十九年结婚纪念之际。一夜之间,一家人都失去了最亲的亲人。儿子失去了父亲,母亲失去了儿子,而我失去了我深爱的丈夫、我孩子的父亲,同时也失去了我的情人、我的长兄和我的挚友。他就这样突然地与我们永远诀别了,绝望令人窒息,心恸无与伦比,射进他前胸的子弹成了插在我心头的尖刀。
　　之后的两个月里,我在心痛中煎熬,流了数不清的眼泪,好像要把我一辈子的眼泪都流干。他在的时候最怕我哭,也总能使我转哭为笑,难道我欠他这么多眼泪?日子过得恍恍惚惚,昏昏沉沉。追思聚会凝重庄严,见证了他短暂却极有价值的一生;葬礼令人悲痛欲绝,感觉我的灵魂与他一同下葬于黄土之下;亲朋好友同学教友的电话来访不断,他们曾和我一起欢笑,那时却陪我一同痛哭;还有数不清的信件和援助,甚至很多来自素不相识之人,却字字句句带着真情;一幕一幕就如电影里镜头下的画面,只不过这次

我成了主角,一切是出奇的不真实,却又是不可否认的真实。每天早上醒来,我都盼望这一切都是梦,梦醒之后他还在我身边。为什么这个梦还不醒呢?为什么不是梦呢?!

直到两个月后的一天,我看到了一道奇妙的彩虹。耶稣基督的一句话,"女儿,你的信救了你,平平安安地走吧",成为我黑暗中的第一道彩虹,给我昏暗的心带进了一丝光亮和色彩。我封闭了我内心的一角,把他封闭在记忆的深处。

二

曾有人说过,第一次相遇,是巧合。第二次相遇,是冥冥之中的缘分。第三次相遇,则注定了一生难解的情缘。

五年的时光一晃而逝。我的心因着彩虹变得明亮,但其中的一处却一直尘封着。直至今日,我轻轻开启其中的一角,就再次瞥见我们三次的不期而遇,和他三次的转首回眸。

我和他在北大学三食堂的周末舞会上第一次相遇,那是20世纪80年代末一个冬天的夜晚,拥挤的食堂,震耳欲聋的音响,忽明忽暗的灯光,而十九岁的我充满了幻想和浪漫。那天我和同去的同学在舞会中走散了,我一直在人群中寻找她,忽然间我的目光就落在了一个个子高高的男孩子身上。他本来背对着我,就在我的目光落在他身上的那一瞬间,他转过身来,我就直直地望进了他的眼里,那双眼含笑如春风,英气逼人。我望着他,他也望着我……我还没定下神,音乐再次响起,他就走过来请我跳舞。那是一首探戈舞曲,舞跳得很糟,他不会带,我也不会跟,脚下的步伐一再地出错,以至我们不得不中途停下,并互相道歉。一种莫名且奇妙的熟悉感在我们之间蔓延,好像我们相识已久。但遗憾的是他只留下姓名,没有留下联系方式。从那时起,他的名字就进驻了我的心里,他的眼眸就留在了我的梦中。

我一直在若有若无地寻找那双眼睛,无论在后来的周末舞会中还是在北大校园中,甚至走在街上,只要是差不多的身影,我都会多看上两眼。从冬天到春天,又接近夏天,我终于在学校五四校庆的露天舞会中再次看到了他,欣喜,再次庆幸我的幸运!那晚我们漫步在未名湖畔,湖水在荡漾,我的心也在雀跃,月光下未名湖水出奇的美,月光下他的眼睛也是格外的亮。我们就像相识多年的好友,无话不谈。临别时,他一定从我的眼中看到了不舍,告别后又转身回眸再次和我挥手再见,我从他的眼中看到了深情。

我们之后又相约一起游颐和园,一起爬香山,玉渊潭也是我们常到之地。和他相识越久,那种最初的熟悉感就越清晰。然而,那时年轻的我有几分任性,认为他为我做什么都是理所当然,有时让他很恼火,他的批评又让我不能接受。几次之后,我们就决定不再见面了。但之后的每一天,我都盼望能见到他,而女孩子的矜持让我逡巡不前,心里却盼着能够和他不期而遇。也许冥冥之中的缘分并不是仅此而已,我们第三次的不期而遇注定了我们半生难解的情缘。一天,我独自走在街上,忽然一个人骑车从我身旁经过,在不远的前面停住,然后转过头来,望向我,是他!时间好像霎时停顿,我眼里不见其他,只见他温柔含笑的眼眸,并走向这双把我淹没在其中的眼。

三

曾有人说过,婚姻是爱情的坟墓。但对我们来说,婚姻是爱情的延续。

两年之后我成了他的新娘,二十二岁的我还懵懵懂懂,只是心里对他有着不尽的依恋,世界只要有他就好。他是一个十分幽默又善于表达的人,我们在一起,常常是他在说话,我就听着,看着他,带着眷恋和欣赏。我问他,你为什么娶我呢?他说,因为我喜欢皮肤白头发黄的女孩子,像你这样,另外还要聪明才行,要不我干嘛去北大找女朋友呢?他还跟我说他在小学时就暗暗喜欢过同班一个黄头发的小女孩。我心里暗笑,来得早不如来得刚好是时候。不过心里也暗想,好险啊,我差点把我的头发染成黑色,我从小就羡慕别人一头黑油油的长发,幸好还没来得及染。

  我们一起来美国读书,后来又留在美国工作。家的规模也不断扩大,孩子从一个到两个到三个,虽然辛苦,但乐在其中。他一直是个尽职的丈夫,爱孩子的父亲,也是孝顺的儿子,他的爱很无私,相比之下,我看到我爱里的自私;原来他真是一个细心的人,比我心细,什么事都想得周全,照顾孩子也极其周到;原来他真是一个勤快的人,什么活都抢着做,我呢,就是想做什么就做什么,不想做就不做。

  结婚十九年,我们从没有因为家务拌过嘴;原来他是这么一个谦和的人,什么事都让着我;原来他真是一个宽容的人;原来他比我这做妈妈的对孩子的爱还多……这么多的原来,这么多的不舍。

  我常对他说,如果有下辈子,我一定还要嫁给他,告诉他不许嫌弃我。记得有次公司开会,会前主持人问大家一些问题活跃气氛,一个问题是你最大的成就是什么?"To make my husband marry me!"是我毫不犹豫的答案。我以前常想,当我们都七老八十了,会是什么样子?他扶着我,我靠着他。我以为我们一定会相守到老;我以为我们一定会一起度过金婚纪念;我以为我们一定可以一起含饴弄孙;我以为将来我们老了,一定也是我先走一步……这么多的以为,都已成空。

  不曾想,他中途就离我先去了,去了有彩虹的地方。

  四

  曾有人说,人走如灯灭,但对我来说,他永远活在我的心中,是一盏不灭的灯。

　　二十二年的岁月,二十二载的春秋,我们曾携手走过,风雨不曾阻隔,而如今却阴阳两隔;二十二年的相知相随,二十二年的起起落落,不变的是真情,一生的承诺,而如今他却留我独走后半生;二十二年的相聚相守,二十二年的相濡以沫,我曾开玩笑对他说,你让我魂迁梦萦,不料一语成谶,如今他只能出现在我的梦中。多少次,他在我的梦中回来,带着他一贯的笑容和飞扬的神采,告诉我他不再离开,我甚至咬一口自己的胳膊来确认这不是梦;又有多少次,梦醒之时,他的笑容依然清晰可见,不禁泪流满面。

　　而我只有独自前行了……

　　但是,在我心中,在彩虹升起的地方,他安然无恙,我心属他,爱无止境……

(2016年2月)